中南财经政法大学
课程思政优秀案例选编
（第二辑）

主　编　栾永玉
副主编　刘仁山　李志生

内 容 简 介

本书包含 41 个优秀案例，涵盖了政治认同、家国情怀、文化素养、宪法法治意识、道德修养等多方面素材。作为塑造青年大学生灵魂的主渠道、主阵地，思政课的首要任务就是加强理论武装，坚持用习近平新时代中国特色社会主义思想铸魂育人；青年大学生处在价值观形成和确立的时期，思政课要强化价值引领；作为实践教育的重要途径，思政课要引导青年大学生走出校门、接触社会、了解国情，学以致用、用以促学，实现知、情、意、行的有机统一。

本书可供广大教育工作者阅读参考。

图书在版编目(CIP)数据

中南财经政法大学课程思政优秀案例选编(第二辑)/栾永玉主编. —北京：北京大学出版社，2022.9
ISBN 978-7-301-33286-3

Ⅰ. ①中… Ⅱ. ①栾… Ⅲ. ①高等学校—思想政治教育—教案(教育)—武汉 Ⅳ. ①G641

中国版本图书馆 CIP 数据核字（2022）第 153291 号

书　　　名	中南财经政法大学课程思政优秀案例选编（第二辑） ZHONGNAN CAIJING ZHENGFA DAXUE KECHENG SIZHENG YOUXIU ANLI XUANBIAN（DI-ER JI）
著作责任者	栾永玉　主编
策划编辑	李娉婷
责任编辑	耿　哲　李娉婷
标准书号	ISBN 978-7-301-33286-3
出版发行	北京大学出版社
地　　　址	北京市海淀区成府路 205 号　100871
网　　　址	http://www.pup.cn　新浪微博：@北京大学出版社
电子信箱	pup_6@163.com
电　　　话	邮购部 010-62752015　发行部 010-62750672　编辑部 010-62750667
印 刷 者	三河市北燕印装有限公司
经 销 者	新华书店
	787 毫米×1092 毫米　16 开本　18 印张　403 千字 2022 年 9 月第 1 版　2022 年 9 月第 1 次印刷
定　　　价	58.00 元

未经许可，不得以任何方式复制或抄袭本书之部分或全部内容。
版权所有，侵权必究
举报电话：010-62752024　电子信箱：fd@pup.pku.edu.cn
图书如有印装质量问题，请与出版部联系，电话 010-62756370

代 序
Preface

将"四史"教育贯穿高校立德树人全过程（节选）

高校肩负着培养德智体美劳全面发展的社会主义建设者和接班人的重任，而"四史"（党史、新中国史、改革开放史、社会主义发展史）中蕴含的丰富资源，可以转化为源源不断的育人动力。我们要通过"四史"教育，引导青年学生树立正确的历史观、世界观、人生观、价值观，成长为担当民族复兴大任的时代新人。

以"四史"教育指引政治方向，树立正确的历史观。当今世界面临百年未有之大变局，各种思想文化交流交融交锋更加频繁，思想文化领域斗争深刻复杂，有的青年学生由于涉世不深、缺乏深入的思辨能力，很容易在全球化、多元化、碎片化的信息浪潮中受到错误思想的冲击。与此同时，历史虚无主义等思潮沉渣泛起，它们利用青年学生社会阅历浅、辨别力弱的特点，借助互联网新媒介散布反动言论，歪曲历史，严重影响了青年学生的健康成长。这就迫切要求我们通过"四史"教育，引导青年学生把握历史发展的主流和本质，树立正确的历史观，旗帜鲜明地反对历史虚无主义，不断增强青年学生对党的理论认同、政治认同和情感认同，切实增强"四个意识"、坚定"四个自信"、做到"两个维护"，真正做到知史爱党、知史爱国，切实巩固马克思主义在高校意识形态领域的主导地位。

以"四史"教育把握价值取向，坚定理想信念。大学阶段是青年学生价值观形成的关键时期，青年学生信仰什么主义、举什么旗、走什么路，决定国家和民族未来的命运。新时代的青年学生思想活跃、独立意识较强，但缺乏严格的生活锻炼和重大风浪考验，同时由于在多元环境下面临的考验和诱惑日益增多，青年学生的价值倾向和行为取向更为复杂。我们必须用理想信念为青年学生成长成才领航，引导他们筑牢信仰之基、补足精神之钙、把稳思想之舵。而"四史"则是一个充满理想和信念光辉的精神宝库，我们要把"四史"作为坚定理想信念的"活教材"，引导青年学生学习和弘扬革命先辈对崇高理想矢志不渝、对党和人民无比忠诚、对革命事业锲而不舍的伟大精神，牢固树立对马克思主义的信仰、对中国特色社会主义的信念、对中华民族伟大复兴中国梦的信心。

以"四史"教育明确时代导向，强化使命担当。广大青年学生身处有史以来最好的年代，他们的人生黄金期与"两个一百年"的奋斗目标的实现过程高度吻合，他们比历史上任何时期都更接近实现中华民族伟大复兴的目标。实现中华民族伟大复兴的中国梦，我们面临难得的机遇，也必然面临复杂的内外环境和重大风险挑战。这就需要通过"四史"教育，引导青年学生深刻认识自身的历史使命，练就过硬的本领，发扬担当精神，在关键时刻站得住，在困难面前豁得出，在责任面前担得起，在使命当中扛得住；推动青年学生把实现个人价值的"小我"与实现中华民族伟大复兴中国梦的"大我"有机融合，更加坚定自觉地为党和国家的事业努力奋斗，让青春在祖国和人民需要的地方绽放绚丽之花。

高校在开展"四史"教育的过程中，要结合学生的思想实际和成长需求，用好学习课堂、生活课堂、实践课堂，并将之与对马克思主义基本原理、中国共产党的创新理论的学习贯通起来，突出教育的思想性、针对性和实效性，切实将"四史"资源转化为育人实践。

1. 突出思想性，将"四史"教育融入学习课堂

要充分利用课堂主渠道，发挥思政课程和课程思政在立德树人、铸魂育人中的关键作用，将"四史"学习内容融入学科体系、教材体系、课程体系，扎实推进"四史"教育融入课堂。在开展"四史"教学的过程中，要注重把握"三个统一"。

一是注重情感与道理的统一。"四史"课程要运用生动的课堂语言，讲述"四史"中波澜壮阔的宏大叙事和鲜活细腻的人物篇章，既要以情感人，又要以理服人，引导学生在深刻的学习体验中学会主动思考，从情感上、心理上、理论上厚植学生爱党、爱国、爱社会主义的深厚情感。

二是注重历史与现实的统一。"四史"课程不仅需要讲好党史、新中国史、改革开放史、社会主义发展史中的重大历史事件,更要让历史照进现实,聚焦青年学生关注的国家大事、社会热点,解决其思想困惑,引导青年学生正确看待、辩证认识、理性分析现实问题,实现建设性和批判性相统一。

三是注重知识与智识的统一。开展"四史"教育,不仅要通过溶盐于水、润物无声的方式挖掘各类课程中蕴含的与"四史"相关的内容,引导青年学生了解、认识历史,更重要的是透过历史现象,教育青年学生探寻其背后的历史发展线索、历史发展规律,掌握贯穿历史的立场观点方法、道理学理哲理。

2. 突出针对性,将"四史"教育融入生活课堂

一是融入校园文化。坚持"以文化人,以史育人",把厚植师生爱国情怀融入校园文化建设,促进中华优秀传统文化、革命文化和社会主义先进文化与校园文化深度融合,不断深化"四史"学习教育。将"四史"教育融入校园文艺、体育活动中,与开学典礼、毕业典礼、新生第一课等重大仪式活动相结合,发挥博物馆、校史馆等文化场馆的育人功能,打造"四史"学习的第二课堂。

二是融入网络空间。要积极适应网络时代特点,树立互联网思维,使互联网成为开展"四史"教育的新平台。要善于运用新媒体新技术,针对青年学生的信息传播和接受习惯等实际特点,打造"四史"学习云课堂,以微视频、微动漫、网络知识竞赛等形式丰富"四史"学习形式,通过接地气、有生气的网言网语,让青年学生听得进、入得心。要适应青年学生的信息需求特点,采取个性化、互动式的服务方式,量身定制"四史"教育新媒体产品,提高青年学生的关注度与参与度。

3. 突出实效性,将"四史"教育融入实践课堂

一是利用红色资源,开展实践研学。用好中共一大会址、嘉兴南湖、遵义会议会址、延安、西柏坡等革命场馆和红色基地,组织青年学生开展实践研学,让红色资源成为弘扬革命传统、爱国主义精神的重要载体,让青年学生在行走的课堂中传承红色基因。

二是结合学科特色,组织社会实践。可紧密结合人才培养特色,充分发挥学科资源优势,组织开展专题社会实践活动,通过追寻红色足迹、社会民生热点问题调研等

将"四史"学习与社会实践相结合,在国情社情调研中进一步领悟思想伟力,增长见识才干。

三是弘扬奉献精神,开展志愿服务。高校可发挥青年优势,将开展志愿服务与"四史"学习有机结合,打造"四史"志愿服务新模式,通过开展"四史"宣讲、关爱困难群体等系列志愿服务活动,引导青年学生活学活用"四史"教育资源,用实际行动推动"四史"教育入脑、入心,增强学史力行的实效。

参考文献

栾永玉,2021. 将"四史"教育贯穿高校立德树人全过程[J]. 中国高等教育(17):29-31.

目 录 CONTENTS

总体国家安全观教育：案例的选择和使用 / 张瑞堂 … 1

城市基层社区治理的变革和挑战 / 何李 … 9

李大钊对马克思主义哲学中国化的重要贡献 / 李白鹤 … 17

学思结合、知行统一——培育新时代科学精神，提升社会综合
　实践能力 / 刘丹 … 24

个人困扰与公众议题：不是所有的问题都是社会问题 / 高飞 … 31

西式民主穷巷与中国之治坦途 / 万健琳 … 38

神入情境与外部审视："仁政"的内涵及其创造性转化 / 罗雪飞 … 44

坚定"四个自信"：树立学生胸怀祖国和面向世界的情怀和价值观 / 黄赛男 … 52

经济增长的"中国模式" / 谢靖 … 59

协同共治的新安江模式——跨界流域污染治理的中国实践 / 毛晖 … 63

我国预算法治化的实践及优越性 / 魏福成　王金秀 … 72

依法治财：清代的"火耗归公"改革 / 赵兴罗 … 79

"不学礼，无以立"：中国政府理财学的鼻祖——《周礼》 / 周春英 … 86

税收法定原则：法治中国建设的必由之路 / 薛钢 … 94

我国住房开发、流通与住房制度关系中的中国特色社会主义思想 / 张东 … 99

法律技艺：融入以人民为中心的公正司法观 / 资琳 … 110

全员参与：在问题意识和思维训练中成长　/ 何焰	118
综合利用立法、执法、司法等手段开展斗争　/ 陈柏峰　李培锋	125
云梦秦简：还原真实的秦代法制　/ 蒋楠楠	130
聚焦创新驱动发展　建设知识产权强国　/ 吴汉东	136
增强理想信念：培养警察职业核心价值观　/ 焦俊峰	141
好的新闻作品：记录家国情怀，推动社会进步　/ 吴玉兰	147
主要矛盾转变：新时代改革开放的出发点　/ 钱学锋　赵曜	155
课堂思政穿越时空　产教融合共创实践金课　/ 赵琛徽	163
以马克思主义为基本指导的管理学的意义　/ 胡川	170
践行乡村振兴使命，培育美丽中国建设者　/ 邓爱民	177
提升职业精神：角色扮演从"被动"到"主动"　/ 王淑红	184
从"理财救国"到"理财治国"　/ 张琦　潘晓波	190
思政引领，科技赋能，多元创新——"内部控制与风险管理"	
课程育人新篇章　/ 王清刚	196
读懂中国秦简中的会计，树立会计制度和文化自信　/ 宋丽梦	202
用正确的价值观引领大学生规划职业生涯　/ 周红云	209
医疗保险：保障人民生命健康的重大制度安排　/ 薛新东	217
抗击新冠肺炎疫情中的政府责任与担当　/ 李明强　王军鹏	225
"绿水青山就是金山银山"的环境经济分析　/ 屈志光	231
传统能源企业的能源数字化——以新奥集团为案例　/ 金大卫	238
国际金融危机中的"中国答卷"：防范风险，胸怀未来　/ 王文晓	246
立德树人，思教融合——贯彻"健康中国"发展战略的	
家国情怀　/ 马媛媛	254

户外运动：实践以筑基，健体以兴国 / 赵光德　　259

"生生不息"精神的文化初心：中华神话 / 韦乐　　264

仰望艺术星空　培育时代新人 / 黄山　　270

**人工智能与大数据视角下的管理信息系统课程培养
　大国工匠精神** / 李毅鹏　张新香　　275

电子资源

总体国家安全观教育：案例的选择和使用

马克思主义学院　张瑞堂

 案例概述

所谓综合创新思政课，就是以党的历史实践和理论创新为主线，努力在理论阐释、教法设计、实践安排、考核标准等方面进行综合创新，使学生深刻认识到党的思想的先进性、理论的科学性、价值的包容性、政策的合理性。综合创新思政课的教学方法有近 20 种，其中的经典案例分析法就是一种能够贴近学生心理且具有教育辐射性的有效方法。

总体国家安全观教育，是综合创新思政课中的一个重大专题，也是"中国国家安全教育"课程的重要内容。"中国国家安全教育"课程，以习近平总书记关于总体国家安全观的重要论述为要义，以增强学生的国家安全意识为目标导向，对政治、经济、文化、社会、生态等领域存在的风险和挑战进行分析，就如何消除安全隐患，确保国家安全进行科学的理论构建。经典案例分析是教学的重要组成部分。对于每一个经典案例，本课程都坚持用马克思主义的立场、观点和方法进行分析，同时吸收和借鉴不同专业学科中具体的、专业的、独到的见解，形成更为科学、合理的理论总结。

一、基本信息

课程名称：中国国家安全教育（总体国家安全观教育）

授课对象：全校本科生

使用教材：《习近平关于总体国家安全观论述摘编》，中共中央党史和文献研究院，中央文献出版社

学习内容：总体国家安全观

教学课时：16 课时

二、课程思政教学整体设计思路

本课程总体上采取了"由总到分""以案说理""包容协同"的思路。所谓"由总到分"，就是先对习近平总书记关于总体国家安全观这个"总论"进行阐述，再针对政治、经济、文化、社会、生态等领域的诸多安全问题进行具体讲解。所谓"以案说理"，是指无论是"总论"还是"分论"，都以问题为导向，用案例来展示存在的问题，通过案例分析来阐释理论。所谓"包容协同"，就是包容思政课的"总论"观点和专业学科或课程的专业观点，使二者相互融合。

（1）运用马克思主义的立场、观点和方法来分析问题，融合专业学科的观点和逻辑，实现专业课与思政课同向同行。

安全问题，是经济、法律、管理等学科或专业都会涉及的问题。有些专业学科，受西方理论或者社会思潮的影响很深。尤其是改革开放以来，西方的社会政治思潮在中国广泛传播，也影响了高校的不少学科或课程。比如，一些学科或专业，在对中国问题进行分析时，缺少中国立场和中国逻辑，这就导致产生了很多偏误观点。

引导学生用马克思主义的立场、观点和方法，对专业学科中涉及的安全问题进行重新认识和分析，从而使学生对安全问题的认识更科学、更精准。

（2）运用案例分析、法证分析、理论分析等教学方法，鼓励学生就如何维护国家安全献计献策，实现纠偏扶正、守正创新的教学目标。

一是广泛收集与安全有关的案例。不仅要求教师收集案例，还要鼓励学生收集案例。例如，中央电视台的专题片《辛丑之年看总体国家安全》《护航之道——总体国家安全观纵横》等，都是用来说明中国在新时代为什么要坚持总体国家安全观和构建综合国家安全体系的典型的案例。二是鼓励学生自主学习关于国家安全的法律条款，实现案例分析、法证分析、理论分析的统一。三是课程中的每个专题，都要就"如何维护国家安全"进行明确的理论升华。

三、教学目标

本课程的教学目标为：一是让学生理解和认同总体国家全观；二是培养学生全面的安全意识；三是提高学生甄别"安全陷阱"的能力。具体说明如下。

1. 关于总体国家安全观的案例教学

以苏联解体为案例，对苏联解体的原因进行综合分析，由此得出中国需要全面维护国家安全的结论。同时根据习近平总书记的论述，阐述进入新时代的中国必须坚持总体国家安全观的原因，并介绍总体国家安全观的主要内容。

2. 关于政治安全的案例教学

首先对党倡导的或者要求建设的政治和民主，进行明确的概念界定，激发学生的兴趣。然后讲解中国特色社会主义制度的根本制度、基本制度、重要制度的显著优势。最后，重点对一些美化西方制度、抹黑中国制度的错误言论进行驳斥，并揭露这些错误言论的真实目的及其背后荒谬的逻辑。

3. 关于经济安全的案例教学

一是强调要坚持中国基本经济制度，二是要贯彻新发展理念。这两点是确保中国经济安全的基本要求。通过对福布斯 500 强企业进行案例分析，说明中国经济需要向优质高效版本升级的重要性。通过对"中等收入陷阱"进行分析，说明中国必须贯彻新理念、开辟新格局，才能跨越"中等收入陷阱"，进而发展成为经济强国。注重正面强化党的经济思想和经济战略。

4. 关于文化安全的案例教学

一是明确文化的本质就是人民群众在改造自然和社会的实践中形成的正确的观念形态。所谓正确的观念形态，就是科学性与人民性相结合的观念形态。其中的人民性代表的是人民的利益，反映的是人民的诉求。文化建设的本质就是精神文明建设。

二是根据上述文化的本质，界定文化安全的科学内涵。讲清楚文化安全、文化自觉、文化自信、文化软实力、文化产业、文化强国等关键词的内涵。

三是通过案例说明文化安全问题。从哲学社会科学、文学艺术、教育、新闻、历史、自然科学等方面，总结文化安全的战略要求。

5. 关于社会安全的案例教学

一是从哲学上分析社会安全的样态，如多样一体、和谐共生等。二是从建设的角度来分析维护社会安全的重点之一是加强民生建设，因为民生建设是社会稳定安全的压舱石。同时要努力遏制社会恶性问题的发生，积极完善法治化、智能化、生活化、网络化、人性化的现代社会治理体系。三是批判用西方公民社会理论来研究中国社会建设的做法。

6. 关于生态安全的案例教学

关于生态危机、环境问题的国际共识比较多，但是在生态问题的责任归属上中国和西方分歧较大，西方的生态文明理念明显具有狭隘性。一是要从马克思主义哲学的高度明确生态危机、生态文明、生态安全的本质和内涵。二是要明确中国站在社会主义、人类命运共同体的角度所主张的生态文明理念，如尊重自然规律和满足人类需要相统一、遵循国际公平和代际公平原则、坚持共同但有区别的责任等。三是要阐述中国在生态文明方面的战略规划和重大措施，指出在我国的生态文明建设中，还兼顾了能源安全、粮食安全、生物安全等内容。

7. 关于人类共同安全中的案例教学

总体国家安全观的一个重要方面是强调人类的共同安全。因而需要就如何维护人类共同安全设计一个专题教学。一是要讲清楚中国在政治、经济、文化、社会、生态、军事等诸多方面为人类和平与发展所做出的积极贡献。二是要重点阐释人类命运共同体在不同方面的主张或倡议。三是要重点介绍"一带一路"倡议是解决人类共同安全这一问题的可靠方案，同时揭示西方一些国家的冷战思维、霸权主义、强权政治、逆全球化和单边主义等对人类安全造成的威胁。

四、教学实施过程

思政课具有很强的思想性、政治性和理论性，因而最终要对案例进行科学的理论升华和总结，达到纠偏扶正、守正创新的教学目的，让学生学有所乐、学有所悟、学有所感、学有所获。

本课程先讲解总体国家安全观。当前影响中国国家安全的内外因素比历史上任何时期都更为复杂，时空领域也更为宽广，因此，习近平总书记在中央国家安全委员会第一次会议上强调，必须坚持总体国家安全观，以人民安全为宗旨，以政治安全为根本，以经济安全为基础，以军事、文化、社会安全为保障，以促进国际安全为依托，走出一条中国特色国家安全道路。

再通过案例讲解各个领域存在的安全隐患和潜在危险。引导学生思考：我们要警惕什么？应采取什么样的安全措施？请学生建言献策。教师根据设计好的导向性问题和学生的讨论结果，进行总结和升华。下面以一个"总论"的案例和一个"分论"的案例来说明教学实施过程。

1. 通过对苏联解体原因的综合分析，说明中国坚持总体国家安全观的必要性

【教师设问】苏联解体是当时震惊世界的大事件，也是发人深省的大事件。苏联从兴到衰，再到解体的综合原因是什么？

【继续设问】由苏联解体而来的一些国家，在解体后面临着更大的地缘政治危机，一些国家出现了"颜色革命"、暴恐活动，导致政局十分动荡。这些都是国家安全危机，给人民安全造成了极大的威胁和损害。这些对中国维护国家安全有哪些启示？

【以案说理】中国始终坚持和发展马克思主义，坚持和发展中国特色社会主义，筑牢了国家安全的基础。对苏联解体原因的综合分析，有助于学生全面理解坚持总体国家安全观和构建总体国家安全体系的重要性。

【展示和解读案例】课堂上插播中央电视台关于苏联解体、中东和北非的动荡局势等政论专题片，使学生有更直观的认识。教师继续分析危害国家安全的综合因素，并从中得出启示。例如，关于苏联解体的综合原因分析和启示如下所述。

（1）苏联模式僵化，导致经济、政治、文化和社会失去活力。这是苏联解体的根本原因。苏联在强调高度集中时忽略了经济上的市场性与社会性、政治上的策略性与宽容性、文化上的多样性与包容性、社会上的多样性与和谐性。

（2）以美国为首的资本主义国家实行的"和平演变"是苏联解体的重要的外在原因。从内部来看，苏联模式的僵化导致其丧失了对外界因素进行借鉴或批判的能力，而且在苏联领导阶层出现了向往资本主义的现象。这两个内因与外部的自由化、多元化、私有化形成呼应，从而加速了苏联的解体。

（3）苏联是在特殊的历史条件下建立的，其建立容易但建成困难。社会主义意识形态并没有在长期的社会实践中成为人们自觉的文化传统。而某些帝国主义传统仍在实践中大行其道，严重破坏了社会主义。

（4）其社会主义是在经济文化落后、民族众多而历史恩怨复杂、地域庞大而文化传统差异较大等背景下建立的，要继续发展极具艰难性。而且，对于苏联当权者来说，无论实行什么制度，都可以维护自己的利益。因而，在改革见效甚微的情况下，苏联领导阶层普遍向往资本主义。这就导致苏联的社会主义从内部瓦解了。

这一案例给我们的启示是：从安全的角度来看，我国必须坚持总体国家安全观，构建总体国家安全体系。因为一旦我国在任何一方面出现安全漏洞，它就会成为霸权主义国家威胁或攻击我国的突破口。

2. 通过财富500强案例分析和"中等收入陷阱"案例分析，说明中国维护经济安全的重要战略设计就是全面贯彻创新、协调、绿色、开放、共享的新发展理念，在国内循环和国际循环的大空间内实现优质高效发展

首先展示2004—2021年世界500强企业排行榜，重点对比中美入榜企业数量。由数据可知，中国入榜企业数量不断增多，2021年，中国、美国入榜企业数量的比例为143：122。

【教师设问】通过对比中美、中日的入榜企业，我们会发现哪些特点？中国的经济发展呈现哪些趋势？

然后让学生讨论发言，教师根据他们的观点进行总结。讨论、分析和总结如下。

美国入榜的前20家企业多与科技紧密相关，比如苹果、微软等。日本入榜的企业中，排名靠前的多为制造业企业，如丰田、本田、日产等，这些都属于全球制造业的龙头企业。可见，发达国家的入榜企业，基本具有高科技的优势。

中国约 80%的入榜企业为地方国企或者央企，主要是金融、能源、炼油、采矿、房地产、工程与建筑等行业的企业。其余为民企，如华为等。中国入榜的国有企业的优势在于其资源、人力、资金的投入及其庞大的规模。但总体来说，这些企业大而不强，体现出我国实体经济、高科技、互联网、优质人力资源还未高度融合，全要素生产率不高，因而我国要向高质量发展的方向努力。

接着教师带领学生分析"中等收入陷阱"案例。教师描述基本情况：2006 年世界银行的《东亚经济发展报告》首次提出"中等收入陷阱"的概念，它特指一个经济体在人均 GDP 达到世界中等水平（4000～12700 美元）后经济由于无法获得继续前进的动力而长期停滞不前的状况。跨越"中等收入陷阱"的典型国家有日本、韩国、新加坡等。陷入"中等收入陷阱"的国家有巴西、墨西哥、阿根廷、马来西亚等。

【教师设问】陷入"中等收入陷阱"的原因有哪些？

要求学生上网查找相关资料并进行讨论。

最后教师进行总结。一些人对陷入"中等收入陷阱"的国家所进行的分析，始终摆脱不了对欧美模式的崇拜，觉得采用欧美模式就能跨越陷阱。这种思维逻辑反而是一个"陷阱"。事实上，陷入"中等收入陷阱"的国家，恰恰与其受限于资本主义的逻辑有关。

而中国特色社会主义经济形态，及中国共产党坚持的人类命运共同体理念，使中国成为最有可能跨越"中等收入陷阱"的国家。新时代的中国经济思想，如贯彻新发展理念、构建新发展格局等战略设计，恰恰是跨越"中等收入陷阱"、向高收入阶段迈进的战略设计，这实际上也是提高经济安全的积极战略措施。

五、案例反思

专业学科或课程虽然也进行案例分析，但其分析往往具有专业学科的特点。比如专业学科或课程重视定量分析，一般会用数据来支撑，但是这个数据往往是引用的数据，而引用的数据是具有选择性的。如研究者倾向什么结论，其选择的数据就很可能会更有助于其得出这一结论。

另外，专业学科或课程的案例分析往往不善于运用马克思主义的分析逻辑。马克思主义的哲学思维逻辑，是在长期的实践中形成的。因而在进行案例分析，尤其是涉政案例分析时，一定要将专业学科的分析和马克思主义理论结合起来，将专业分析与马克思主义的逻辑分析结合起来。

因而思政课要重视选取专业学科或课程的案例，充分挖掘其中的思政元素，用马克思主义的立场、观点和方法对案例进行综合分析，最终得出全面精准的科学理论分析。

六、教学效果

本课程的案例分析，参考了经济学、管理学等学科的观点，也吸纳了其他学科的合理观点，但其根本是运用了马克思主义的立场、观点和方法，因此得出的结论也更加客观合理。调查显示，学生对本课程的认同率达到了 **98%**。

城市基层社区治理的变革和挑战

哲学院　何李

 案例概述

"当代中国政府与政治"是政治学一级学科的核心课程。学习"当代中国政府与政治",有助于学生深刻认识中国共产党的全面领导对于中国政治发展和社会进步的关键意义;有助于学生系统地理解中国的政治优势,进一步拓宽视野,科学地认识政治现象,增强对党和国家的认同感。"当代中国政府与政治"课程具有以下三个特色。第一,历史分析、现实分析和理论分析相结合。通过还原历史场景,为现实分析提供时间轴上的线索;通过理论分析提升实践研讨的学理深度。第二,引导学生思考和关注生活实际,从自己的生活体验来揣摩生活事件与政治之间的关联,培养学生运用辩证唯物主义和历史唯物主义的基本理论和方法,科学地分析和解决现实问题。第三,通过采用雨课堂等教学工具,以及综合运用案例探讨、课堂展示、分组讨论、课后报告等教学模式,不但实现了师生互动,而且提高了学生分析和解决问题的能力,特别是凝练研究主题和对重要现实课题进行有针对性的调查研究的能力。

一、基本信息

课程名称：当代中国政府与政治

授课对象：国际政治专业二年级学生、PPE（政治学、经济学和哲学）专业一年级学生

使用教材：《当代中国政府与政治》,景跃进、陈明明、肖滨,中国人民大学出版社

学习内容：当代基层治理的重建及特征

教学课时：1课时

二、课程思政教学整体设计思路

本课程主要介绍了我国基层治理的历史演变过程，以场景转换（从历史场景到现实场景）的方式让学生对我国基层治理实践的变化形成更全面的认识。引导学生运用辩证唯物主义和历史唯物主义的方法解读当代中国的政治现象，使他们在认识到中国当代问题的特殊性的同时，学会从中国的实际出发来思考基层治理的变革之道。

基于对城市治理的历史演变过程的梳理，本课程主要讲授"单位制解体""街居制的恢复和发展""社区治理成为新时期应对新挑战的选择""社区治理的双重属性"四部分内容。前两个部分重点探讨社区治理产生的背景，目的是使学生回到历史场景，感受城市治理的历史脉络。第三个部分重点介绍了我国当前基层治理的一个重要方面——社区治理。将学生的关注点拉回当代，使他们通过理论联系实际，更深刻地认识身边的社区治理。第四部分则是理论提炼。基于对历史和现实的分析，总结社区治理的两个属性，提升学生对社区治理的理论认知水平。

在教学过程中，本课程综合采用短视频启发法、讲授法、问答法，并借助雨课堂的弹幕、答题功能，实现课堂互动和知识深化。另外，本课程还采用混合式教学模式，突出课堂双向交流，以全面提高学生的问题意识、思考能力、资料搜集能力、语言表达与沟通能力。

三、教学目标

1. 课程教学目标

本课程主要向学生介绍以下四方面内容。

（1）单位制解体。第一，什么是"单位"？第二，在计划经济时代，"单位"承担着什么样的功能？特别是在城市治理中，它们扮演着什么角色？第三，为什么随着改革开放的深入推进，单位制逐渐走向了解体？教师对这些问题进行讲解，引导学生认识到我国早期的城市基层治理与单位制息息相关，同时，认识到我国城市治理变革的复杂性和特殊性。

（2）街居制的恢复和发展。街居制是在单位制解体过程中逐渐恢复和发展的。此部分包括两方面内容。第一，街道办事处和居民委员会的性质和联系。第二，街居制是为了回应什么社会变迁而出现的？它与单位制之间是否存在内在冲突？通过这部分内容的讲授，让学生了解我国现有的城市基层治理体制的主要内容及其历史发展脉络。

（3）社区治理成为新时期应对新挑战的选择。这部分是本课程的重点。包括以下三方面内容。第一，什么是社区？社区治理与基层治理之间有什么关系？第二，介绍我国不同城市的社区治理实践之间所存在的巨大差异。第三，阐释社区治理主体自身的问题。这部分内容的授课目的是引导学生回到现实，从对微观情景的认识中，形成对我国基层治理实践的系统认识。

（4）社区治理的双重属性。社区治理具有管控属性和服务属性。这是对社区治理实际运行的理论提炼。在讲授过程中，教师要引导学生返回历史分析和现实分析等环节来检验这一理论的适用性，从而提高他们理论联系实际的能力。

总之，本课程的教学目标是使学生将历史分析、现实分析与理论分析三种分析方式结合起来，从而切实感受到政治现象在时间与空间、理论与现实等不同维度的表现和交互关系。

2. 思政育人目标

政治运行有其特有的规律，本课程旨在使学生通过理解我国政府体制的演变规律和内在逻辑，形成对国家的重大战略方针及具体公共政策的系统性认识，从而培养学生的爱国情怀和责任感。我国正处于快速城市化阶段，学生在城市中学习，将来也可能在城市中工作与生活。了解城市基层治理的变革及面临的挑战，不但能够使学生将相关理论与自身体会结合起来，形成对我国城市基层治理现状的系统性认知，而且能够使学生更好地感受时代的变革，理解我国城市治理体系和治理能力现代化战略的深刻内涵。

四、教学实施过程

本课程的教学实施过程如下所述。

环节一：在介绍我国城市基层治理变革的背景时，先引入"单位制解体"

在计划经济时代，城市居民通常都有自己的"单位"。"单位"为这些居民提供了教育、医疗、养老等福利，同时对他们实施管理。"单位"构成了传统城市基层治理的"细胞"。然而，改革开放以后，随着国企改制和事业单位改革的推进，各类"单位"逐渐解体。本课程将通过两段短视频，为学生形象地展现"单位"解体的过程。视频 1 是电影《钢的琴》中的片段（1 分钟），它展现的是 20 世纪 90 年代初，东北某工业城市在国企改制后，工厂区的破败景象及下岗职工围观"大烟囱"爆破的场景。视频 2 是电影《暴雪将至》中的片段，它展现的是 1997 年南方某城市的国有冶炼厂职工大规模下岗的场景。视频播放完，教师总结：下岗潮诱发了一系列社会问题，对社会稳定和当事人的生活造成了很多负面影响，但从长期来看，这是有利于国企脱困和国民经济发展的。

随后，教师引导学生进行课堂讨论：为什么说单位制的解体顺应了历史发展的潮流？单位制的解体对城市基层治理体制产生了哪些影响？讨论结束之后，引出对街居制的探讨。

环节二：街居制的恢复和发展

采用雨课堂点名的方式，让学生回答街居制中的两个重要主体分别是什么。正确答案是街道办事处和居民委员会。同时，让学生用弹幕的方式分享一下自己与街道办事处或居民委员会打交道的经历。在这一过程中，教师引导学生重点分享在新冠肺炎疫情期间的相关经历，并让学生思考这种治理模式是否取得了应有的效果，还有没有更好的模式。

教师根据学生的回答情况进行总结，并进一步讲解街道办事处和居民委员会的性质：前者是市辖区政府的派出机关，后者则是城市居民自治组织。街居制虽然在中华人民共和国成立初期就出现了，但之后曾一度被废除。随着单位制的解体，脱离了单位制约束的零散的、原子化的"社会人"纷纷涌现。为了加强对这类人群的管理，街居制得以恢复并延续至今。

环节三：引出社区治理成为新时期应对新挑战的选择

首先，讲解什么是社区。设置如下雨课堂题目（多选题）。

以下关于社区的描述正确的有哪些？

A. 社区可以包括多个居民委员会

B. 社区的范围和居民委员会的管辖范围是一致的

C. 社区中的居民委员会是行政组织

D. 社区治理的对象既包括户籍人口也包括非户籍的常住人口

正确答案是：A、D。让持不同观点的学生分别阐述理由。针对错误选项，教师给出具体的解释。重点厘清两点内容：第一，社区可大可小，部分社区包含着若干个居民委员会，因此 A 正确，B 错误；第二，居民委员会是城市自治组织，而非行政组织，这是由《中华人民共和国城市居民委员会组织法》所规定的，因此 C 错误。D 选项属于实践常识内容，也是正确的。此时，学生对社区的理解还处于抽象阶段，接下来教师带领他们进入实际场景。

其次，介绍差异巨大的不同城市的社区治理实践。结合现实，讲解两种典型的社区类型。第一个例子是北京的天通苑。天通苑是一个超大型社区，由于租金较便宜、交通便利、可供出租的房屋较多，吸引了大批住户。据不完全统计，这个社区的常住人口达到 30 万人。流动人口众多带来了交通拥堵、纠纷频发、治安混乱等问题。教师在 PPT 上展示反映上述问题的图片和新闻报道。第二个例子是天津市河东区二号桥街道两个老旧小区。这两个小区面临着物业费、卫生费征收困难，私搭乱盖严重，治安不好，公共服务缺位等问题。教师继续展示相关的照片和访谈材料。通过这两个例子，启发学生思考：你觉得应该如何提升上述社区的治理水平？教师总结：第一个例子反映的是超大型社区的治理难题，这类社区通常处于城乡接合地带；第二个例子反映的是老旧小区的治理难题，这类社区通常在市中心。这两种类型的社区问题是我国社区治理面临的两类主要挑战。

最后，阐释社区治理主体的构成及其存在的问题。介绍社区治理主体——居民委员会的内部构成，同时，援引学术界所提炼出的社区治理主体自身的问题：资源短缺、任务过重及公共服务提供能力不足等。此时还可以结合新冠肺炎疫情期间武汉市的社区管控实践进行讲解。既要阐述社区治理主体在疫情防控中所发挥的关键作用，也不回避其内部存在的问题，如承担的管理服务过多、经费不足、人力资源短缺、权力资源短缺等。这部分内容的讲授，一方面可以使学生认识到具有中国特色的基层治理模式的优势，另一方面可以提高学生的问题意识，使他们学会从建设者的角度，思考我国社区治理的优化路径。

环节四：引出社区治理的双重属性

这一部分将案例探讨引申到理论层面，即揭示出社区治理的双重属性。第一，社区治理的管控属性。即国家通过社区治理，把脱离于国家控制之外的社会人群和流动人群重新组织起来，使之纳入有效的控制框架之中，也就是通过社区管控社会。第二，社区治理的服务属性。即在党委领导、政府负责的前提下，通过优化社区治理使更多民众参与进来，为社区居民提供更优质的公共服务。这部分内容的讲授可以使学生了解社区治理在中国政治运行体系中的特定功能，明晰社区治理研究与政治学研究的内在关联。

在课程结束前，教师通过以下四个问题总结上述内容并导出新课。

（1）是同质化居住的社区还是异质化居住的社区更有利于治理？为什么？

（2）列举你所居住的社区存在的问题，并试着谈一谈你的治理方案。

（3）反思现代社区中的"人情冷漠"现象，并思考其成因和化解之道。

（4）城市居民应该如何更好地参与到社区建设与治理之中呢？

五、案例反思

本课程在下一阶段将主要从以下五个方面进行优化。

（1）加强课后管理，以提升课堂互动的有效性。课堂互动的深入展开需要学生在课下做好充分的准备工作。这就需要教师提前做好两方面的工作：一是直接给学生提供参考资料，并明确课后学习的重点；二是随机抽查课后预习进度并将抽查结果作为平时成绩的参考依据。

（2）提高所选取案例的时效性。与政治学的其他研究领域不同，当代中国政府与政治的研究对象是当代中国的政治现象。一方面，随着时间的推移，一些政治现象会发生较大的变化；另一方面，由于政治现象发生在当代，因此部分现象的细节并没有全面地呈现。这就要求教师务必将科研与教学结合起来，特别是在调研活动中，要留意可用于教学的素材并不断对其进行深挖。

（3）根据授课对象，恰当选择教学方法。本课程的授课对象既有大一学生又有大二学生。在教学过程中，这两个年级的学生通常会有迥然不同的课堂表现。大一学生的课堂参与度和参与率通常高于大二学生。因此，在为大二学生授课的过程中，应更多地安排互动环节。

（4）对教学方法进行有机融合。目前本课程所采用的教学方法比较多。但在教学实践中可以发现，并不是教学方法越多，教学效果就越好。因此，应该进一步锤炼现有教学方法，并明确不同教学方法的适用内容。在同一节课上，应尽可能发挥某种教学方法的效果，而非多种教学方法轮番上阵。

（5）提升课堂教学的理论水平。与其他课程不同，"当代中国政府与政治"的实践性较强而理论性较弱。过度地强调生动性、实践性会使学生陷入支离破碎的细节中，不利于提高他们运用理论知识分析政治现象的能力。因此，教师要将学术界的最新理论成果融入案例教学，使学生能够更好地掌握前沿理论。

六、教学效果

本课程自开设以来,教师始终坚持引导学生把学问做到中国的大地上;始终结合中国共产党领导下的社会主义国家的制度优势及中国治国理政的蓬勃效能来讲授政治学的科学知识;始终将为学生塑造正确的世界观、人生观和价值观作为教学目标。教师紧密结合中国治国理政实效,不断更新和拓展案例库,将思政元素嵌入教学全过程,取得了非常好的教学效果,深受学生的喜爱和好评。

从到课率来看,自本课程作为专业平台必修课在哲学院开设以来,到课率始终保持在 98% 以上。从学生的学习参与度来看,本课程的课堂活跃度在全校长期排名前列。从期末的教学评价来看,本课程一直获得高分,排名始终位于学院开设课程的前列。

李大钊对马克思主义哲学中国化的重要贡献

哲学院　李白鹤

 案例概述

"马克思主义哲学中国化"课程旨在帮助学生系统地掌握马克思主义哲学中国化的发展历程,深入了解马克思主义哲学中国化的演进逻辑和实现机制,深刻领悟马克思主义哲学中国化的必然忄与必要性,切头把握马克思主义哲学与时俱进的理论品格。在课程教学中充分展现中国共产党带领中国人民在革命、建设、改革等各个历史时期不断推进马克思主义哲学与中国具体实际相结合、与中华优秀传统文化相结合的重要探索和重大成果,引导学生把对马克思主义哲学中国化的历程、成果、特点、机制等的认识与对马克思主义哲学基本原理和马克思主义哲学发展史的学习贯通起来,与对党史、新中国史、改革开放史、社会主义发展史的学习结合起来,从而在学思践悟中坚定理想信念。

一、基本信息

课程名称:马克思主义哲学中国化

授课对象:哲学专业本科生

使用教材:自编讲义

学习内容:李大钊对马克思主义哲学中国化的重要贡献

教学课时:3课时

二、课程思政教学整体设计思路

本课程主要从马克思主义哲学中国化的历史背景、李大钊哲学思想的发展历程、李大钊对马克思主义哲学的理解和阐释、李大钊以马克思主义哲学为理论武器参与的理论论战和实践探索等方面,系统揭示我国早期的马克思主义者——李大钊对马克思主义哲学中国化的开创性贡献。

在教学过程中,着重突出以下三个方面的思政内容。一是通过对李大钊早期青春哲学思想的考察及对李大钊接触唯物史观之后思想转变的梳理,展示马克思主义哲学的理论力量,使学生深刻领悟中国共产党为什么"能",马克思主义为什么"行"。二是系统展现以李大钊为代表的中国先进分子"以青春之我,创建青春之国家,青春之民族"的艰辛探索和接续奋斗,激励学生树立远大理想,为实现中华民族伟大复兴的中国梦贡献智慧和力量。三是通过介绍李大钊对"应该细细的研考马克思的唯物史观,怎样应用于中国今日的政治经济情形"的自觉和践行,使学生对马克思主义哲学的实践性有更深刻的体悟,从而更深刻地认识到马克思主义哲学与中国实际相结合的必要性和重要性。

本课程教学各环节的重点如下。①在课前准备环节,教师根据课程主题,结合思政内容设置课前思考题,指导学生提前搜集相关文献资源,引导学生根据思考题进行课前阅读和预习。②在课中讲授环节,系统地将思政元素融入课程内容的讲授中,注意详略适宜、重点突出、理论联系实际;注重文本解析,加深学生对重要文本的理解,使学生既能根据文本写作时的历史背景和历史条件来把握其原初思想,又能立足于新时代坚持和发展中国特色社会主义的伟大实践,正确认识其理论价值和当代效应;组织问答讨论,结合思政内容设计恰当的问题,引导学生进行多层次和多角度的思考和辩论,最大限度地调动学生学习的主动性和积极性。③在要点总结环节,根据学生回答和讨论的情况,及时地释疑解惑,总结课程内容的核心和要点,并引出下次课的主题,结合思政内容布置课后阅读文献的作业,引导学生在课后进行拓展学习和研究。

三、教学目标

1. 课程教学目标

本课程旨在引导学生梳理中国早期马克思主义者——李大钊的哲学思想的发展历程，了解李大钊对马克思主义哲学的理解和阐释、李大钊以马克思主义哲学为理论武器参与的理论论战和实践探索等，并深刻理解李大钊对马克思主义哲学中国化的开创性贡献。在此基础上，帮助学生系统地掌握马克思主义哲学中国化的发展历程，认识马克思主义哲学中国化的演进逻辑和实现机制，领悟马克思主义哲学中国化的必然性与必要性，切实把握马克思主义哲学与时俱进的理论品格。

2. 思政育人目标

本课程通过对李大钊哲学思想发展进程的梳理，对以李大钊为代表的中国先进分子为探寻中华民族的复兴之路在理论和实践上所进行的艰辛探索的展现，对李大钊将马克思主义哲学与中国实际相结合的自觉和践行的展示等，引导学生深入领会马克思主义哲学的精神实质，深刻体悟马克思主义哲学的理论力量，从而坚定对马克思主义的信仰和对社会主义、共产主义的信念；激励学生牢记新时代中国青年的历史使命，为实现中华民族伟大复兴的中国梦而奋斗；引导学生深入理解和把握马克思主义哲学中国化的必要性、进程、机制等，自觉运用马克思主义哲学的立场、观点和方法分析和解决实践中的问题。

四、教学实施过程

在进行课前预习指导时，教师简要介绍课程主题并布置课前阅读文献的任务，即阅读李大钊早年所著的《民彝与政治》《青春》等，以及李大钊1919年所发表的《我的马克思主义观》等文献。提示学生在阅读这些文献时，思考以下问题。

（1）总结《民彝与政治》《青春》等文献中所体现的李大钊的早期哲学思想及其思想特征。

（2）李大钊在《我的马克思主义观》中对马克思主义哲学的介绍涉及哪些要点？此时他对马克思主义哲学的了解有何特点？

在课堂讲授时，首先，回顾近代以来，面对帝国主义列强的入侵，中国先进分子围绕"中国往何处去"所进行的艰辛探索，结合十月革命爆发后中国思想界对于十月革命的关注等内容，介绍李大钊由激进民主主义者转变为马克思主义者时的历史背景和思想背景。

接着，教师根据学生对课前思考题的回答，解析《民彝与政治》《青春》等文献中的重点段落，总结李大钊早年民彝史观、青春哲学的核心观点，指出李大钊早年哲学思想中既有对来自西方的进化论、唯意志论等的吸收，又有对中国传统哲学资源的改造和发挥；引导学生思考其青春哲学的理论意义——对"中国往何处去"进行了理论探索，为号召"再造青春之中国"进行了理论论证。在此基础上，引导学生总结李大钊青春哲学的合理因素和局限性。

然后，结合李大钊的《法俄革命之比较观》《庶民的胜利》《布尔什维克主义的胜利》等文献，展现十月革命对其思想的影响。重点解析李大钊的《我的马克思主义观》《唯物史观在现代史学上的价值》《由经济上解释中国近代思想变动的原因》等文献，采用文本导读、问答讨论等方式，使学生深入把握转变为马克思主义者的李大钊对唯物史观的理解、阐释和运用。

此处的文本重点导读段落如下。

"马克思的唯物史观有二要点：其一是关于人类文化的经验的说明；其二即社会组织进化论。其一是说人类社会生产关系的总和，构成社会经济的构造。这是社会的基础构造。一切社会上政治的、法制的、伦理的、哲学的，简单说，凡是精神上的构造，都是随着经济的构造变化而变化。我们可以称这些精神的构造为表面构造。表面构造常视基础构造为转移，而基础构造的变动，乃以其内部促他自己进化的最高动因，就是生产力为主动；属于人类意识的东西，丝毫不能加他以影响；他却可以决定人类的精神、意识、主义、思想，使他们必须适应他的行程。其二是说生产力与社会组织有密切的关系。生产力一有变动，社会组织必须随着他变动。社会组织即社会关系，也是与布帛菽粟一样，是人类依生产力产出的产物。手臼产出封建诸侯的社会，蒸气制粉机产出产业的资本家的社会。生产力在那里发展的社会组织，当初虽然助长生产力的发展，后来发展的力量到那社会组织不能适应的程度，那社会组织不但不能助他，反倒束缚他、妨碍他了。而这生产力虽在那束缚他、妨碍他的社会组织中，仍是向前发展不已。发展的力量愈大，与那不能适应他的社会组织间的冲突愈迫，结局这旧社会组织非至崩坏不可。这就是社会革命。新的继起，将来到了不能与生产力相应的时候，他的崩坏亦复如是。可是这个生产力，非到在他所活动的社会组织里，发展到无可再容的程度，那社会组织是万万不能打破。而这在旧社会组织内，长成他那生存条件的新社会组织，非到自然脱离母胎，有了独立生存的运命，也是万万不能发生。恰如孵卵的情形一样，人为的助长，打破卵壳的行动，是万万无效的，是万万不可能的。"

——《李大钊全集》（第3卷），第27-28页

"凡一时代，经济上若发生了变动，思想上也必发生变动。换句话说，就是经济的变动，是思想变动的重要原因。现在只把中国现代思想变动的原因，由经济上解释解释。

中国的大家族制度，就是中国的农业经济组织，就是中国二千年来社会的基础构造。一切政治、法度、伦理、道德、学术、思想、风俗、习惯，都建筑在大家族制度上作他的表层构造。

我们可以晓得中国的纲常、名教、伦理、道德，都是建立在大家族制上的东西。中国思想的变动，就是家族制度崩坏的征候。……我们可以晓得中国今日在世界经济上，实立于将为世界的无产阶级的地位。"

——《李大钊全集》（第3卷），第143-149页

"这样看来，旧历史的方法与新历史的方法绝对相反：一则寻社会情状的原因于社会本身以外，把人当作一只无帆、无楫、无罗盘针的弃舟，漂流于茫茫无涯的荒海中，一则于人类本身的性质内求达到较善的社会情状的推进力与指导力；一则给人以怯懦无能的人生观，一则给人以奋发有为的人生观。这全因为一则看社会上的一切活动与变迁全为天意所存，一则看社会上的一切活动和变迁全为人力所造，这种人类本身具有的动力可以在人类的需要中和那赖以满足需要的方法中认识出来。

有些人误解了唯物史观，以为社会的进步只靠物质上自然的变动，勿须人类的活动，

而坐待新境遇的到来。因而一般批评唯物史观的人，亦有以此为口实，便说这种定命（听命由天的）人生观，是唯物史观给下的恶影响。这都是大错特错，唯物史观及于人生的影响乃适居其反。

我们要晓得一切过去的历史，都是靠我们本身具有的人力创造出来的，不是那个伟人、圣人给我们造的，亦不是上帝赐予我们。将来的历史，亦还是如此。现在已是我们世界的平民的时代了，我们应该自觉我们的势力，赶快联合起来，应我们生活上的需要，创造一种世界的平民的新历史。"

——《李大钊全集》（第3卷），第220-222页

教师组织学生分组讨论以下问题：这一时期李大钊对唯物史观的理解有哪些特点？李大钊这一时期的历史观与其早期青春哲学中的历史观有什么不同？这些文献显示出当时中国思想界对唯物史观有哪些误解，李大钊对这些误解做了怎样的回应？李大钊是如何运用唯物史观分析中国历史和现实的？

教师根据学生的回答情况进行总结，并系统讲授李大钊提出的"应该细细的研考马克思的唯物史观，怎样应用于中国今日的政治经济情形""应该怎样去作民族独立的运动，把中国从列强压迫之下救济出来"等内容。引导学生关注李大钊以唯物史观为理论武器参与的"问题与主义"论战、关于社会主义的论战等理论论战，探析李大钊运用唯物史观对中国当时的社会现实和革命问题所进行的分析和研究，使学生切实感受到马克思主义哲学的理论力量，充分认识马克思主义哲学的实践性。

最后，教师在课程结束前进行要点总结，指出作为中国最早的马克思主义者，李大钊不但对唯物史观进行了系统的阐释和广泛的传播，而且把马克思主义哲学与中国具体实际相结合并将其运用于中国革命实践。他是把马克思主义哲学运用于中国实际的先驱，为马克思主义哲学中国化做出了开创性的贡献。教师布置课后阅读文献的作业：①阅读李大钊的《再论问题与主义》，并对照胡适的《多研究些问题、少谈些主义》，总结李大钊的主要观点及其对胡适观点的反驳、对唯物史观的运用等，深入理解"问题与主义"之争的性质和意义；②结合习近平在纪念李大钊诞辰120周年座谈会上的讲话，复习课堂内容，系统回顾李大钊对马克思主义哲学中国化的重要贡献。

五、案例反思

在教学内容方面,本课程在教学中充分展现我党对马克思主义哲学中国化的重要探索和重大成果,使学生更深刻地理解马克思主义哲学的基本理论,学会运用马克思主义的立场、观点和方法分析和解决现实问题。

在教学方式方法方面,本课程在教学过程中综合运用文本导读、问答教学、主题答辩、案例讨论等方法,充分调动学生学习的积极性和能动性,推动学生自主探索、深入思考,并通过课堂问答、集体讨论、课后作业、调查问卷等方式广泛地获取教学反馈,检验教学成效。

六、教学效果

本课程在教学中引导学生把对马克思主义哲学中国化的历程、成果、特点、机制等的认识与对马克思主义哲学基本原理、马克思主义哲学发展史的学习和对党史、新中国史、改革开放史、社会主义发展史的学习结合起来,使学生更深入地掌握马克思主义哲学的基本理论和方法,更深刻地理解和体悟中国共产党为什么"能"、马克思主义为什么"行"、中国特色社会主义为什么"好",从而在学思践悟中坚定了理想信念,增强了对党的创新理论的政治认同、思想认同和情感认同。

参考文献

郭湛,安启念,2008. 马克思主义哲学中国化教程[M]. 北京:人民出版社.
汪信砚,2017. 马克思主义哲学中国化:传统与创新[M]. 北京:北京师范大学出版社.
中国李大钊研究会,2006. 李大钊全集:第3卷[M]. 北京:人民出版社.

学思结合、知行统一

——培育新时代科学精神，提升社会综合实践能力

哲学院　刘丹

 案例概述

"社会调查研究方法"是关于如何进行社会调查研究的一门方法性、综合性和社会性的学科。学习"社会调查研究方法"，有助于学生掌握社会调查的方法和技能，提高正确认识问题和解决问题的能力；有助于学生养成理性实证、探索求真的科学精神，提升职业发展所需要具备的品格和能力。本课程具有以下特色。第一，采用理论教学与实践教学"双线一体"的教学模式，通过"理论—方法—应用"的教学实践形式，实现学生"知识—能力—素质"的综合提升和完善。第二，将理论教学、实践教学与科学精神培养相结合，在社会调查研究过程中，引导学生掌握科学的世界观和方法论，内化和践行实证、求真、探索的科学精神。第三，从实用性角度出发，将"探究型教学"和"实用型教学"有机结合，鼓励学生坚持学以致用；从职业发展需求角度出发，着力提升学生的职业道德修养和职业发展能力。第四，采用案例讨论、项目推进的教学模式，实现教师与学生的双向互动和共同参与，实现"教学相长"。

一、基本信息

课程名称：社会调查研究方法

授课对象：全校本科生

使用教材：《现代社会调查方法》(第6版)，风笑天，华中科技大学出版社

学习内容：问卷调查

教学课时：6课时

二、课程思政教学整体设计思路

"社会调查研究方法"是一门理论和实践并重的方法类课程，其目的在于让学生理解与掌握社会调查的方法与手段，获得社会调查的基本技能。本课程主要采用理论教学与实践教学"双线一体"的教学模式，讲授问卷调查方法。在讲授问卷设计和问卷调查方法理论的同时，引导学生注重学思结合、知行统一；组织开展问卷调查实践活动，引导学生在实践中贯彻和应用所学的方法知识，从而养成实证、求真、探索的科学精神，提升职业发展所需具备的品格和能力。

本课程包含问卷调查方法、问卷调查实践和实践总结三部分内容。第一部分侧重于理论知识的学习，目的是使学生了解问卷设计方法，掌握通过问卷调查进行资料收集的方法，学习问卷调查的组织和实施方法。第二部分侧重于理论联系实际，强调方法的应用性，目的是使学生以项目研究方式开展问卷设计、实施问卷调查，在实践中掌握方法和操作技能。第三部分侧重于对实践活动的总结，目的是通过展示、评价和总结三个环节，检验思政教学成效。

本课程通过案例教学法，直观、生动地讲授问卷调查方法，激发学生兴趣，引导学生思考和讨论案例中所体现的科学精神和职业发展能力。通过开展实地问卷调查活动，引导学生在实践中应用问卷调查方法。

三、教学目标

1. 课程教学目标

本课程采用理论教学与实践教学有机结合的教学模式开展教学活动，主要实现以下三个方面的教学目标。

（1）学生在理论知识学习中掌握问卷调查的方法和操作技能，包括学习和掌握问卷设计方法、问卷调查方法、调查的组织和管理方法三方面内容。问卷设计方法包含问卷的构成，问卷设计原则、步骤，问卷设计中的重要问题和常见错误等内容。问卷调查方法包含四类自填式问卷法和两类结构式访问法。调查的组织和管理方法涵盖挑选调查员的方法、调查员培训方法和调查过程的管理与质量监控方法。通过对问卷调查方法的学习，学生逐渐掌握独立开展市场调查、行政调查、学术性调查的方法和操作技能。

（2）学生在问卷调查实践中巩固方法和理论的学习效果，提升个人实践能力。学生在学习和掌握问卷调查方法和技能的基础上，参加问卷调查实践活动，实践活动包含问卷设计和实施问卷调查两个阶段的工作。在问卷设计活动中，学生根据所研究的问题，自主设计调查问卷，选择资料收集工具；在实施问卷调查活动中，学生依据选取的资料收集方法，开展问卷发放、问卷回收、问卷质量评价工作。独立开展问卷调查，能够激发学生将理论知识与应用能力相统一，培养学生的创新思维和能力。

（3）教师通过学生在实践总结中反馈的对方法知识的掌握情况，检验教学成效。在问卷调查实践活动结束之后，开展对实践教学的总结。通过学生展示的问卷调查的实践过程，教师可以考查学生对方法知识的掌握情况。通过学生互评和教师点评两个环节，对问卷设计的科学性和合理性、问卷调查过程的规范性、问卷调查结果的可靠程度和可信程度等进行评价。这一方面可以帮助学生查漏补缺，提升学习效果；另一方面有助于教师进一步反思教学中存在的不足，提高教学成效。

总之，本课程的目标是使理论教学与实践应用紧密结合起来。一方面，本课程立足课堂教学，使学生系统了解问卷调查所遵循的原则、实施的步骤、具体的操作过程，避免方法使用的盲目性、随意性，培养学生求真务实、严谨规范的科学素养。另一方面，本课程侧重于课外实践活动，引导学生在社会实践中真正掌握问卷调查的操作技巧，避免理论与实践相脱节。最终，使学生在深刻领悟问卷调查过程中的逻辑思维与实际操作技巧的同时，能够掌握科学的世界观和方法论，并提升社会综合实践能力。

2. 思政育人目标

（1）社会调查的精神内核与中国共产党长期主张的"没有调查就没有发言权"是相一致的，都要求具备"实事求是"的科学精神。本课程通过引导学生学习和运用问卷调查方法，帮助学生思考、体会和践行理性实证、探索求真的科学精神，培养学生尊重科学规律、客观诚信的品格。

（2）问卷调查方法被广泛应用于社会生活的各个领域，学习问卷调查的技能和手段，可以使学生掌握未来职业发展中所需具备的问卷设计能力、问卷资料收集能力。本课程通过开展问卷调查实践活动，帮助学生养成良好的职业品质和行为习惯，增强学生的沟通能力、组织管理能力、组织协调能力等职业发展能力，提升学生的综合素质。

四、教学实施过程

首先，通过案例教学法讲授问卷调查方法的理论内容，在案例讨论中引导学生思考和学习理论知识，在理论内容讲授中穿插案例讨论，从而使学生更好地掌握知识要点。具体来说，案例教学环节分为三个阶段。第一阶段，引入"第六次人口普查"和"武汉市受众对官方宣传的可接受性抽样调查"案例，分别介绍普查与抽样调查的过程，引导学生思考两个问卷调查案例的异同，讨论案例中所体现的问卷调查特征、问卷发放和回收方法、实施过程中的组织管理技巧。教师以此为线索，引出本课程的学习内容和学习目的。第二阶段，在讲授问卷设计内容时，结合官方宣传调查问卷，具体、直观地介绍问卷的概念、问卷的构成、问卷设计的原则、问卷设计中容易出现的错误和需要注意的问题，帮助学生掌握规范性的问卷设计技巧，引导学生思考和领会严谨、求实的科学精神。第三阶段，在介绍问卷资料收集方法时，引入"第六次人口普查"和"武汉市受众对官方宣传的可接受性抽样调查"的资料收集过程，帮助学生熟悉问卷发放和回收方法，掌握组织和管理技巧，鼓励学生将探究型学习与社会实用型学习相结合，引导学生领悟问卷调查过程中所包含的职业发展所需要具备的品格和能力。

其次，在了解和掌握问卷设计和问卷资料收集方法的基础上，引导学生走出课堂，独立开展问卷调查。第一步，学生以小组为单位，结合社会现实和个人兴趣，确定要调查研究的问题。在这个过程中，教师要引导学生选择能够体现社会责任的问题，将个人的调查与社会面临的普遍难题、困惑或社会变迁联系到一起，从而使他们更好地开展服务社会的社会调查。第二步，学生对问题中的关键概念进行操作化，并依据操作化的指标设计问卷初稿，在此过程中，教师要引导学生遵循实事求是的原则进行问卷设计，使问卷内容符合客观现实。第三步，学生开展试调查，根据调查中存在的问题对问卷进行调整和修改，在此过程中，教师要引导学生保持严谨务实的作风，保障研究质量。第四步，学生选择资料收集方法，并以调查员的身份实地开展问卷调查，完成问卷发放、回收，以及调查过程中的管理与质量监控工作。在此过程中，教师要培养学生秉持求真务实、积极探索的科学精神。第五步，学生计算问卷的回收率和有效回收率，通过信度和效度评估问卷质量，把握问卷的适用性，在此过程中，教师要注意培育学生追求精确的科学精神。

最后，教师对问卷调查实践活动进行总结和评价，根据反馈的学习效果，检验教学成效。此环节分为两个阶段。第一阶段，各小组展示问卷调查活动的开展情况，包括问卷设计过程、问卷资料收集过程，以及问卷的质量评估，由此反映学生对方法知识的掌握情况。第二阶段，学生相互之间先进行评价，在这个过程中锻炼学生发现问题和解决问题的能力。教师再从问卷调查方法应用的科学性、合理性和规范性等方面对实践活动效果进行评价，对学生在问卷调查过程遵循和践行求真务实、积极探索、追求精确等科学精神的情况进行评价，并从调查过程中的组织管理和协调沟通方面对学生职业道德修养和职业能力的提升情况进行评价。此环节通过学生展示、学生互评和教师点评，综合评估学生的学习效果。教师根据学生的学习效果，反思教学方式，检验思政教学效果。

课程结束前，教师通过以下问题总结所讲内容并导出新课。

（1）如何理解问卷调查中存在的"理想与现实"的矛盾？应采取什么标准和方法解决这个矛盾？

（2）在问卷调查过程中应如何保持价值中立的立场以保障调查结果的客观性？

（3）问卷资料应如何进行标准化处理？如何通过问卷资料实现认识世界、掌握社会发展规律的目的？

五、案例反思

（1）本课程能够适应学生的特点，并且丰富了教学模式，增强了教学的有效性。当今大学生思维活跃、眼界开阔，个性化程度较高，也更有主见，传统以讲授为主的教学方式已经不能满足学生的需求。而方法课内容相对枯燥、缺乏趣味性，是学生常说的"干货"比较多的"硬课"。如何将难度大又缺乏趣味性的方法课讲好，是教师必须解决的难题。因此教师需要探索适应学生特点的教学模式，激发学生的热情，使学生深度参与到课堂中去。应进一步增强师生的双向互动性、共同参与性，将案例教学、小组讨论、模拟体验和实地演练四种模式相结合，实现理论知识讲授与学生讨论相结合，学生实践与教师指导相结合，从而增强教学的有效性。

（2）强化实践教学模式，提升学生参与的积极性。"社会调查研究方法"课程是一门具有系统性的应用性课程，所有研究从选题到实施再到分析都离不开与现实的接触。对此，教师应进一步强化课程的实践教学模式，将实践性活动贯穿于教学过程的各个阶段（选题、研究设计、操作化、问卷调查和撰写研究报告），使"社会调查研究方法"的课堂教学摆脱理论化倾向，以实践和体验为基础，从而使学生在具体实践过程中提高对社会经验现象进行独立科学研究的能力。在实践教学过程中，教师应全程关注学生参与的积极性，加强引导，如在小组实施问卷调查的过程中，教师应了解小组内部成员的分工情况和实际参与情况，对分工不合理的应予以指导和纠正，对参与度不高的学生给予鼓励，以激发学生的参与热情。

（3）进一步加强师生之间的双向沟通，优化教学结构。传统的课程教学结构是教师的讲授贯穿于整个课堂，学生始终处于被动接受状态，师生之间存在信息不对称。对此，教师应从"我为学生设计好教学过程"转变为"我和学生一起设计教学过程"，收集教学过程的前、中、后三个阶段的教学信息，建立师生之间的双向沟通机制，从而消除师生之间的信息不对称，优化教学结构。具体而言，在开课初期，通过问卷调查的方式，收集学生对课程教学内容和教学方式的期待和要求，为后续教学内容的安排和教学方式的调整提供依据；在授课期间，通过面对面方式或借助微信群、QQ群等网络交流平台，实时了解学生的学习状态和学习效果，为学生答疑解惑；在课程结束之前，再次发放调查问卷，收集学生的教学评价、教学意见等信息，为下一学年"社会调查研究方法"课程的优化与调整提供参考依据。

六、教学效果

"社会调查研究方法"是社会科学各学科的基础课。作为一门方法类课程，其目的是让学生理解与掌握社会调查的知识、方法与手段，使学生具备对各种社会现象、社会产物进行科学研究的能力。对于这样一门强调理论与实践并重，具有很强的工具性和操作性的课程，照本宣科只会让原本缺乏趣味性的课程变得更加枯燥，难以调动学生的学习积极性和提高学生对方法内容的领悟力。本课程将课程思政元素融入教学内容，实现了探究型教学和实用型教学的有机结合，使学生能学有所用、学有所得、学有所成。

本课程始终将实证、求真、探索的科学精神贯穿于整个教学过程。在问卷调查方法的技巧和技能的理论学习中，鼓励学生直面社会现实，采用实证方法正确认识社会现象，探寻社会问题背后的成因，使学生提高了科学研究素养，增强了社会责任感。在问卷调查实践活动中，引导学生将理论与实践相结合，坚持和践行理性实证、探索求真的科学精神，保证方法应用和操作的客观性、规范性，从而使学生养成了严谨务实的作风。同时，该课程从实用性角度出发，以职业需求为导向，着力提升学生的职业道德修养和职业发展能力。本课程通过对问卷调查方法的讲授，使学生掌握了市场调查、行政调查、社会问题调查所需要具备的问卷设计和问卷调查技能；通过问卷调查实践活动，一方面培养了学生吃苦耐劳、顾全大局的品格，另一方面提高了学生的沟通、协调、组织、管理等职业发展能力，实现了人才培养质量与教学质量双提升的效果。

参考文献

邱梦华，2017. 社会调查方法课程实践环节的改革与反思[J]. 大学教育（3）：8-11.

宋文娟，2017. 参与式教学在"社会调查方法"课程中的应用[J]. 安庆师范大学学报（社会科学版），36（3）：130-133.

翟振武，2019. 社会调查问卷设计与应用[M]. 北京：中国人民大学出版社.

个人困扰与公众议题：不是所有的问题都是社会问题

哲学院　高飞

案例概述

社会是复杂的统一体，除了美好的、积极的、看得见的一面，还有不为人知的、容易被大众忽视的社会问题。作为社会学的重要分支学科，"社会问题与社会管理"课程旨在唤起学生对社会问题和弱势群体的关注，增强学生对自己所处的社会及其变革规律的认识，引导学生理性看待社会问题，保持积极的价值关怀，树立以知识服务社会的理想。本课程具有以下特色。第一，采用文献梳理和案例分析相结合的方式，将课程分为社会问题研究的基础和专题社会问题研究两部分。通过理论联系实际的方式，帮助学生更为深刻地理解和把握不同社会学理论在实际社会问题中的应用。第二，将马克思主义社会学的主要观点和习近平新时代中国特色社会主义思想联系起来，帮助学生厘清研究社会问题的理论谱系，理解当代中国社会问题产生的基本背景。第三，结合学生的实际生活环境，与时代同频，开展对"家乡城镇化""小时候的故乡"等议题的研讨，鼓励学生创造返乡日记，并反思城市化、工业化、市场化、全球化所带来的社会问题。

一、基本信息

课程名称：社会问题与社会管理

授课对象：社会学专业三年级学生

使用教材：《社会问题》，向德平，中国人民大学出版社

学习内容：社会问题概述

教学课时：1课时

二、课程思政教学整体设计思路

本课程主要讲授社会问题的概念，通过生活化的方式阐述生活中的问题与社会问题的区别与联系，以及社会问题的特征，让学生对社会问题的概念有一个初步的理解和把握，引导学生运用社会学的理论去辨识、分析和解决现实生活中出现的社会问题。

本课程具体包括"问题与社会问题的区别和联系""如何辨识生活中的社会问题""如何正确认识生活中的社会问题"三部分内容。第一部分侧重于描述，目的是使学生能够明晰社会问题的定义和内涵，感受学术定义与日常生活中对社会问题的认识的区别和联系。第二部分侧重于理解，引入社会学的想象力，帮助学生深入理解什么是个人困扰，什么是公共议题，使学生在感受经典社会学魅力的同时加强对社会问题的理论认知。第三部分侧重于操作，具有明确的实践指向，以当前无论是国外还是国内离婚率都逐年攀升这一社会问题为例，引导学生用社会学理论对其进行解释。

本课程以理论讲授为主，结合问题教学法、案例讨论法、实地调查法等教学方式，向学生讲解历史上著名的社会学家是如何理解其所处时代的社会问题的及其对当下社会问题的启示。

三、教学目标

1. 课程教学目标

本课程结合教学大纲的设计，系统地梳理和介绍社会问题研究的相关理论，探讨社会问题产生、发展、演变的规律，主要包括社会问题概述、社会问题研究的理论谱系、社会问题研究的方法论、社会问题产生的动力机制等内容。具体来说，本课程要解决以下四方面内容：其一，帮助学生认识什么是社会问题，理解社会学在社会问题研究中的功能；其二，帮助学生厘清研究社会问题的理论谱系，理解当代中国社会问题产生的背景；其三，帮助学生建立研究社会问题的多维视角；其四，帮助学生明确社会问题产生的根源性因素，反思城市化、工业化、市场化、全球化带来的社会问题。

总之，本课程的目标在于将艰深的理论和现实的社会生活紧密结合起来，使学生了解社会问题的基本分析思路，并能够识别哪些问题是社会问题；使学生熟悉常用的理论视角的理论预设及其核心观点，并能够运用不同的理论视角对某一具体社会问题进行解释。本课程的授课对象是社会学专业三年级学生。他们在学习"社会问题与社会管理"这门课程之前，已经系统学习了"社会学导论1""社会学导论2"等相关社会学基础课程。但是，实践经验的缺乏和理论知识的抽象，使他们不易将实际生活中的具体问题与理论相联系，也不太会对同一问题进行多视角的深刻解读。因此，在"社会问题与社会管理"教学过程中，教师对知识的讲解将尽量生活化、具体化，通过将生活中的例子与所讲授的专业知识进行关联，激发学生的学习兴趣；同时，也将根据所讲授的知识点，引入相关例证，并采用多媒体展示、提问、互动等形式，让学生对社会问题有更加直观的认识，鼓励学生积极思考，将枯燥的理论知识转化为实际能力，从而提升他们理解和运用理论的能力。

2. 思政育人目标

在我们的日常生活中总会出现这样或那样的问题，这些问题并不都是社会问题。我们应该如何判断哪些问题是社会问题呢？本课程在教学过程中，将以学生的认知基础为前提，注重涵养学生的思想品格，培养学生的家国情怀和科学精神，使学生能够客观地认识社会问题，全面系统地分析社会问题产生的根源，并探寻社会问题的解决之道。

四、教学实施过程

本课程的教学实施过程按照"暖场热身、内容预告""新知教学""课堂小结"三个环节有序展开。

1. "暖场热身、内容预告"

由提问引起学生的注意。

【提问】今天要讲的内容是社会问题概述。在我们的日常生活中总会出现这样或那样的问题。那么，这些问题都是社会问题吗？答案显然是否定的。我们应该如何判断哪些问题是社会问题呢？这节课我将会和大家一起探讨以下三个问题：第一个问题是问题与社会问题的区别与联系是什么；第二个问题是如何辨识生活中的社会问题；第三个问题是如何正确认识生活中的社会问题。其中，第三个问题是我们今天课程的重点和难点。

2．"新知教学"

（1）在我们的日常生活中，总是充满了各种各样的问题，我们经常自嘲说"人生充满悖论，生活满是问题"，那么在这些问题当中哪些才属于社会问题呢？问题与社会问题的区别与联系是什么？

教师列举一些问题，请学生回答哪些属于问题，哪些属于社会问题。学生回答后，教师进行归纳并总结社会问题所具有的两个特性。

第一个特性是"反常性"。所谓"反常性"，是指一种不正常的社会现象，一种坏的社会现象。反常性可以从三个层面来理解。第一，从统计学层面来讲，是指偏离正态分布，统计上的少数；第二，从社会反响层面来讲，遭到公众反对的就是问题，公众漠视、默许的就不是问题；第三，从规范层面来讲，它取决于社会所认同的规范，并且规范是随着时间和空间变化而变化的。例如，在美国劳工问题过去颇受重视，而现在则是就业问题比较受重视。

第二个特性是"社会性"。一个人没有找到工作可能是个人能力不够，但如果是今年毕业的所有学生都没有找到工作，那可能就是社会问题了。

通过上述的分析和举例，学生已经能够比较准确地把握问题与社会问题的区别了。问题是指发生在局部环境中的个人困扰；而社会问题是发生在社会结构中的公众议题。

（2）如何辨识生活中的社会问题？

生活中发生的问题，如果只发生在个人与他人直接构成的关系区域里，只关系到个人直接体验的、有限的生活领域，那么它就是问题，可能是个人问题、家庭问题、情感问题等；而如果涉及的事件已经超出个人的局部环境、生活区域，与人类社会生活、制度或历史有关，威胁到公众所共同珍视的价值，那么它就是社会问题。通过这种方式，我们可以比较明确地将生活中的社会问题辨识出来。

（3）如何正确认识生活中的社会问题？

明确了社会问题的定义之后，我们该如何正确认识社会问题呢？我们是不是要描述一下这个社会问题有多严重，呼吁大众要关注它？这属于新闻学的范畴；我们是不是要等这个社会问题解决之后，回溯一下这个社会问题对于历史进程的重大意义呢？这属于历史学的范畴。那么，作为社会学的学生，应该如何理解社会问题呢？曾有社会学家说："新闻学研究的是尘埃乍起，历史学研究的是尘埃落定，而我们社会学研究的是尘土飞扬。"如何才能透过飞扬的尘土看清纷繁芜杂的表象背后的因果机制？就需要我们在日常的学习中不断锤炼自己的"社会学想象力"。

【提问】什么是社会学想象力？

学生回答后，教师进行归纳。借用社会学家米尔斯的话来说，"社会学想象力"就是一种"心智品质"。所谓"心"，就是价值关怀和学科理念，简而言之，就是一种社会学的担当。众所周知，对于弱势群体的关注始终是社会学的研究旨趣。除了有"心"之外，还需要有"智"，所谓"智"，就是知识和能力，只有不断积累我们的专业知识，丰富我们的理论视角，建构我们的分析框架，我们的知识和能力才能服务于我们的价值关怀。

教师展示有关中国离婚率的数据。从总体趋势上来看，中国离婚率呈上升趋势。

【提问】请大家谈谈对于我们开篇提到的社会问题的看法，为什么"中国离婚率总体上呈现逐年攀升趋势"？

结构功能主义视角对于中国离婚率总体上呈现逐年攀升趋势的解释是：传统家庭本来承担着诸多的社会功能，如经济生产、养育子女、照料老人、娱乐、生育等，但随着社会变迁侵蚀了家庭的传统功能，家庭纽带弱化，因此离婚率上升；冲突论视角对于中国离婚率总体上呈现逐年攀升趋势的解释是：当男性控制经济生活时，女性由于几乎没有其他选择，只能维系不良婚姻，因此离婚率低。随着女性权力的提高，冲突增加了，离婚率也就提高了，高离婚率反映了性别权力关系的改变；符号互动论视角对于中国离婚率总体上呈现逐年攀升趋势的解释是：工业化和城市化重新定义了婚姻，人们对婚姻、子女、父母的责任等观念的改变，使得婚姻更加脆弱。

3. 课堂小结

【教师总结】三个理论视角所持的观点已经介绍完毕，现在我们一起回顾一下这节课所学的内容。在第一部分我们比较了问题和社会问题，明确了社会问题的两个特性，即"反常性"和"社会性"。第二部分我们学会了如何辨识生活中出现的社会问题，即那些超出个人局部环境、超出个人生活区域，与人类社会生活、制度或历史有关，威胁到公众所共同珍视的价值的事件就是社会问题。第三部分我们分别用三种理论视角分析了中国离婚率总体上呈现逐年攀升趋势的原因。这里需要大家关注一下这三种理论视角的关键词：结构功能主义的关键词是"系统"，冲突论的关键词是"权力"，符号互动论的关键词是"意义"。

五、案例反思

本课程每学年开设，虽然取得了较好的教学效果，但是在以下三方面还有提升的空间。

（1）提高学生的积极性和参与度。本课程在大学三年级开设，相对于一年级、二年级开设的课程而言，三年级的课程明显更难讲授。一方面是因为学生已经进入大学生活的后半程，对于教学模式表现出一定的疲惫和厌倦，另一方面是因为大部分学生在三年级已经开始为以后的出路谋划，如备考研究生、考取各种证书，或者为了找工作更有竞争力而开始实习，从而分散了有限的注意力。因此，需要丰富课堂的教学内容，调动学生的学习兴趣，让学生更好地融入课堂教学，提高学生的积极性和参与度。

（2）引入新型教学手段，丰富现有教学方式。本课程主要以多媒体教学为主，教师在课堂上可以结合提问、设问、引导等多种教学方式，掌控节奏、调动课堂气氛。在备课的过程中，教师应仔细打磨讲义、教案，充分利用多媒体演示的优势，引导学生思考，利用有效的师生互动，尽可能地提高学生对于新知识的接受度和自主分析能力，加深学生对理论视角的理解和把握。另外，教师在以后的教学中还应尽快适应智慧教学，充分利用弹幕推送、课堂辩论、观点投票等新型技术手段，增强课堂的互动感和时代感。

（3）鼓励学生将课堂知识应用于现实生活。理论是枯燥的，而现实之树常青。教师应通过课堂教学，演示如何将理论和实际问题进行对接，使学生对社会问题的理论分析有更加直观的认识和体会，鼓励他们积极思考，联系生活中的实例，将枯燥的理论知识用起来，从而提升理论的运用能力。还可以培养有兴趣的学生参加科研实践，从而丰富教学内容和延长有限的学时。践行社会学专业的"全人发展"理念，不仅要重视学生的思想建设和专业素质培养，还要强调践行专业使命，拒绝冷漠，关注底层，实现社会学的专业价值。

六、教学效果

本课程以立德树人为根本，以理想信念教育为核心，以社会主义核心价值观为引领，以全面提高人才培养能力为关键，深入挖掘思想政治教育资源，将"价值引领"作为课程教学中的重要指标。从源头、目标和过程上强化德育教育理念在"社会问题与社会管理"课程中的融入，并在课堂教学、课后辅导等环节中将该理念落到实处。在教学大纲、教学设计等重要教学文件中注重"知识传授、能力提升和价值引领"同步提升的实现度和"德育功能"。

通过学习，大部分学生都能自主参与到社会实践和志愿服务中去，积极传递正能量和专业价值观，如为敬老院的老人们提供亲情慰藉，为文化水平较低的农民工进行智能手机应用培训等。特别是在新冠肺炎疫情期间，学生积极参与新冠肺炎疫情防控志愿工作，在志愿服务中实现专业使命、践行专业价值，使自己的人格和价值在助人自助中得到升华。

西式民主穷巷与中国之治坦途

哲学院 万健琳

 案例概述

民主,是人类文明发展的成果。民主无论是作为政治概念、政治观念、政治价值,还是作为政治制度、政治模式、政治体制,抑或作为政治道路、政治进程,都是历史的、变化的、具体的、多样的。追求和实现人民民主,是中国共产党长期以来的政治思想,是社会主义制度的根本要求。进入21世纪以来,西方世界在持续性的政治、经济和社会发展困境中步履蹒跚。与此形成鲜明对比的是,中国共产党领导中国人民创造了经济快速发展和社会长期稳定两大世界性奇迹。在"西方之乱与中国之治"的大背景下,世界大国之间围绕民主、自由、人权等政治价值的纷争更加激烈。

中国之治之所以取得举世瞩目的成就,一条重要经验就在于,中国共产党立足于中国的历史传统和现实国情,借鉴人类政治文明成果,确立了一套人民民主的政治制度,实现了真正的人民当家作主。习近平总书记在庆祝中国共产党成立100周年大会上提出的"发展全过程人民民主",为推进中国特色社会主义民主政治建设指明了方向。本课程在揭露西方资本主义民主的实质及其危机的基础上,采用比较研究法,讲授中国特色社会主义民主的发展历程及其本质特征,重点剖析全过程民主的理论内涵和实践逻辑。

一、基本信息

课程名称:政治学原理

授课对象:国际政治专业二年级学生、公共管理专业一年级学生、国际财政学专业二、三年级学生

使用教材：《政治学概论》（第 2 版），《政治学概论》编写组，高等教育出版社

学习内容：政治民主

教学课时：4 课时

二、课程思政教学整体设计思路

本课程主要采用比较研究法和案例研究法，在揭露西方资本主义民主的实质及其危机的基础上，介绍中国特色社会主义民主的发展历程及其本质特征，并重点剖析"全过程民主"的理论内涵和实践逻辑。在具体的教学设计上，主要按照以下过程展开。首先，将美国国会山骚乱和美国新冠肺炎疫情防控乱局两个案例作为教学导入案例，运用多媒体、雨课堂、课堂讨论等工具和方法，引导学生思考以美国为代表的西式民主的弊端。通过案例讨论，帮助学生深入了解西方资本主义民主的理论困境和现实危机。然后，将中国改革开放以来取得的巨大成就，特别是将脱贫攻坚成果与美国的贫富差距做系统对比，从中国治国理政实践所迸发出的蓬勃效能中，突显我国社会主义民主制度的巨大优越性。最后，带领学生学习习近平总书记的部分重要讲话，通过我国人民代表大会制度的实施和基层民主治理中的多个案例，对"全过程民主"这一全新理论成果进行介绍和讲授。在教学过程中，综合运用短视频启发法、课堂讨论法、讲授法、问答法，并借助雨课堂的弹幕、答题功能实现课堂互动和知识的深化。

三、教学目标

1. 课程教学目标

通过本课程的教学，实现以下三个教学目标。

（1）结合西方选举乱象和民主输山败局，分析西方资本主义民主的理论困境和现实危机。

（2）结合中国特色社会主义民主发展历程，回答"为什么中国民主政治建设的关键是要把中国共产党的领导、人民当家作主和依法治国有机统一起来"这一问题。

（3）通过中国之治的丰富实践和巨大成就，理解"全过程民主"的理论内涵和实践逻辑。

2. 思政育人目标

通过教学案例的设计和引入，帮助生直观地感受到西方资本主义民主与中国特色社会主义民主之间的本质差别；通过引导学生对丰富的案例进行深入分析和讨论，使学生认清西方资本主义民主的本质；以中国之治的巨大成就展现中国特色社会主义民主的本质特征和制度优势，通过中西方民主制度及治理效能的对比，帮助学生理解"全过程民主"的理论内涵和实践逻辑。

四、教学实施过程

根据上述教学目标，本课程分为三大板块，每一个板块均按照"案例引入与启发""案例分析""知识点总结"三个步骤依次展开。

1. 结合西方选举乱象和民主输出败局，分析西方资本主义民主的理论困境和现实危机

第一步 案例引入与启发

视频播放内容：

（1）美国 2020 年总统大选乱象，特别是国会山骚乱视频；

（2）阿富汗战争回顾短片。

在播放视频前，打开雨课堂的弹幕功能，学生可以边看视频，边发表观点。

第二步 案例分析

（1）教师提出问题：看完上述视频，大家有什么感受？西式民主有哪些特征？

（2）学生分小组进行课堂讨论，并选派代表上台发言。

（3）教师总结。

第三步 知识点总结

通过本环节的案例分析和教学设计，引导学生了解：

（1）民主是历史的、具体的、相对的；

（2）西方资本主义民主的实质及其局限性；

（3）"冷战"后，西方资本主义民主遭遇的理论危机和现实困境。

2. 结合中国特色社会主义民主发展历程，回答"为什么中国民主政治建设的关键是要把中国共产党的领导、人民当家作主和依法治国有机统一起来"这一问题

第一步　案例引入与启发

视频播放内容：习近平总书记在庆祝中国共产党成立100周年大会上的讲话片段。开启雨课堂弹幕功能，供学生评论和发表观点。

第二步　案例分析

结合视频内容，教师简要讲述中国特色社会主义民主的产生和发展历程，提出"为什么说中国民主政治建设的关键是要把中国共产党的领导、人民当家作主和依法治国有机统一起来"这一问题，并请学生自由作答。

第三步　知识点总结

通过本环节的案例分析和教学设计，引导学生了解：

（1）中国特色社会主义民主的发展历程；

（2）中国特色社会主义民主的本质及特征；

（3）中国特色社会主义民主政治的制度体系。

3. 通过中国之治的丰富实践和巨大成就，理解"全过程民主"的理论内涵和实践逻辑

第一步　案例引入与启发

视频播放内容：

（1）温岭模式——基层治理短片；

（2）人大代表赴基层调研新闻节选；

（3）习近平总书记在庆祝中国共产党成立100周年大会上关于"全过程民主"的讲话片段。

第二步　案例分析

结合视频内容，教师阐述"全过程民主"的提出背景、理论内涵和制度创新。

第三步　知识点总结

通过本环节的案例分析和教学设计，引导学生了解：

（1）全过程民主的提出背景；

（2）全过程民主的理论内涵、制度创新和治理效能；

（3）全过程民主对西方"一次性民主"的超越。

五、案例反思

1. 本课程存在的问题

第一，由于授课对象主要为大一、大二的学生，他们对党和国家重大路线方针政策的了解不够充分，对民主理论及其实践发展、西方民主理论和实践的最新发展及中国民主理论和实践的创新等知识的学习不够深入，对国内外发生的重大政治事件的关注度不够高，因此课堂互动效果与预期有所差距。第二，部分学生对中国政治制度的特点了解不够全面，对西方政治制度的特点，尤其是各国民主制度的发展了解较少，这就导致他们分析问题的视角容易出现偏差。第三，对于"中国之制"与"中国之治"之间的辩证关系理解不够透彻，无法透过现象看本质，因此难以从不同国家治国理政的效能中总结、提炼中国政治制度，特别是中国特色社会主义民主的优势。

2. 本课程的改进思路

第一，在本课程教学过程中，设置"经典文本诵读"和"一周新闻聚焦"环节，利用每次课的前 20 分钟时间，一方面引导学生阅读经典文本，关注党和国家的重大方针政策；另一方面鼓励学生关注国内外发生的重大政治事件，尝试运用所学的理论知识进行分析和评论。第二，在课程设置上，利用培养方案修订之机，将"当代中国政府与政治"课程置于"政治学原理"之前，从而使学生对中国的政治制度有全面、深入的了解；同时将"西方政治制度"和"比较政治学"的课程内容进行整合，引导学生从比较的视角，学习不同国家的政治制度。第三，在课程讲授中，贯彻理论与实践、制度与治理、中国与世界相结合的教学原则，用丰富的案例支撑深刻的理论，由浅及深、由表及里，引导学生学会用理论分析现实问题。

六、教学效果

本课程组重视课程思政的教学资源开发与整合，将"政治学原理""当代中国政府与政治""中国之制与中国之治"作为课程思政组合课程，探索出了共享资源、交叉教学的新方式，初步建成了课程思政案例库。本课程组的教学案例获得了首届校级课程思政优秀案例二等奖等奖项。

本课程自开设以来，教师始终坚持正确的政治方向，引导学生把学问做到中国的大地上；始终结合中国共产党领导下的社会主义国家的制度优势及中国治国理政的蓬勃效能来讲授政治学的知识；始终以塑造学生正确的世界观、人生观和价值观为教学目标。教师紧密结合中国治国理政实效，不断更新和拓展案例库，将思政元素嵌入教学全过程，取得了非常好的教学效果，深受学生的喜爱和好评。

从到课率来看，本课程作为哲学院和公共管理学院的专业必修课，其到课率始终保持在98%以上；即使是在财税学院作为选修课开设，到课率依然能达到95%。从学生的学习参与度来看，本课程的课堂活跃度在全校长期排名前列。比如，在2020年5月21日的课堂上，共收到1776条弹幕，98人次参与课堂答题。从期末的教学评价来看，本课程得分一直较高，排名始终位于学院开设课程的前列。

神入情境与外部审视:"仁政"的内涵及其创造性转化

哲学院 罗雪飞

案例概述

"中国政治思想史"是政治学一级学科的基础课程,与历史学、哲学关系非常密切,是一门特征非常明显的交叉学科。"中国政治思想史"主要讲述商周至明清时期中国政治思想的变迁。本课程主要遵循神入情境与外部审视相结合的原则,采用问题导入法、文本细读法、案例分析法、情景模拟法、讨论法等方法,让学生尽情徜徉在中国政治思想的浩瀚海洋中,有所思有所得。本课程的目的是使学生能够熟练掌握中国政治思想史的演变过程和特点,丰富政治学的有关知识;培养学生分析问题的思维能力,增强学生对政治学重大问题的洞察力和感悟力,使学生在学习中增长政治智慧。

一、基本信息

课程名称:中国政治思想史

授课对象:国际政治专业本科生

使用教材:《中国政治思想史》(第 2 版),《中国政治思想史》编写组,高等教育出版社

学习内容:孟子的仁政思想

教学课时:2 课时

二、课程思政教学整体设计思路

习近平总书记在庆祝中国共产党成立 100 周年大会上的讲话中指出:"坚持把马克思主义基本原理同中国具体实际相结合、同中华优秀传统文化相结合。"中国政治思想史浓缩了中华优秀传统文化的精髓,凝聚了中国人几千年来的政治智慧,具有重要的现实意义。中国政治思想史是研究中国历史上的各种政治思想,揭示其产生、形成、演变、发展的历史过程及规律的科学。中国政治思想的发展经历了先秦、秦汉至隋唐、宋元明清和近代四个阶段。先秦是中国政治思想的基本形成时期,秦汉至隋唐是中国政治思想进一步发展时期,宋元明清(至 1840 年)是中国政治思想的成熟和反思批判时期,近代(鸦片战争至新文化运动)是中国政治思想的转型和变革时期。"中国政治思想史"课程的内容主要涉及先秦、秦汉至隋唐、宋元明清三个阶段。

正如教育部印发的《高等学校课程思政建设指导纲要》中所说:"要坚持学生中心、产出导向、持续改进,不断提升学生的课程学习体验、学习效果,坚决防止'贴标签''两张皮'。""中国政治思想史"课程在开展课程思政教学、进行思想政治教育时,要防止简单地"贴标签""两张皮"现象发生,要避免牵强附会。为了使思想政治教育有机融入课程内容,达到润物无声的育人效果,"中国政治思想史"课程的讲授主要遵循神入情境与外部审视相结合的原则,综合采用了问题导入法、文本细读法、案例分析法、情景模拟法等方法。

马克思主义强调实事求是,强调对事务、对问题的认识要深入具体的历史情境中,挖掘其发生演变的背景。神入情境就是指从一种思想发生的历史阶段和时代背景、思想家所属的文化系统、思想家的社会地位、思想家个人的生活世界和政治社会化过程、思想家参与政治斗争的具体情势和场景及其所处时代的语言表达习惯中,理解思想家的思想。外部审视就是要跳出具体的历史语境,将历史意见悬置起来,运用现代政治学的概念、理论和方法进行外部审视,分析中国政治思想史及传统政治学话语体系长期延续的原因、存在的主要问题,阐明中国政治思想史及传统政治学话语体系能为现代政治学话语体系的构建提供哪些经验以及能为现代中国的政治发展提供哪些智慧。如果说神入情境是"照着讲",那么外部审视就是"接着讲"。"照着讲"是按照思想家原本所讲的文本讲，即依据文本进行认真分析，努力还原思想家言说的现场，尽可能探寻思想家的原意。"接着讲"是要在依据文本并理解文本原意的基础上，根据讲说者或论述者面临的时代问题，赋予文本新的含义，进行创造性转化和创新性发展。

本课程主要讲授孟子的仁政思想。我们既要深入孟子仁政思想产生的历史情境，把自己放到孟子所处的时代和位置，模拟其思想活动发生时的各种背景和情境，"设身处地"地去思考，从而进行"神入"式理解；又要"出乎其外"，跳出思想家的思想，对其进行"外部审视"，站在今天的政治学知识平台上，去把握孟子的仁政思想对人类政治思想发展演变进程的影响，分析其对于现代政治生活的意义。具体来说，我们首先需要分析孟子仁政思想产生的历史语境，包括政治社会语境和思想文化语境；其次，要分析孟子仁政思想的哲学基础，涉及人性论、历史观；再次，要分析孟子仁政思想的核心内容，涉及王道观、民本观和君职观；从次，要分析孟子仁政思想的影响，涉及对传统治道观、道统论的形塑；最后，要分析孟子仁政思想的当代价值，涉及政治的道义基础、现代政治文明提升的传统之维、政府职责的多元性及其先后次序等问题。

三、教学目标

"中国政治思想史"课程思政教学主要是落实立德树人根本任务，恰当发掘思政元素，将价值塑造、知识传授和能力培养三者融为一体，达到润物无声的育人效果。在"中国政治思想史"课程中开展思政教学，将会增加课程的知识性、人文性，提升引领性、时代性和开放性；还有助于提高大学生思想道德修养、人文素质，坚定学生的理想信念，厚植爱国主义情怀。具体来说，教学目标又分为课程教学目标和思政育人目标两个方面。

1. 课程教学目标

（1）分析孟子仁政思想产生的历史语境，帮助学生理解孟子是在什么样的历史语境中提出仁政思想的。历史语境分为宏观、中观和微观三个层次，宏观、中观历史语境又各自涉及政治社会和思想文化两个方面；微观历史语境指的是孟子作为个体的政治社会化情况，涉及孟子的个人成长、教育、交游、仕宦等方面。

（2）分析孟子仁政思想的哲学基础，帮助学生理解孟子仁政思想的人性依据和历基础。孟子的人性论一般被认为是性善论，主张"人皆可为尧舜"，指出每个人天然地具有"四端"，但是又认为"人之所以异于禽兽者，几希"，为了不堕落成禽兽，为了成为有道德的人，人们要"求其放心"。推行仁政的君主善于把"不忍人之心"发扬到极致。而且由于普通百姓是"有恒产者有恒心，无恒产者无恒心。苟无恒心，放辟邪侈，无不为已"的，因此推行仁政的君主首先要能够"制民之产"，通过"制民之产"，使百姓衣食无忧，使其能够上养父母，下养妻儿，这就易于对其进行道德教化。孟子的历史观从整体上看是倒退史观，认为历史的黄金时代出现在人类文明的早期，此后随着秩序混乱和道德败坏，历史不断倒退，所谓"五霸者，三王之罪人也；今之诸侯，五霸之罪人也；今之大夫，今之诸侯之罪人也"。尽管孟子说过"天下之生久矣，一治一乱"，但这并不意味着孟子的历史观就是循环史观，我们需要将孟子关于"一治一乱"的叙述放在历史整体上是倒退的这一框架下来理解，所谓的"一治一乱"中的"治"是后"治"不如前"治"，"乱"是后"乱"大于前"乱"。这更突出了处于后世之"乱"中的人勇于救世的急迫和艰难。

（3）分析孟子仁政思想的核心内容，帮助学生理解孟子仁政思想中的王道观、民本观和君职观。孟子倡导王道，贬低霸道，提出"以力假仁者霸，霸必有大国；以德行仁者王，王不待大"，认为王道易行，推行王道能够统一天下，王道政治是最具合法性的政治。孟子是中国民本主义发展史上的重要人物，提出"民贵君轻"的观念，主张统治者要准确认识并对待百姓，认为统治者之所以会失去统治地位是因为没有推行仁政、没有得民心，统治者要建立并维持自己的统治必须推行仁政，让百姓心悦诚服，而要让百姓有道德、让风俗变良好首先要解决百姓的温饱问题。君主是有职责的，君主之所以是君主，更多地不在于其在世俗社会中所处的至高无上的地位，而在于君主担负着爱民、养民、教民、保民的重大职责。当君主不能担负这些职责时，就会失去统治地位。

（4）分析孟子仁政思想的深远影响，帮助学生理解孟子仁政思想对传统治道观、道统论的形塑。尽管直到宋代，孟子的地位才有了很大的提升，《孟子》才成为经书，但是孟子的仁政思想对战国晚期到宋代之前的一千多年间的思想界，以及读书人和从政者仍有重要的影响。总体而言，孟子仁政思想形塑了传统治道观和道统论。

（5）分析孟子仁政思想的现代价值，使学生了解应如何对传统文化进行创造性转化及如何发扬优秀传统文化。孟子仁政思想虽然产生于两千多年前，但是仍然具有重大的现代价值，如认为政治的正当性在于道义、价值，而不在于暴力、胁迫，国家存在的意义在于为百姓提供公共服务，政府的施政不仅要能安顿民生还要能促进社会道德的进步等。

2. 思政育人目标

（1）引导学生深入了解和掌握孟子的政治思想，自主学习优秀的中华传统文化，探索对优秀传统文化进行创造性转化的可行路径。

（2）帮助学生塑造正确的世界观、人生观、价值观，培养学生的政治认同、家国情怀、文化素养、道德修养，使学生坚定"四个自信"。

（3）引导学生深刻理解中华优秀传统政治文化中讲仁爱、重民本、守诚信、崇正义、尚和合、求大同的思想精华和时代价值；教育引导学生传承中华文脉，富有中国心、饱含中国情、充满中国味。

四、教学实施过程

教学实施过程的顺利与否主要取决于教学环节设置得合理与否。教学环节设置得合理与否，直接影响学生的课堂接受程度，关系课程思政的教学效果。课程思政要取得良好效果，必须有学生的积极参与，必须实现师生之间的良好互动，因而设置合理的教学环节显得尤为必要。具体来讲，"中国政治思想史"课堂教学环节包括问题导入、文本细读、情景模拟、案例分析、课堂讨论和课堂小结。

问题导入，是每节课的关键，要用对学生有吸引力的问题来引导学生进入课堂学习状态，如可以问学生还记得中学语文课本中节选自《孟子》的课文吗？还可以请学生回答最能反映孟子仁政思想的句子是什么，或者问学生孟子提出"民之为道也，有恒产者有恒心，无恒产者无恒心。苟无恒心，放辟邪侈，无不为己"的依据是什么，孟子关于"三代之得天下也以仁，其失天下也以不仁"的表述类似于现代政治学中的什么概念或理论。

文本细读，主要是带领学生深入解读文献，了解相关概念和理论的产生语境。只有细读文献，我们才有可能确切了解一些概念和理论的具体内涵。例如，要了解孟子对于仁政的认识，就需要在《孟子》中找出相应的篇章来仔细阅读，看看孟子是如何界定仁政的，他认为实现仁政需要怎么做；要了解孟子对于统治者的认识也需要在《孟子》中找出相应的篇章来仔细阅读，理解孟子是如何定位"王"的，"王"具有什么样的功能和作用。

情景模拟，指的是引导学生分别饰演不同的角色来再现一些著名故事的发生现场，如模拟孟子与梁惠王初次会见时关于义利问题的讨论场景，模拟孟子与梁襄王之间关于"天下恶乎定"的讨论场景。情景模拟更有带入感，能让学生设身处地感受思想的"现场"，感受政治思想家为何会有那样的言论，从而激发学生的学习热情，提高学生的学习效率。

案例分析，指的是选择故事性强且有冲击力的典型案例进行深入剖析，分析故事所涉人物的政治心理和政治立场，分析故事所涉人物是怎样表达及为何那样表达的。例如，可以选择孟子与齐宣王之间的经典对话来分析孟子为何对齐宣王寄予厚望，分析孟子关于仁政是如何表述的，分析孟子仁政思想的主要内容；或者选择孟子无奈离开齐国时与弟子充虞的对话来分析孟子的政治心理；等等。

课堂讨论，指的是设置开放性的可以多角度分析的话题，让更多学生参与讨论，如让学生讨论孟子对敌对观点是如何批评的，进而使学生深入理解孟子的仁政思想，或者请学生从不同方面分析孟子仁政思想的现代价值。

课堂小结，指的是教师在每节课及每个单元教学任务完成以后，对所学内容进行总结，如讲完孟子的仁政思想后，教师对孟子的仁政思想做出整体评析并对其影响进行分析，从而挖掘其仁政思想的现代价值。

五、案例反思

1. 合理安排教学内容，做到详略得当，实现应讲尽讲

中国政治思想历经了三千多年的发展演变，不同时期的政治思想的丰富程度、复杂程度、重要程度不一，对于当下中国的价值和意义也不相同。因此，在讲授中国政治思想史的过程中，教师有必要合理安排教学内容，做到该详细讲的时候详细讲，该简略讲的时候简略讲，实现应讲尽讲。

2. 合理设定思政元素，做到精准对应，切忌牵强附会

中国政治思想史中有丰富的课程思政元素可以发掘和发扬，但是在阐释其思政元素时容易出现"贴标签""两张皮"现象，这不仅会影响学生对某个概念或理论的正确认识，不利于学生的知识增长，还可能引起学生的反感，进而影响育人效果。因而，在讲授中国政治思想史的过程中，教师要在熟练掌握政治思想的本义的基础之上，精准发掘相关概念和理论的思政元素，切忌牵强附会。

3. 合理选择案例，做到深入剖析，避免蜻蜓点水

中国政治思想史及传统政治学话语体系支撑起来的观念体系、政治制度和政治实践，反映的是在当时的社会结构和经济基础之上的政治文明水平。尽管已时过境迁，但是中国政治思想史中仍有体现高水平政治文明的思想精华。教师要选择那些对当下有较高价值和启示意义的政治思想作为典型案例，对案例进行全方位深度剖析，避免浅尝辄止和蜻蜓点水。只有深度剖析，才能吸引学生，才能让学生感受到中国政治思想的魅力，才能达到润物无声的育人效果。

4. 合理设置教学环节，做到良好互动，促进教学相长

设置合理的教学环节，一方面可以提高学生参与课堂的主动性，以及学习的积极性，使学生深刻理解社会主义核心价值观并能够自觉弘扬中华优秀传统文化；另一方面还可以通过师生互动，加深教师对某些问题的认识，在教学相长中提升教师的教学能力和科研能力。

六、教学效果

1. 对教师的助益

开展课程思政教学，一方面促进了教师对党和国家大政方针及对党和国家关于教育事业的规划的理解，提升了教师课程思政建设的意识和能力；另一方面也促进了教师科研能力的提高，而科研能力的提高又反过来提升了教师课程思政教学的能力。

2. 对学生的助益

开展课程思政教学，一方面有利于学生熟练掌握中国政治思想演变的历程和特点，

丰富学生政治学的有关知识，培养学生分析、解决问题的能力，有助于学生在总结和继承前人政治思想成果的基础上，提升对政治学重大问题的洞察力和感悟力，进而增长政治智慧；另一方面可以促进学生深入了解和掌握历代政治思想家的思想，了解优秀的中华传统文化，使学生增强民族自豪感，增强政治认同、家国情怀，坚定"四个自信"。

参考文献

沈知方，蒋伯潜，上海辞书出版社哲社编辑室，2019. 孟子读本[M]. 上海：上海辞书出版社.
杨伯峻，2019. 孟子译注[M]. 北京：中华书局.
朱熹，2012. 四书章句集注[M]. 北京：中华书局.

坚定"四个自信": 树立学生胸怀祖国和面向世界的情怀和价值观

经济学院　黄赛男

案例概述

"国际商务"是为适应21世纪国际贸易发展需要,增强国家竞争力而设立的课程。课程的教学目的是培养适应社会主义现代化建设需要,德智体美劳全面发展,具有国际贸易基础知识与基本技能,能在涉外经济贸易部门、中外合资企业从事国际贸易业务和管理工作的高等技术应用型专门人才。本课程具有以下特色。第一,将国际商务的理论知识与现实中的国际商务事件相结合,深化学生对中国对外贸易政策和对外经贸发展战略的理解,从历史的视角带领学生感受我国经济发展的变化,使学生坚定"四个自信"。第二,利用现实中的经典案例,激发学生的兴趣,让学生理解国际商务中的经济活动的成因及其背后的理论逻辑,介绍国际竞争中的中国优势和处理时代困境时的中国智慧,以及中国为全球经济繁荣贡献的中国经验,提高学生全球经济治理的专业能力和思维高度。第三,对中国和其他国家的国际商务领域发展情况进行对比分析,使学生进一步增强爱国情怀,培养学生成为具有国际视野、家国情怀、使命担当的国家栋梁。第四,通过组织课堂问答和讨论,调动学生的积极主动性,让学生主动贯彻学习思政理念,培养学生树立胸怀祖国、面向世界的情怀和价值观。

一、基本信息

课程名称: 国际商务

授课对象: 国际商务专业二年级学生

使用教材：《国际商务》(第 11 版)，希尔、霍特，中国人民大学出版社

学习内容：外汇风险和资金成本

教学课时：4 课时

二、课程思政教学整体设计思路

遵循"国际商务"课程的科学属性和专业属性，充分发挥其教学内容的优势，综合运用多种教学方式实现在课程教学中引入思政教育。

第一，"国际商务"的理论知识与现实中的国际商务事件相结合。在课程教学过程中，结合中国与其他国家之间的关系发展情况向学生介绍国际货币体系，以及中国和外国采用的汇率制度和相应的汇率风险。由于课程教学内容与国际时事结合紧密，会随着经贸领域的实践进展而发生变化，因此在教学中可以结合经贸领域的时事热点问题，深化学生对汇率制度、汇率风险、外汇衍生工具、国际化货币、人民币国际化的理解。此外，可以对比中国与其他发展中国家和发达国家的汇率波动，使学生在对比中认识到中国的发展变化，增强中国特色社会主义道路自信；还可以从历史的视角带学生领略我国经济发展的变化，使学生坚定"四个自信"。

第二，利用现实中的经典案例，激发学生的兴趣，介绍中国在国际商务中的立场和态度，以及解决问题时的中国智慧。在课程教学过程中，让学生思考为什么在其他国家频频爆发的外汇危机没有在中国爆发，引导学生总结中国特色社会主义制度的优越性。比如，以阿根廷的外债过多导致固定汇率制度崩溃进而引发货币危机为例进行分析，并结合中国控制外债的情况进行对比分析；以 1992 年欧洲货币体系危机为例，讲解英国、意大利等发达国家遇到的由于预期改变而导致的汇率制度的崩溃，同时分析中国在外汇预期管理方面的成功经验；以 1997 年的亚洲金融危机为例，分析新加坡等国家和地区在经济高速发展的同时所遇到的汇率风险及由此引发的金融危机，在此引入中国在应对亚洲金融危机时所体现出的智慧和大国担当；在介绍次贷危机和欧债危机带来的全球外汇市场的大幅波动及各国政府的应对政策和措施的同时，进一步分析人民币国际化的发展进程。通过介绍中国在国际商务中的立场和态度，解决问题时的中国智慧，培养学生坚定"四个自信"。

第三，对中国和其他国家的外汇风险管理情况进行对比分析，使学生坚定"四个自信"，激发学生的爱国情怀。例如，通过横向对比中国与同为发展中国家的拉美国家的外汇风险管理情况，总结中国在经济发展过程中对外汇风险管理的成功经验，培养学生进一步坚定"四个自信"。

第四，组织课堂问答、讨论，让学生主动贯彻学习思政理念。给学生布置搜集案例的任务，如搜集历史上各个国家汇率制度崩溃及货币大幅贬值的案例，搜集事件中的信息和数据。让学生分析中国汇率波动的历史数据，并在课堂上开展相关讨论。让学生自己总结在经济全球化进程中，中国在汇率风险管理方面的经验与教训，从而进一步加强学生对中国的立场、态度、胸襟和格局的了解。

三、教学目标

1. 课程教学目标

本课程针对国际商务专业二年级学生而设置，在"融通性、创新型和开放式"人才培养模式下，他们已经掌握了经济学和管理学的理论基础。本课程将采用开放性、创新性和多样化的教学方式，帮助学生实现以下多维目标。

第一，知识目标。本课程以"环境—理论—战略与组织—运营"为逻辑线索与框架，讲述了国际商务环境、国际商务理论基础、国际企业的战略与组织和国际企业运营等内容，使学生全面掌握国际商务的理论知识和研究方法，并具备国际商务相关的专业英文文献阅读和应用能力。

第二，能力目标。本课程通过国际商务专题及热点讨论、国际商务案例教学、学生展示及学生实践等环节，培养学生探究学习、综合分析和解决复杂问题的高阶能力，从而真正实现"为学为用"的教学目标。

第三，素养目标。本课程致力于培养学生的专业素养，帮助学生开拓思路、开阔视野，形成中西融通的思维模式；培养学生追求卓越、爱国敬业的精神，成为具有国际视野、家国情怀、使命担当的国家栋梁；帮助学生完成"知识技能—应用能力—思维模式—人才素养"的逐层积累，最终成为具备全球经济治理专业能力与思维高度的人才，为全球经济繁荣贡献中国智慧。

2. 思政育人目标

"国际商务"课程应该遵循自身的学科归属和专业属性，利用自身与国际时事政治结合紧密、方便进行国际比较的课程优势将相应的思政元素融入教学中，有针对性地进行教学目标设计。基于"国际商务"的学科归属、专业属性和教学内容优势，"国际商务"课程的思政育人目标包括以下几点。

第一，使学生了解国际商务和经济全球化中的中国价值观：开放、合作、包容。

第二，使学生理解国际商务中的经济活动的成因及其背后的理论逻辑，以及国际竞争中的中国优势和处理时代困境时的中国智慧。

第三，通过中国与其他国家经贸领域发展情况的对比分析，厚植爱国主义情怀，培养学生坚定"四个自信"。

第四，使学生领会中国对外开放的基本国策，深刻理解"人民币国际化""一带一路""人类命运共同体"等精神内核。

四、教学实施过程

第一，向学生介绍国际上发生的重大货币危机（货币贬值幅度超过 15%）。例如，拉美债务危机导致拉美国家固定汇率制度崩溃，货币大幅贬值；市场对欧洲各国经济预期不一致导致欧洲货币体系危机，英国英镑和意大利里拉对德国马克大幅贬值；1997 年，利率政策与汇率政策不匹配导致亚洲金融危机，亚洲新兴经济体币值大幅波动；近些年发生的欧债危机导致欧元大幅贬值，以及次贷危机导致全球外汇风险加剧；等等。进行国际经验分析时，可以发现历史上只有少数几个国家自 1945 年后没有发生过货币危机。在浮动汇率框架下，虽然钉住汇率制下的联合投机不会再发生，但是发达国家还是发生了货币危机，如 1992 年的欧洲货币体系危机。

在梳理和分析不同类型的金融危机时，可以引导学生思考一些问题。例如，为什么有的国家（如中国）能够避免货币危机，而其他一些国家（如拉美国家，特别是阿根廷）却常常陷入货币危机，币值大幅下降？

引导学生进行历史的纵向对比和跨国的横向对比分析，总结发现有些国家，如墨西哥等呈现出货币危机发生概率上升的趋势，而中国、土耳其、韩国及马来西亚则呈现出货币危机发生概率下降的趋势，其中中国的表现尤为突出。从近些年爆发的欧债危机和次贷危机可以得到的教训是：尽管制度相对完善，但是也会存在走向极端的诱惑；不论监管看起来多严格，金融体系在面临利润压力时也可能出现崩盘。除了引导学生总结中国在控制汇率大幅波动方面的成功经验，还要引导学生思考中国在进行外汇风险管理和稳定外汇时所付出的成本。

第二，分析当今新发展格局下"金融双向开放"的意义。首先引用习近平总书记在主持中共中央政治局第十三次集体学习时发表的讲话："要提高金融业全球竞争能力，扩大金融高水平双向开放，提高开放条件下经济金融管理能力和防控风险能力，提高参与国际金融治理能力。"该讲话为下一步推动高水平、高质量的金融开放指明了方向和路径，应按照这一要求和部署，积极推进金融市场对外开放，加快与国际市场接轨，切实以高水平金融开放推动经济高质量发展。

第三，回顾近现代世界金融发展史，寻找以金融开放助力经济发展的诸多案例。比如，20世纪80年代，英美等国陷入经济衰退，面对新旧动能转换的压力，它们均选择加大金融对外开放，源源不断注入的国际资本大大激发了这些国家的金融市场活力，为新的经济繁荣奠定了基础；日本在房地产泡沫破灭后，采取金融改革，允许外资控股金融公司，推动金融资产交易自由化，从而打开了进行全球投资的大门，并由此获得较高的投资回报。经济发展离不开高水平金融开放的支撑。在防控外汇风险的基础上走高水平金融开放之路，不仅能提升金融体系的资源配置效率、强化金融功能，还有助于降低一国经济风险，为一国经济发展注入强劲动力。

第四，立足我国实践进行讨论，强调推进全方位、高质量的对外开放既是富民之路、强国之路，也是金融实现高质量发展的必由之路。经过改革开放40多年的发展，我国经济已与世界经济高度接轨，特别是当前我国经济转向高质量发展阶段，此时更需要有一个开放的、高质量的现代化金融体系作为支撑。可以说，扩大金融业对外开放，既是建设现代化经济体系、推动形成全面开放新格局的需要，也是我国深度参与全球经济治理、建立更加公正合理的国际金融秩序的需要。

第五，为了让学生深刻体会这些年来我国金融业对外开放力度的加大，以及在市场准入、资本项目等各领域的有序推进，组织学生分析"沪港通""深港通"的发展进程，使学生进一步了解：我国一方面联通境内外资本市场，吸引经验更丰富、更专业、更注重长期投资的机构投资者服务于我国的实体经济，另一方面不断为国内投资者拓宽投资品种，满足国内投资者投资境外优质资产的需求。此外，鼓励学生自主学习"一带一路"倡议，了解"一带一路"倡议提出的背景、意义及实施现状等，了解我国是如何以"一带一路"倡议为契机，推进人民币、金融机构等金融要素走出去，积极参与国际竞争的。

五、案例反思

1. 强化课程思政建设中的立德树人目标

国际商务的本质是研究跨国的经济贸易行为，研究的主要对象是跨国公司。"国际商务"课程理应为国际商务人才的培养设计"育才"教学目标，而所培养的人才由于大多是服务于跨国公司的，"国际化"是本课程的重点，因此，本课程承担着"育才"与"育人""育德"三重任务。目前的"国际商务"课程普遍重"育才"，过于强调理论教学，而忽略了"育人"与"育德"的课程思政教学功能。因而可以从以下四个方面强化课程思政建设中的立德树人目标。第一，坚持不懈用习近平新时代中国特色社会主义思想铸魂育人，引导学生客观正确地认识世界贸易局势和我国经济实况，培养学生坚定"四个自信"；第二，培育和践行社会主义核心价值观，提高学生爱国、敬业的修养；第三，加强中华优秀传统文化教育，教育引导学生讲仁爱、重民本、守诚信、崇正义、尚和合、求大同；第四，强化国际商务专业学生的法治意识，引导学生牢固树立法治观念，提高运用法治思维和法治方式维护自身权利的能力。

2. 基于目标驱动的课程教学与思政内涵融合

基于以上立德树人目标，深度挖掘"国际商务"课程的思政内涵，实现教学内容与思政元素的有机融合。

3. 提升教师课程思政建设能力

合格的教师首先应该是道德上的合格者，好的教师首先应该是以德施教、以德立身的楷模。建议高校定期组织国际商务专业教师与思想政治专业教师开展教学研讨活动，相互交流；鼓励专业教师提升自身思想政治觉悟，做好专业知识与思政内涵的理论对接，提升专业教师的思政建设理论功底。

六、教学效果

把思政教学引入"国际商务"课程教学后，取得了以下成效。

第一，教师在课堂中结合案例，把国际商务理论知识讲授给学生，让学生能从真实案例中体会中国在全球化中的作用，强化学生的民族自豪感，增强学生的爱国情怀。

第二，本课程通过理论联系实际、对比分析、案例分析和小组讨论等教学方式引入思政教学，引导学生从被动思政学习转向主动思政学习。

经济增长的"中国模式"

经济学院　谢靖

案例概述

在西方经济体因普遍遭受全球金融危机冲击而出现增长乏力时,解读中国经济增长奇迹自然会带着理论光环,而如果中国能成功地跨越"中等收入陷阱",其他发展中国家就有望紧随其后,这必然是对经济发展理论和政策实践的重要贡献。本课程通过从制度、政策、理论等多方面深入解读中国经济增长奇迹,增强学生对党的创新理论的政治认同、思想认同、情感认同,坚定中国特色社会主义道路自信、理论自信、制度自信、文化自信,充分认识社会主义制度的优越性。

一、基本信息

课程名称:宏观经济学

授课对象:经济管理类专业二年级学生

使用教材:《西方经济学:下册》(第2版),《西方经济学》编写组,高等教育出版社

学习内容:宏观经济政策

教学课时:6课时

二、课程思政教学整体设计思路

在课堂讲授时,阐述西方宏观经济理论与政策,并从其缺陷和局限性出发,引出中国创新性提出的供给侧结构性改革。

首先，介绍西方宏观经济政策的总体目标、财政政策、货币政策及供给管理政策，总结西方国家采取的宏观经济政策所取得的实际效果，分析西方宏观经济政策存在的问题。

其次，总结西方宏观经济政策的局限性，即：西方宏观经济政策主要以财政政策、货币政策为主，并以总需求管理为手段，而供给方面的政策乏善可陈，即使使用，也仅仅是着眼于短期的供给政策。

再次，带领学生深入学习中国创新性提出的以人民利益为中心的供给侧结构性改革。中国的供给侧结构性改革与西方供给学派的政策主张有着根本的不同。中国的供给侧结构性改革是以人民利益为中心的，它通过减税减轻了企业负担；通过坚持和完善社会主义市场经济，解放和发展了生产力，从而更好地满足人民对美好生活的向往。而西方供给学派的宗旨则是维护资本主义制度，维护私有制。

最后，通过对中国供给侧结构性改革政策的研讨，引导学生了解世情、国情，激发学生为建设祖国而奋斗的使命担当。

三、教学目标

本课程在经济学专业学生培养体系中处于核心地位，课程内容在学科的发展和实践中起到理论指导的作用，与微观经济学一起组成当代西方经济学中的理论经济学。本课程旨在扩充学生对基本宏观经济原则的认识，培养学生运用经济模型分析现实世界的经济现象。

1. 课程教学目标

（1）让学生熟练掌握现代经济学的基础知识、基本概念和基本理论，熟悉本学科的思维方式和分析逻辑，掌握基本的经济学模型。

（2）使学生能够运用经济学基本原理观察、分析和解释现实生活中典型的经济现象或问题；强化学生的经济学理论素养，提高学生分析和解决问题的能力。

（3）让学生了解本学科的理论发展前沿，为学生学习其他专业课程奠定基础。

2. 思政育人目标

（1）启发学生的批判性思维，引导学生深刻认识西方经济学的狭隘性和局限性，引导学生在坚持马克思主义政治经济学的基础上，尊重自己的实践经验，科学地借鉴西方经济学中的合理成分，使其为构建中国特色经济学学科体系所用。

（2）鼓励生关心国家的宏观经济形势及宏观调控政策，增强学生的政治认同、思想认同、情感认同，激发学生为建设祖国而奋斗的使命担当。

（3）引导学生了解世情、国情，通过对中国和其他国家在经济增长及宏观经济政策方面进行的对比分析，培养学生坚定"四个自信"，努力成为德智体美劳全面发展的社会主义建设者和接班人。

四、教学实施过程

本课程的思政教学从以下四个方面具体展开。

1. 基于马克思主义政治经济学评价西方经济学的理论与观点

（1）根据目前各国 GDP 的核算方法和经济现实情况，剖析西方经济学中 GDP 核算方法的缺陷。引导学生以马克思主义政治经济学为基础，从创新、协调、绿色、开放、共享的新发展理念正确认识 GDP，坚决支持节约资源和保护环境的基本国策，坚持支持走生产发展、生活富裕、生态良好的文明发展道路。

（2）以二十世纪六七十年代西方国家的"滞胀"危机和 2008 年美国的次贷危机为例，剖析凯恩斯主义理论及主张的局限性。中国经济改革与发展的实践表明，我们必须坚持马克思主义政治经济学的理论基础，加快构建中国特色经济学学科体系。

2. 将宏观经济理论与经济现实情况相结合

基于宏观经济学的经济周期理论，结合当前新冠肺炎疫情对经济发展的影响，引导学生深入社会实践、关注现实问题，培育学生经世济民的职业素养。

3. 解读中国经济增长奇迹

改革开放以来，中国经济快速增长，已发展成为世界第一制造大国、第二大经济体，中国在世界经济中的地位发生了历史性变化。通过从制度、政策、理论等多方面深入解读中国经济增长的奇迹，增强学生对党的创新理论的政治认同、思想认同、情感认同，培养学生坚定"四个自信"，引导学生充分认识社会主义制度的优越性。

4. 学习并讨论中国经济改革与发展战略

带领学生深入学习以人民为中心的供给侧结构性改革政策，使学生了解世情、国情，激发学生为建设祖国而奋斗的使命担当。

五、案例反思

本课程将增加小组讨论和案例分析考核环节，让学生进行小组讨论和案例分析，引导学生主动挖掘和提炼案例中的思政元素；鼓励学生总结中国经济发展中的成功经验，包括政策因素、文化因素、制度优势等。

六、教学效果

"宏观经济学"课程自开展思政教学以来，取得了以下成效。

（1）学生的职业素养明显得到提升。教师在课堂中结合案例讲授宏观经济理论知识，使学生能将所学到的经济学理论知识应用到对真实案例的分析中，从而不断提升学生的职业素养。

（2）学生的家国情怀明显增强。本课程通过从制度、政策、理论等多方面深入解读中国经济增长的奇迹，增强了学生的政治认同、思想认同、情感认同，使学生充分认识到社会主义制度的优越性。

参考文献

多恩布什，费希尔，斯塔兹，2017. 宏观经济学：第 12 版[M]. 王志伟，译. 北京：中国人民大学出版社.
高鸿业，教育部高教司，2018. 西方经济学：宏观部分[M]. 7 版. 北京：中国人民大学出版社.
曼昆，2016. 宏观经济学：第 9 版[M]. 卢远瞩，译. 北京：中国人民大学出版社.

协同共治的新安江模式

——跨界流域污染治理的中国实践

财政税务学院　毛晖

　　新安江发源于安徽省黄山市，出境水量占下游浙江省千岛湖入库水量的68%以上。21世纪初，黄山市进入工业化、城镇化加速发展阶段，大量污水和垃圾通过新安江进入千岛湖，水质富营养化趋势明显，流域生态安全面临严峻挑战。流域应进行整体、系统保护和治理，但由于上下游分属不同行政区域，需要建立统筹协调机制。为破解流域保护的整体性与管辖权分割的矛盾，2012年，在财政部、环境保护部组织协调下，全国首个跨省生态保护补偿试点在新安江流域启动实施。经过几轮试点，新安江流域水质不断向好，千岛湖营养状态指数逐步下降，实现了以生态保护补偿为纽带、促进流域上下游统筹保护和协同发展的目的，探索出了一条生态保护、互利共赢之路。安徽省和浙江省由"中央推着干"逐步变成"主动要求干"，补偿机制正在向长效运行发展。目前，我国正在推进建立的东江、汀江、九洲江、潮白河及长江等跨省流域横向生态保护补偿机制，总体上都沿用了新安江模式，证明了该项机制在推动流域上下游协调发展、促进保护治理的有效性。

一、基本信息

课程名称：财政学

授课对象：经济学专业二年级、管理学专业三年级学生

使用教材：《公共财政概论》，《公共财政概论》编写组，高等教育出版社

学习内容：政府与市场

教学课时：2课时

二、课程思政教学整体设计思路

本节课主要讲授市场失灵的表现之一——外部效应。通过介绍河流污染的例子，讲解外部效应的概念、成因及治理方式。以生态补偿的新安江模式为案例，全面讲解其运行方式与实施成效。

案例的引入有助于学生掌握财政学的基本概念。通过理论联系实际，学生可以运用课堂知识，客观、理性地分析现实中的财政投入与政府决策。

本节课采用启发式教学与小组讨论相结合的方式。具体而言，教师通过在课堂上向学生提问：市场有哪些不能做或者做不好的事情？引导学生思考市场失灵的表现。通过对跨界流域污染现象的介绍，引导学生思考在解决市场失灵的过程中，政府应如何采取有效措施，矫正外部效应，以实现资源的优化配置。教师在课堂上通过提问、回答、概念剖析等方式层层深入，解读外部效应的具体表现和治理方式，从而实现启发式教学。此外，教师还不断收集案例资料来拓展课堂知识，鼓励学生关注各地生态补偿热点新闻，并组织课堂讨论，引导学生关注国情民生。

三、教学目标

1. 课程教学目标

本节课主要以生态补偿的新安江模式为例，向学生介绍以下三方面内容。

（1）外部效应的基本概念。所谓外部效应是指私人成本与社会成本或私人收益与社会收益的非一致性。产生外部效应的主要原因是某经济行为主体的行为影响了其他主体，却没有因此承担相应的成本费用，或没有获得相应的报酬补偿。根据表现形式，可以将外部效应分为外部正效应和外部负效应。污染排放就是生活中典型的负外部效应。

（2）外部效应的治理方式。以流域污染为例，政府可以采取不同的措施来矫正这一外部负效应，具体包括政府管制、法律手段、实行一体化、政府税收或者政府补贴等。

不同措施的执行难易程度和实施效果有所不同。我国的大江大河往往流经诸多省份，一旦存在跨界流域污染的问题，势必涉及不同行政区域之间的协同治理，因此治理难度较大。

（3）新安江模式的实施成效与示范意义。新安江流域生态补偿试点自 2011 年启动实施，是我国首个跨省流域生态保护补偿试点。截至目前，新安江流域生态补偿试点工作已经实施了三轮，共安排补偿资金 52.1 亿元，其中，中央出资 20.5 亿元，浙江省出资 15 亿元，安徽省出资 16.6 亿元。通过试点，新安江流域水质逐年改善，千岛湖营养状态指数呈下降趋势，实现了以生态保护补偿为纽带，流域上下游共同保护和协同发展的目的，探索出了一条生态保护、互利共赢之路。

总之，本节课的目标是将理论教学与现实生活紧密结合起来。一方面，结合课本，解读外部效应的内涵及治理方式；另一方面，以生态补偿制度为例，从中国生态文明建设的具体措施入手，探讨治理外部效应的有效方式。案例的引入，不仅可以帮助学生加深对基本理论的理解和把握，而且有利于培养学生分析和解决复杂公共问题的能力。

2. 思政育人目标

（1）培养学生的家国情怀。生态补偿是对生态环境资源予以定价。本节课主要介绍新安江流域从污染到治理，最终实现安徽省、浙江省的协同发展、互利共赢的发展历程，使学生充分了解"绿水青山就是金山银山"的中国实践。鼓励学生思考在生态文明建设中应如何有效提升国家治理能力，从而培养学生的家国情怀与使命担当。

（2）使学生坚定制度自信。新安江模式是通过中央财政扶持，安徽省、浙江省财政积极参与，实现跨界流域污染的协同治理。一方面，上游的安徽省通过污染治理，在改善生态环境的同时，还获得了相应的补偿资金，实现了经济效益和生态效益的双赢。另一方面，下游的浙江省根据水质监测结果，支付相应的补偿金，支持上游省份转变发展模式，实现了对水域的统筹保护和区域间的互利共赢。这一模式展示出中央在统筹各地协调发展方面的突出成果，充分体现了中国特色社会主义制度的优越性。这一案例的讲解有助于学生坚定制度自信。

（3）培养学生的科学精神。生态补偿制度，实际上是用市场机制来解决经济学理论中的市场失灵问题，它为治理外部效应提供了新的思路，这部分内容的讲解有利于培养学生不断探索的科学精神。

四、教学实施过程

在具体教学中，以跨界流域污染为例，介绍外部效应的概念、内涵与治理方式。教学实施过程按照概念导入、案例分析、案例总结3个环节逐步展开。

1. 概念导入

首先，通过回顾之前学习的章节，带领学生复习经济学相关理论，包括福利经济学第一定理和第二定理。然后向学生提问："理论上已经证明市场能够实现资源的帕累托最优配置。然而，在现实中，你们知道市场机制还有哪些不能做或做不好的事情吗？如何通过政府的治理更好地实现资源的有效配置？"接着以流域污染为例，导入外部效应的概念。最后，向学生提问："外部效应的特点是什么？"在学生回答后，对外部效应的内涵做深入解读。

2. 案例分析

仍然以流域污染为例，介绍治理外部效应的多种方式，如直接管制、庇古税、一体化与排污权交易等，并从理论上分析不同方式的优缺点。在课堂上，播放新安江模式的相关视频，使学生了解其运行情况和实施成效。

（1）为什么实施——新安江模式的实施背景。

"源头活水出新安，百转千回下钱塘。"安徽省与浙江省自古地缘匪浅。发源于安徽省黄山市休宁县的新安江，经由浙江省淳安县汇入钱塘江，安徽段平均出境水量占千岛湖入库水量的68%。新安江水质的优劣在很大程度上决定了千岛湖水质的好坏，关系着长三角地区的生态安全。

（2）如何实施——三轮生态补偿机制的实施历程。

2012年，财政部、环境保护部及安徽省和浙江省正式实施全国首个跨省流域生态补偿机制两轮试点，每轮试点为期3年，由此拉开了新安江流域生态补偿机制改革的大幕。

跨流域生态治理的难点在于跨省协作以及各方利益的协调，寻找平衡点成为协作的关键。安徽省与浙江省是如何做到突破障碍，成功"牵手"的呢？

近几年来，黄山市有 90 多家工业企业搬迁至循环经济园，优化升级项目 510 多个，拒绝的污染项目 192 个，意向投资额近 170 亿元。2015 年开始，黄山市全面推行农药集中配送及有机肥推广，建立起垃圾兑换超市。在 3 年的时间里，千岛湖的水清了，漂浮垃圾不见了，水体的富营养化问题也得到了改善。

江面上的 29 艘船已经全面实施船舶污水收集上岸，而不像以前一样直排入新安江。此外，新安江治理还全面推行网箱退养，禁养区的 124 家畜禽养殖场关闭搬迁，河面清洁度显著提升。岸上治理则以工程措施为主，截至 2018 年年底，共实施农村面源污染整治、城镇污水和垃圾处理、工业点源污染整治等试点项目 265 个，累计投入资金 130.8 亿元。

2016 年 12 月，安徽省与浙江省签订《关于新安江流域上下游横向生态补偿的协议》，与第一轮试点相比，第二轮试点体现出水质目标和补助资金的"双提高"。水质监测点从 8 个增加到 42 个，考核标准提高了 7%，监测项目也从原来的 29 项增加到 109 项，体现出从末端治理向源头保护转变，从项目推动向制度保护转变，从生态资源向生态资本转变这"三个转变"。

安徽省把新安江综合治理作为生态强省建设的"一号工程"，黄山市也的确感受到了"绿水青山就是金山银山"。2017 年，新安江生态系统的服务价值总计达 246.5 亿元，水生态服务价值总量达 64.5 亿元，从生态资源到生态资本，新安江流域生态补偿真正走出一条互利共赢之路。2018 年 4 月，生态环境部环境规划院编制的报告显示，新安江已经成为全国水质最好的河流之一。

2018 年 10 月，安徽省和浙江省开启 2018—2020 年的第三轮试点，两省每年各出资 2 亿元，共同设立新安江流域上下游横向生态补偿资金，生态补偿机制进入巩固阶段。

与前两轮相比，新一轮试点对水质考核的标准更高，尤其是在水质考核中加大了总磷、总氮的权重，同时相应提高了水质稳定系数。此外，补偿资金使用范围也有所拓展。除首次鼓励和支持通过设立绿色基金、政府和社会资本合作模式、融资贴息等方式引导社会资本，加大新安江流域综合治理和绿色产业投入外，还特别强调加强农业面源氮、磷生态拦截工程。

与此同时，安徽省和浙江省还通过资金补偿、对口协作、产业转移、人才培训等方式，建立多元化补偿关系，激发生态保护动力。黄山市全面对接长三角消费升级大市场，加快推进"融杭发展"，培育了壮大茶叶、徽菊、油茶、泉水养鱼、皖南花猪、黟县"五黑"等特色农产品生产基地。

（3）效果如何——新安江模式的实施成效。

新安江流域生态保护补偿三轮试点实施以来，生态、经济、社会效益日渐显现。新安江流域水环境质量持续保持优良，同时流域生态经济保持较快发展，实现了保护与发展的良性互动。

千岛湖水质保持稳定。在全国61个重点湖泊中名列前茅，被列入首批5个"中国好水"水源地。淳安县全域88条河流Ⅰ类水质占比达70%以上，连续三年夺得浙江省"五水共治"大禹鼎。黄山市累计退耕还林36万亩，森林覆盖率由77.4%提高到82.9%，湿地、草地面积逐年增加，自然生态景观在流域占比达85%以上。

绿色产业实现良性发展。上下游地区大力发展特色产业、乡村旅游等绿色产业，着力打通"绿水青山就是金山银山"转化通道。黄山市累计关停污染企业220多家，整体搬迁企业90多家，优化升级项目500余个，带动乡村旅游、休闲度假、徽州民宿等多种业态蓬勃发展，七成以上村庄、10多万农民参与旅游服务，全域旅游格局初步形成，"泉水鱼"成为我国首个纯渔业农业重要文化遗产。

社会效益得以显著提升。黄山市为改善农村人居环境和垃圾分类，建起172家"生态美超市"，覆盖了所有乡镇，生态保护意识深入人心。新安江模式入选中组部贯彻落实习近平新时代中国特色社会主义思想在改革发展稳定中攻坚克难案例、全国"改革开放40年地方改革创新40案例"，写入《生态文明体制改革总体方案》《关于健全生态保护补偿机制的意见》《关于建立更加有效的区域协调发展新机制的意见》，在全国其他9个江河流域复制推广。

新安江流域生态补偿试点实现了流域上下游发展与保护的协调，充分表明保护生态环境就是保护生产力，改善生态环境就是发展生产力。

（4）如何推广——新安江模式的示范效应与前景展望。

今后，安徽省、浙江省将进一步打造新安江流域生态补偿的长效版、拓展版，推动新安江模式向"中国模式"迈进升级。进一步争取中央继续给予资金支持，构建完善试点资金稳定投入保障体系，加快建立上下游补偿资金随经济发展及水质考核标准的提高而同步提高的机制；积极争取长江经济带生态补偿、水污染防治专项、节能减排补助等奖补，形成政策叠加效应，并通过法律法规来推动生态补偿的制度化、法制化和常态化。

3. 案例总结

"绿水青山就是金山银山"是习近平生态文明思想的核心观点。生态补偿是实现绿水青山价值转化的重要机制。早期，新安江流域上下游因"要保护与不保护""要补偿与不补偿""以河为标准与以湖为标准"的争议而引发冲突。在中央有关部门的协调下，安徽省和浙江省通过谈判协商，成功签订了跨界生态补偿协议并付诸实施，这是全国首个生态补偿协议，是"绿水青山就是金山银山"的成功典范。

补偿协议的创新性在于：实现上下级补偿与上下游补偿的结合，以上下级补偿带动上下游补偿；实现生态保护补偿与环境损害赔偿的耦合，做到激励与约束的完美结合；实施上下游共同参与的水质监测机制，水质监测结果好就给予生态保护补偿，水质结果差就实施环境损害赔偿；坚持问题导向和目标导向的结合，针对饮用水的水质要求，确定以高锰酸盐指数、氨氮、总氮、总磷4项指标作为监测对象。

两轮试点绩效显著，安徽省生态环境保护力度明显加大，新安江出境水质明显改善。新安江流域生态补偿试点是中国特色的生态补偿机制创新。

在学生了解了生态补偿的新安江模式后，教师提出以下3个问题，为讲授下节课的内容做好准备。

（1）新安江模式对生态文明建设和区域协调发展产生了哪些积极影响？

（2）新安江模式通过什么机制解决了外部效应问题？

（3）还有哪些领域，可以通过类似的生态补偿机制，实现外部效应内部化？

五、案例反思

"财政学"是研究财政税收理论与实务的课程,是高校经济学、管理学等专业本科生的专业基础课。本课程每学年至少开设一次,未来思政教学中有待深入推进的工作主要包括以下几个方面。

1. 深化国情教育

应坚持以马克思主义、习近平新时代中国特色社会主义思想为指导,加快构建中国特色财政学类专业学科体系、学术体系、话语体系。在讲授财政学专业理论知识时,引导学生关注我国财政税收现实问题,理解和掌握财政税收领域的国家战略与法律法规。可以通过在课程中大量融入中国经验,介绍我国经济发展和财政税收改革的最新实践,引导学生关注国情民生,从而帮助学生增强"四个意识"、坚定"四个自信"、做到"两个维护",成为德智体美劳全面发展的社会主义建设者和接班人。

2. 提升治理理念

在课程讲授中突出财政在国家治理中的基础性和支柱性地位,帮助学生理解财政在解决新时代我国社会主要矛盾、贯彻新发展理念、构建新发展格局等战略中的重要作用。充分结合中国特色社会主义市场经济发展的现实,引导学生运用所学财政理论知识,探讨如何才能有效提升政府治理能力,解决经济社会运行中的基本矛盾和主要问题,从而培养学生分析和解决现实问题的专业能力。总之,在教学中要坚持理论联系实际,使课程内容体现出时代价值,有效提升治理理念。

3. 思政元素融入教学全过程

在具体教学过程中,应在课前、课中、课后各个环节融入思政元素。例如,课前要求学生查找财政热点新闻并予以评论,引导学生关注时代发展,提升学生发现问题的能力。课中可以通过教师讲解、课堂讨论、学生互评等模式,将思政内容有机融入教学中。课后可通过课程小论文、实践调研报告等多种形式,考核思政教学的实施效果。此外,还可通过布置课后思考题的方式,加深学生对外部效应的理解,使学生认识到"财政学"与生活息息相关,进而激发学生研究探索的兴趣和热情。

六、教学效果

1. 帮助学生掌握专业知识，理解外部效应

跨界流域污染是外部负效应的表现之一。本案例通过分析我国治理跨界流域污染的新安江模式，并结合中共中央办公厅、国务院办公厅印发的《关于深化生态保护补偿制度改革的意见》，引导学生掌握外部效应的概念，并探寻其治理方式，从而提升学生的专业素养。

2. 讲好中国故事，激发爱国情怀

通过介绍我国在生态补偿领域取得的成就，帮助学生理解"绿水青山就是金山银山"的深刻内涵。同时，鼓励学生积极参与生态补偿的社会调研与实践，使学生全面了解我国政府为保护生态环境所采取的相关举措及各项举措的实施成效。

3. 强化公共意识，坚定道路自信和制度自信

通过鼓励学生思考"如何通过生态补偿机制解决跨界环境污染治理问题，促进区域协同发展？"等问题，引导学生认识公共问题存在的普遍性及治理的复杂性，培养学生分析和解决复杂公共问题的责任感和能力。

通过分析现实案例与解读相关政策，鼓励学生关注国家发展、关心政策动态，帮助学生坚定中国特色社会主义道路自信和制度自信，成为经世济民、德法兼修的社会主义建设者和接班人。

参考文献

樊丽明，2020. 财政学类专业课程思政建设的四个重点问题[J].中国高教研究（9）：4-8.

沈满洪，谢慧明，2020，跨界流域生态补偿的"新安江模式"及可持续制度安排[J]. 中国人口·资源与环境，30（9）：156-163.

生态环境部，2021. 生态补偿典型案例（1）：建立跨省流域生态保护补偿机制，成本共担利益共享　推动形成新安江流域治水命运共同体[EB/OL].（2021-02-22）[2022-04-01].https://baijiahao.baidu.com/s?id=1692396923866172851&wfr=spider&for=pc.

我国预算法治化的实践及优越性

财政税务学院　魏福成　王金秀

 案例概述

本课程结合预算法的修订内容，在讲授预算法治化知识的过程中，把加强国情教育、法治教育，培育法治意识、公共意识等目标自然地融入课堂教学。教学过程包含以下五个步骤：①梳理预算法治化的原则，分析其时代意义；②进行预算法治化的国际比较，突出我国预算法治化原则的基本内涵；③详细讲述预算法治化原则背后的国家治理的深刻内涵，引导学生理解国家预算改革的顶层设计，增强学生对公权力的认识与认同；④引导学生主动思考并进行主题发言；⑤总结并布置课后思考题。

通过课程思政教学，实现"国家预算管理"教学与思政建设的双向互动，以预算法治化内容为基础，引导学生深入思考国家立法、执法的初衷，培养学生坚定法律信仰，维护法律尊严，严格遵从法律，让法治内化于心外化于行。

一、基本信息

课程名称：国家预算管理

授课对象：财政学、税收学专业三年级学生

使用教材：《国家预算管理》，王金秀，科学出版社

学习内容：预算法治化

教学课时：2课时

二、课程思政教学整体设计思路

强化学生的法治意识，培养专业性强的治国理政人才是财政学类专业课程思政教学的重要目标。课堂教学共分为五部分，每部分都紧扣专业知识，结合思政教育，有意识地提炼具体的思政教学目标，以"专业+思政""传统讲授+创新讨论""案例+总结"三步走的教学方式展开，使学生在消化吸收预算法治化概念、规范、制度内涵及实施机制等内容的同时，能有效理解与掌握预算法治化对建设我国社会主义法治实践、推动国家治理能力与治理体系现代化的重要作用，引导学生树立自觉学法守法、维护法律尊严的信念。

教学第一部分采用"翻转课堂"的形式，使学生初步了解预算法中关于法定性和法定授权原则的规定，确保学生深刻理解预算法治体系的内涵。阐述党的十九大报告中关于财政和预算的表述，使学生初步了解预算法修订的时代意义。

第二部分通过我国与西方国家预算制度的对比，突出我国"以人民为中心"的预算制度的设计、历史演进过程和基本内涵，有意识地培养学生坚定"四个自信"。

第三部分以我国各地的预算改革实践为案例引导学生进行分析，重点介绍预算法治化的基本内容，确保学生理解和掌握预算法治化的原则，培养学生运用财政思维、预算思想和法治意识学习、理解我国的国家预算管理体系与国家治理体系。

第四部分开展预算法治化主题演讲，通过这种创新的教学方式，引导学生结合政府履责、公权力的使用与监督情况，对预算法治化、预算编制与管理中存在的现实问题进行辨识，教师在此过程中加以引导，从而培养学生的公共意识，增强学生的公共责任感，提升学生的公共管理能力。

第五部分通过布置课后思考题，激发学生继续思考预算法治化进程，鼓励学生在深入思考后，提出建设性意见和建议，鼓励学生积极投身推进国家治理体系与治理能力现代化的中国特色社会主义建设事业。

三、教学目标

1. 课程教学目标

知识目标：通过对预算管理机制的教学，强化学生的预算法治化理念，使学生能够辨别预算法治化与预算法制化的联系与区别，了解预算法治化的特点及方向；明确预算管理应该遵循的基本原则，熟练掌握各种不同的预算编制模式及其特点。

能力目标：从预算编审流程及实现财政职能的角度，帮助学生明确预算管理的目标，深刻理解预算法治化的内涵，理解预算在国家治理体系中的重要作用，引导学生关注财政的公平与效率。

素质目标：强化学生的法治意识，尤其注重强化行使公权力和加强权力监督等方面的教育；培养学生树立公共意识，增强公共责任意识，为今后提升公共管理能力奠定基础。

2. 思政育人目标

在讲授预算法治化、预算管理与编制等教学内容的过程中，把做人做事的基本道理、社会主义核心价值观的要求、实现中华民族伟大复兴的理想和责任等内容自然地融入课堂，有针对性地满足学生成长发展的需求和期待。同时，注重以课堂专业内容为依托，加强思想政治德育工作，为我国全面依法治国输送更多的财税管理人才。

四、教学实施过程

首先，用PPT展示有关预算法治化的法律法规和政策，如《中华人民共和国预算法实施条例》《中华人民共和国预算法》《国务院关于深化预算管理制度改革的决定》等。并设问："预算法每次修正后与前一次相比有何差别？"通过翻转课堂，由学生回答预算法发生的变化，并介绍预算法修正案中的具体条例，从而锻炼学生自主学习、资料整理及演讲表达的能力。

从政治高度，即推进我国法治政府建设的高度描述预算法治化原则，在"坚持依法治国、依法执政、依法行政共同推进，坚持法治国家、法治政府、法治社会一体建设"

"推进科学立法、严格执法、公正司法、全民守法""促进国家治理体系和治理能力现代化"中的核心地位，阐述预算法治化原则的时代意义。

预算法治化在国家治理中具有重要意义：预算法治化推动国家治理体系与治理能力现代化。预算法治在特定历史条件下遵循自身的内在规律不断演进，其方向、要求、要点和方法随着国家治理的方向、要求、要点和方法的转变而转变，在国家治理过程中发挥着至关重要的作用，预算法治前提下的预算监督在国家治理体系中扮演的角色也越来越重要。

其次，通过与其他国家的比较，阐释各国预算法治化原则的不同表现形式，突出具有中国特色的预算法治化原则的基本内涵。目的是加强学生对我国预算法治化原则的认识和把握，即必须立足中国国情，紧扣一切权力属于人民的宪法理念，努力使公民与政府的关系形成良性互动。下面以美国和日本为例进行简单介绍。

（1）美国情形。美国联邦政府的预算周期可以分为三个连续且相互关联的环节，即预算编制和递交环节、预算审议和批准环节及预算执行环节，不同预算环节涉及不同的预算法案。预算编制和递交环节的法律包括 1921 年的《预算与会计法》、1993 年的《政府绩效和结果法》等；预算审议和批准环节的法律包括 1974 年的《国会预算和控制截留法案》、1985 年的《平衡预算和紧急赤字控制法案》等；规范预算执行环节的主要法律包括 1870 年颁布并在以后数次修改的《反超支法》、1974 年的《国会预算和控制截留法案》。

（2）日本情形。日本的财政预算、税收、财务会计等实行法治化管理，中央对地方的控制和转移支付均依法行事。在法定范围内，中央与地方的权限是明确的。这方面的法律主要有《宪法》《地方自治法》《财政法》《地方财政法》，以及规定转移支付资金分配的《地方交付税法》等。日本的预算采取国会决议的形式。预算的编制、审议、批准都是依据有关法律而进行的，因而预算被视为具有法律效力，一经批准不得任意更改。若遇特殊情况，需中途调整预算时，则要编制调整预算草案，经国会审议、批准。决算由财政部门编制，经隶属国会的会计检察院审计后提交国会，一般情况下国会对此不做审议，也无须表决通过。

再次，具体讲解预算法治化原则的基本内容，这也是本课程的核心。预算法治是社会主义法治的重要组成部分，是法治国家基本原则在预算领域的表现与运用，它是指依据预算法治原则，通过预算立法、预算执法、预算司法和预算法律监督等一系列法律制度及机构的建立，使预算收支主体的预算行为纳入现代法治轨道，并一体遵行实施，最终实现依法预算收支的良性社会秩序状态。换言之，预算法治是国家财政权力活动和财政管理活动共同的法治基础。政府预算法治化是财政法治化的基本途径和手段。

在此环节，通过介绍温岭参与式预算案例，体现我国预算法治化的进程。教师提问："温岭参与式预算的各项举措是如何反映预算法治化及预算编制原则的？对其他地区的预算管理有哪些借鉴意义？"进一步阐述在新冠肺炎疫情对我国经济社会造成重大冲击时，财政在疫情防控中发挥的关键作用。通过结合时政，简要介绍各地财政采取的积极举措，使学生直观地体会到国家治理中财政发挥的积极作用和预算的人民性。如财政部甘肃监管局建立七部门联合监管机制，创新工作机制，强化工作合力，突出监管疫情防控资金，聚焦政策落实"三保"资金；江苏省财政厅抗击疫情稳经济，积极筹措资金，着力支持疫情防控；浙江省财政厅对家禽和生鲜牛奶重点收购加工企业实施临时补助政策；安徽省财政厅出台七项保障激励措施，改善一线医务人员工作条件。教师提问："在新冠肺炎疫情防控中，财政发挥了哪些积极作用，预算管理是如何起作用的？尝试从'财政是国家治理的基础和重要支柱'这一重要论断展开分析。在你们的所见所闻中，财政又是如何发挥作用的，你们有没有更好的改进建议？"

从次，根据本教学章节内容，组织并引导学生开展主题演讲。学生以小组为单位进行主题发言，各小组双方根据预算法治化原则的原理和现实案例，阐述本组的主要观点。演讲总时间控制在 30 分钟以内，每组发言不超过 6 分钟，由教师对小组发言进行点评，并将学生表现记入平时成绩。此部分教学目的在于提高学生运用法治思维和法治方式解决问题的能力，使学生认识到依法行政的必要性和实践要求、学术观点的严谨性、法律逻辑的严密性，锻炼学生的团队合作能力。同时，强化学生对党的十九大报告中提出的建立全面规范透明、标准科学、约束有力的预算制度的理解。预算是财政的基石，财政是国家治理的基础和重要支柱，全面依法治国是中国特色社会主义的本质要求和重要保障，全面依法治国就要建设中国特色社会主义法治体系，建设社会主义法治国家，发展中国特色社会主义法治理论，坚持依法治国，以德治国相结合，提高全民族法治素养和道德素质。

最后，总结课堂内容并提出课后思考题："预算法治化对国家治理的意义是什么？作为学生，应该如何在未来的学习与职业生涯中为法治化、国家治理现代化贡献力量？"

五、案例反思

1. 案例成功之处

（1）预算法治化及管理编制原则的教学内容，理论性强，专业性要求高，更偏重技术性。法治化建设、国家治理往往被认为与学生的日常生活有较远的距离，然而实际上预算的法治化进程恰恰是关系国情民生，以人民为中心，体现国家治理"善治"的最佳案例。温岭参与式预算以细化预算、预算公开和民主恳谈会为特点，既与党的十九大报告中全面规范透明、标准科学、约束有力的预算要求紧密联系，又和日常生活中全国人民代表大会（以下简称人大）及其常务委员会实施实质性监督息息相关，全面体现国家预算法治化的特点。本课程将国家预算管理与思想政治教育相融合，引导学生关注公权力的使用和监督，并以此为突破点，找到了思政与预算结合的最佳方式。

（2）全程自然地融入思政内容，通过联系地方实践案例，实现了理论与实践的融合，体现了全局与部分的有机统一，既讲授了中国预算法治化与预算管理编制的基本理论，又激发了学生对国家治理的兴趣，增进了学生对公权力的认识。通过鼓励学生进一步学习与思考如何实现法治化，如何对公权力进行监督，引导学生在未来的工作中爱国、爱民，敬业、担当。

2. 尚待进一步提升之处

（1）教师在实践教学中发现，学生对预算法治化知识的掌握没有预期那么好，预算反映着整个国家的政策，政府活动的范围和方向，作为财政学、税收学专业的学生，应该对预算的相关内容有所了解，因此，本课程教学的最初设计是假设学生已经熟悉预算及预算法治化的相关内容，仅强调对预算法治化的解读，但现实情况表明，学生对预算法治化并不太熟悉，所以教学导入过程需要调整时长。

（2）学生对预算相关领域的了解不够。国家预算还涉及财政监督、人大监督、国家审计监督等，我国的预算监督体系也反映了以人民为中心的价值取向。预算不仅是体现财政收支的工具，还能反映国家治理的价值属性。教师可在后续讲述国家预算与绩效管理等章节时进一步讲授国家预算制度设计的相关支持，从而增强学生对国家制度和改革发展成就的理性认同。

六、教学效果

本课程结合预算法治化的内容特点，在讲授预算法治化基本理论、现实案例等教学内容的过程中，融入国情教育，强化行使公权力教育，并加强权力监督教育，将立德树人理念自然地融入了课堂。本课程以课堂为载体，以学生为主体，培养学生立足国情，关注实践，关心国情民生，运用专业知识思考现实问题，了解国家治理现代化进程，树立爱国情怀和担当意识，增强公共责任感。

参考文献

刘斌，2017. 参与式预算的中国模式研究：实践、经验和思路[J]. 经济体制改革（4）：151-155.
杨灿明，王金秀，2010. 政府预算决策与监督实验教程[M]. 北京：经济科学出版社.
朱圣明，2013. 温岭参与式预算基本经验探析[J]. 地方财政研究（4）：55-60.

依法治财：清代的"火耗归公"改革

财政税务学院　赵兴罗

 案例概述

本节主要讲授封建社会的财政管理，为了使学生更深入地掌握封建社会财政管理制度的相关知识，本节选取清代的"火耗归公"改革案例进行案例教学。"火耗归公"是指将明朝以来的"火耗"附加税改为法定正税，这是一项对清朝前期随意加征火耗银进行规范修正的财政改革，对清朝财政产生了重要影响。"火耗归公"改革说明了依法治财在财政管理中的重要性，对我国当前的财政改革及治国理财具有重要的启示作用。本节教学分为案例引入、案例分析、思想总结三部分，在教学过程中，将案例所蕴含的思政元素有机融入课堂教学中，从而达到知识传授、能力培养和价值塑造相互融合、相互统一的思政育人目标。

一、基本信息

课程名称：中国财税史

授课对象：财政学、税收学专业本科生

使用教材：《中国财税史》，周春英，高等教育出版社

学习内容：封建国家的财政管理

教学课时：1课时

二、课程思政教学整体设计思路

本节主要讲授我国封建社会财政管理制度和体制的变迁，使学生掌握封建社会的主

要财政管理制度，认识到依法治财在财政管理中的重要性。本节引入"火耗归公"案例，旨在引导学生自觉运用历史唯物主义分析封建社会的财政管理制度，并分析"火耗归公"改革对当前我国依法治财的借鉴意义。

教师在上课之前需要依据教学目标和课程教学思路，精心设计教学活动，合理安排教学步骤，制定系统的教学实施方案。

首先，讲授封建社会的财政预算、上计、漕运、仓储、货币、会计和审计监督等制度，使学生掌握封建社会财政管理的基本知识。

其次，围绕封建社会财政管理这一知识点，挖掘出案例中所蕴含的依法治财这一思政元素，并将依法治财理念有机嵌入专业知识的传授中，使学生在学习专业知识的同时，受到思想政治教育的熏陶。

最后，结合教材内容和学生的特点，选择适宜的教学方法，如案例教学法、对比分析法、小组讨论法和线上线下混合式教学法等，实施教学，实现知识传授、能力培养和价值塑造的统一。

三、教学目标

1. 课程教学目标

本节主要讲授封建社会的财政管理制度，教学目标包括以下两方面。

（1）知识传授。使学生从纵向和横向两个方面掌握封建社会财政管理体制的变迁，掌握封建社会的财政预算、上计、漕运、仓储、货币、会计和审计监督等财政管理制度的规定及其运行机制。

（2）能力培养。使学生掌握封建社会的财政管理制度对完善当前我国财政管理和治国理财的历史启示，深刻领会依法治财在财政管理和治国理财中的重要作用，培养学生分析问题和解决问题的能力。

2. 思政育人目标

在引导学生学习中国财税发展历史脉络及其规律的过程中，融入政治认同、家国情怀、文化素养、法治意识、道德修养等方面的思政元素，使学生在学习专业知识的同时，能够得到精神层面和道德层面的培养，培养学生成为经世济民、为国为民理财的高素质人才。

具体来说，依法治财是财政管理的关键，同时财政管理离不开德才兼备的理财队伍，本节的案例蕴含着依法治财的思政元素，在教学中，教师有意识地将依法治财有机地融入教学过程中，引导并教育学生坚守依法治财的理念，做清正廉洁的治国理财人，从而在传授专业知识、进行能力培养的同时，实现思政育人和价值塑造。

四、教学实施过程

为了使学生更好地掌握封建社会的财政管理制度，本节首先找准知识点——封建社会的财政管理，围绕此知识点，引入清朝财政史上的重要财政改革"火耗归公"案例进行案例教学。在讲授时，按照案例引入、案例分析、思想总结的顺序逐步展开，在此过程中将知识讲授、能力培养和价值塑造有机融为一体。

1. **根据教学内容和教学目标引入案例**

本节主要讲授我国历史上封建社会的财政管理制度。从我国财政历史来看，尽管封建社会的财政管理有很多缺陷，但在财政预算、上计制度、审计制度、漕运制度、仓储制度、货币制度等方面仍有一些值得后人借鉴的经验。"火耗归公"是清代财政史上加强财政管理、依法治财的一项重要财政改革，因而，在本节教学中，引入这一案例是比较恰当的。

2. **在案例分析环节，有机融入思政元素**

（1）根据课程内容和教学目标挖掘案例所蕴含的思政元素。运用德育的学科思维，提炼出案例所蕴含的思政价值和精神内涵，将其转化为培养德才兼备、治国理财高素质人才的具体化、生动化的有效教学载体。根据案例提供的材料可知，"火耗"来源于明朝的"一条鞭法"，实际上就是对农民征收的一种附加税，是指在正税之外额外加征损耗成本。至清朝初年，"火耗"标准增加到每两收二三钱，有的地方甚至每两收四五钱，还有的地方数倍于正税，官员私自征收和私自派用现象泛滥。官员的贪污滥用造成了清政府国库亏空。面临拮据的财政局势，雍正初年，在山西、湖广、河南等地开始实行"火耗归公"，与此同时，实行养廉银制度，严格规范官员的收支行为，这样，火耗征收就由地方各自为政转变为由中央统一管理。"火耗归公"收入中相当数量的银两被用来弥补财政亏空，充盈国库。通过改革，清政府达到了加强财政管理的目的。

由案例得出依法治财在财政管理中的重要性。接着引导学生思考：财政管理需要依法治理吗？财政管理需要一支什么样的理财队伍？在分析这个案例的同时，一步一步地引导学生认识到无论是依法治财，还是提升财政管理水平，都需要一批清正廉洁的专业人才，由此鼓励学生传承中华优秀的廉洁文化，成为清正廉洁的治国理财人才。

（2）将课程思政元素有机融入课堂教学。财政管理需要遵循规范的、稳定的法律法规，财政治理要有法可依、有法必依，因此，依法治财是财政管理的重要前提。将课程思政元素有机融入教学过程的具体做法如下。

在分析案例之前，运用线上资源，播放案例视频，视频结束后，教师提出以下问题："一个国家的财政管理制度有哪些内容？你认为当前提升国家财政管理能力需要什么样的制度和理财队伍？你从封建社会的财政管理制度中学到了什么？"

在分析案例的过程中，运用比较教学法，使学生认识到依法治财和廉洁队伍建设的重要性。

一是比较实施"火耗归公"前后清政府的财政收入情况。雍正即位之初，面对的是贪官污吏纳贿盛行、库帑不足和财政匮乏的局面。藩库亏空达数十万两，自1712年至1726年，官侵吏蚀472万余两，民欠539万余两。官员私自加征火耗，火耗的征收，大多源于官员的私自征收和私自派用，反映出官员的贪婪和吏治的腐败。因此，要想国库充盈，必须从治理贪官入手，规范官员的收支行为，将"火耗"由地方各自管理转变为由中央统一管理。1723年，山西巡抚诺岷率先在山西省进行改革，实行耗羡归公和养廉银制新法，1724年，湖广、河南等地也陆续实行改革。"火耗归公"改革之后，清政府依法规范了火耗征收，增加了财政收入。1725年财政收入已达6000万两，财政危机状况得到根本改善。

二是比较改革前后理财官吏的廉洁情况。改革前，官员贪污腐败，中央部院衙门的亏空多为官吏侵盗挪移所致。官员贪污滥用造成各省钱粮亏空。据雍正年间谕旨记载，当时管理和使用财政资金的官员滥用贪占已成风气。朝廷内的六部（吏、礼、刑、户、工、兵），藩司及州县，无不相习成风。督抚往往通过威胁利诱的手段要求各省管理财政的藩司提供经费。官吏除了贪污和侵挪已征收的钱粮，还私自乱征、乱派、乱收款。"火耗归公"改革后，清政府强化了财政制度管理，使税收更加规范化，过去官员私征贪占的行为受到了一定的约束，还建立了官员离任亏空由官赔的制度，这些都对改善吏治与社会风气产生了良好的效应，也使理财官员的廉政建设得到了加强。

3. 在思想总结环节，引导学生思考依法治财对当前我国推进财政管理现代化的启示

"以古为镜，可以知兴替"，财税史学的重要价值在于资治通鉴，因此，在案例分析结束后，教师可以给学生布置课堂讨论问题，通过问题总结本节所讲内容并导出新课。

（1）通过对清朝历史上的"火耗归公"改革的学习，你认为封建社会还有哪些财政管理制度可供我们借鉴？

（2）"火耗归公"改革对当前我国推进财政管理现代化有哪些启示？

这里的讨论方式可以采取分小组讨论法、个人撰写读书报告法，也可以采用随机点名提问法。

总之，本节将课程思政元素有机地融入课堂教学，引发了学生对依法治财的思考，培养了学生的财税法治意识，鼓励他们成为新时代德才兼备的治国理财人才。

五、案例反思

"中国财税史"课程每学年至少开设一次，未来教师要继续提升课程思政的教学效果。对课程思政教学案例的反思主要有以下三方面。

1. 进一步培养和提升教师的课程思政能力

教师是实施课程思政的主体，开展课程思政建设，要求教师具备广阔的学科视野与复合型的知识结构，系统掌握财税史学的基本理论、体系结构与思想方法，熟悉财税史学发展的历史和现状，了解财税史学最新研究成果及发展趋势，因此，培养和提升专业

教师课程思政建设的意识与能力是实施课程思政的关键。教师课程思政能力主要包括：课程思政的教学基本能力、教学理解能力、教学实施能力及教学自我评价与改进发展能力。要想达到这些能力的要求，不仅需要学校重视对教师的培训，更需要教师自身下功夫，不断学习和探索，自觉提升教学能力和教学水平，努力使自己成为一名"政治素质过硬、业务能力精湛、技术方法娴熟、育人水平高超"的财税史学教师。

2. 进一步丰富教学内容，提升课堂教学趣味性

"中国财税史"是一门总结财政税收产生、发展和演变的历史学科，课程本身枯燥单调，因此，教师要坚持历史与实际相结合的原则，尽力收集史学资料、历史文献、历史典故、理财家的经典治国理财故事等来丰富教学内容，调动学生学习财税史的兴趣，还要注重能力培养，给予学生思考、创新方面的启迪，从而将理论学习与对学生能力的培养和价值观的塑造融为一体。

3. 不断完善和创新现有的教学方式和方法

课程思政的考核主要是看教师是否采取了恰当的教学方式，将思政元素自然融入教学内容中，以"润物细无声"的方式展开思政教育。由于"中国财税史"既具有历史学特点，又包含财政专业史学的特定要求，因此教师应不断完善和创新教学方式，将"中国财税史"课程思政建设落实到教学过程各环节。例如，将历史上经典的治国理财案例融入课堂教学中，将财税改革与理财思想结合起来，使学生更好地理解依法治财在财政管理中的重要性。

可以采用问题教学法、课堂讨论法、情景体验法、案例教学法、对比分析法和线上线下混合式教学法等多种教学方式，也可以运用图表、视频、图片、实物等教学手段，激发学生的求知欲，提高学生的积极主动性，引导学生自主收集资料、寻找答案、澄清概念、领会知识，培养学生独立思考的能力。此外，也可以利用中国大学 MOOC 网络教学平台的高信息量性、全方位性、渗透性、超时空性和互动性，促进教与学的积极性和主动性，不断提升课程思政教学效果。

六、教学效果

1. 培养了学生学史的兴趣

"中国财税史"作为一门总结财政实践经验教训的学科,主要研究历史上各个朝代财税理论、财税制度的发展演变轨迹、特点、过程及发展规律,旨在总结历史上的治国理财的经验教训,以便为当代我国财政体制改革提供有益的历史借鉴。对于这样一门极具理论性的学科,照本宣科或单纯的知识性讲授可能会让学生感到枯燥乏味,也不易于学生真正把握中国财税史的发展规律。开展课程思政教学可以帮助学生总结历史上的财税改革的经验教训,使学生意识到学习财税史的重要性,达到学有所思、思有所悟、悟有所得的效果。

2. 培养了学生治国理财的素养和能力

财政学、税收学专业人才培养目标是培养专业性很强的治国理财人才,这就要求学生熟知财政历史,具备经世济民、治国理政、服务社会的家国情怀、公共意识和能力,以及德法兼修的职业素养,树立为国为民理财的意识。"中国财税史"课程鼓励学生多阅读史料、多思考财政历史给今天带来的启示,培养了学生将历史与现实结合的能力,培养了他们独立思考、分析问题和解决问题的能力,使学生树立起经世济民、为国理财、为民谋利的理想信念,实现了价值塑造和立德树人的目标。

参考文献

陈锋,2009. 论耗羡归公[J]. 清华大学学报(哲学社会科学版),24(3):17-38.
项怀诚,陈光焱,2006. 中国财政通史:清代卷[M]. 北京:中国财政经济出版社.
张研,2007. 从"耗羡归公"看清朝财政体系及当代"税费改革"[J]. 学术界(3):25-39.
赵兴罗,李少会,2013. 古代吏治整饬与财政改革[J]. 财政经济评论(2):139-150.

"不学礼,无以立":中国政府理财学的鼻祖——《周礼》[①]

财政税务学院 周春英

 案例概述

《周礼》,又名《周官》或《周官经》,儒家经典十三经之一,是一部通过官制来表达治国方案的经典著作,是研究周代国家典制的重要文献,由西周时期著名的政治家周公旦所著,是中国最早和最完整的官制记录,对中国社会、政治制度、思想文化、历史等都产生了深远的影响。《周礼》中涉及国家治理与理财活动的内容极为丰富,体现了仁爱、公正、公平、适宜、和谐、富强等精神,而这又是建立在政府科学配置资源的基础之上的,因此,王安石认为"一部《周礼》,理财居其半",后世有"一部《周礼》半理财"之说。《周礼》堪称中国财税文化史之宝库和中国政府理财学之鼻祖。党的十九大报告提出,文化是一个国家、一个民族的灵魂,因此,我们要坚定文化自信,推动中华优秀传统文化创造性转化、创新性发展。学习《周礼》中的精粹,对于在新时代背景下传承、弘扬和创新优秀传统财税文化,讲好财税历史文化故事,培育学生人文精神和提升学生史学素养至关重要。

一、基本信息

课程名称:中国经典治国理财史

授课对象:全校本科生

使用教材:自编讲义

[①] 本文为湖北省高等学校省级教学研究项目"新时代财经类专业'课程思政'与'思政课程'协调育人机制研究"(项目编号:2020251)的阶段性研究成果。

学习内容：中国经典治国理财思想

教学课时：1课时

二、课程思政教学整体设计思路

本节主要运用文献导读法和分组讨论法，对《周礼》中关于财政收入、支出、管理、会计、审计监督等方面的规范性制度进行阐释，探寻其中的经典理财思想与经典制度；引导学生通过理解、归纳和提炼其体现的财政精神内涵、历史经验，揭示其中积淀的智慧，为思考当今的时代问题、深刻理解社会主义核心价值观提供知识资源，使学生进一步坚定"四个自信"；同时提升学生阅读古典文献，传承、弘扬和创新传统优秀经典财税文化的综合能力。

本节以多样化的教学方式将思政元素融入教学个过程。

1. 将思政元素贯穿教学全过程

课前要求学生按照财政收入、财政支出、财政管理、机构设置等内容分组学习《周礼》，并要求学生运用财政学理论，结合周代的社会政治、经济、文化等状况对上述内容加以评论，引导学生在阐释文字中所包含的治国理财思想的同时，与古代先贤展开对话，思考我们今天所面临的问题，从而培养学生时刻关注时事、关注民生，提升学生分析问题、解决问题的能力。课中可以通过教师讲解、小组汇报讨论、学生互评等方式把课程思政内容融入教学中，使优秀财税文化贯通古今，充分发挥其功能和当代价值。课后通过小组论文、税收博物馆和中国货币金融历史博物馆参观调研等方式把课程思政理念传递给学生。

2. 线上线下同步嵌入

"中国经典治国理财史"是通过对历史上著名的政治家与思想家或政府的理财著作、成果进行解读，了解一个个鲜活的历史人物在当时对运用财政工具治国是怎么想的、是如何做的。为解决丰富的理财典籍与有限的学时之间的矛盾，可运用中国大学MOOC平台已经上线的"中国财税史""《周礼》导读""中国会计文化"等线上课程，采取线上线下混合教学模式。课前为学生布置线上学习任务，设置一个讨论反馈平台，以便教师能够集中了解和解决学生的疑难点。在课堂上，采用师生互动、分组讨论的方式，将线上所学习的内容进行总结，提炼先秦财税文化的精神和当代价值，这既能加深学生的印象，又能提升学生分析问题、解决问题的能力，激发学生深入探索的热情和兴趣。

三、教学目标

1. 课程教学目标

（1）知识传授。

掌握《周礼》成书的时代背景，《周礼》中关于政府理财的基本内容，《周礼》包含的财政精神、财政思想及当代价值。

（2）能力培养。

① 培养学生的马克思主义唯物史观。引导学生运用辩证唯物史观分析先秦时期财税制度、思想文化在中外财税史上的重要地位，拓展学生的国际视野。

② 培养学生分析和解决现实问题的能力。引导学生运用财政学专业理论分析决定一个国家一定时期财政制度的因素；结合周代的社会政治、经济、文化等因素，分析《周礼》的当代价值。

③ 培养科学精神。通过讲解《周礼》中的经世治国之法，揭示其中积淀的历史智慧，引导学生学以致用，培养学生经世济民的情怀和社会责任感，提升学生传承、弘扬与创新中国优秀传统财税制度、思想、文化的能力。

2. 思政育人目标

（1）培育和践行社会主义核心价值观。通过讲授《周礼》中体现的仁爱、公正、公平、适宜、和谐、富强等精神，教育引导学生把国家、社会、公民的价值要求融为一体，提高个人的爱国、敬业、诚信、友善修养，自觉把小我融入大我，强化历史使命感，不断追求国家的富强、民主、文明、和谐和社会的自由、平等、公正、法治，将社会主义核心价值观内化为精神追求、外化为自觉行动，勇于担当国家富强、中华民族伟大复兴的时代责任。

（2）传承与创新中华优秀传统财税文化。通过讲授《周礼》，教育引导学生深刻理解中华优秀传统文化中讲仁爱、重民本、守诚信、崇正义、尚和合、求大同的思想精华和时代内涵，在治国理政上坚持以人民为中心的发展思想和以改革创新为核心的时代精神，教育引导学生传承中华财税文化。

四、教学实施过程

1. 课前准备

布置线上学习任务、分组学习与讨论任务及思考题。学生分为四组，通过提前阅读《周礼》和观看"中国财税史""《周礼》导读""中国会计文化"等线上课程，分别从财政收入、财政支出、财政管理及监督、机构设置及分工四个方面对《周礼》的内容进行概括，思考其体现的财政原则、财政精神、影响及当代价值。

2. 课堂教学

（1）课堂提问（5分钟）。

回顾之前学习的章节，复习夏、商、西周三代的社会政治、经济和财政特点。向学生提问："为了巩固统治，西周初建时采取了哪些措施，这些措施在财政上的具体体现是什么？"

（2）导入新课（3分钟）。

为了巩固统治，在周公旦辅佐周成王期间，西周颁布了一系列典章制度，其中的《周礼》，是将自黄帝以来的治国理财之典制进行斟酌，因袭积累，然后紧密结合西周初立时的情形，集萃其经世之法而形成的。课堂提问："《周礼》形成的时代背景是什么？"

在学生回答后，教师深入解读西周初建时面临的问题对其财政的挑战。

（3）知识点解读（10分钟）。

阐述《周礼》财计制度体系的基本框架，以及职能分工等内容。以财计官制体系为例，引导学生根据图1，从机构设置和职能分工角度分析财政治理的运作机制，归纳并总结其特点。

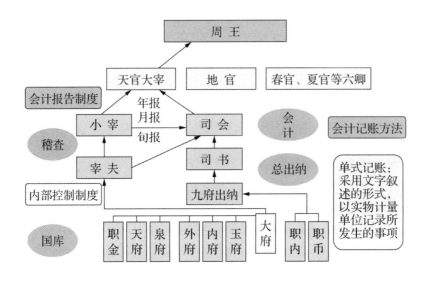

图 1　西周财计制度运作流程图

（4）学生分组汇报（每组 5 分钟，共 20 分钟）。

四组学生分别从财政收入、财政支出、财政管理及监督、机构设置及分工四个方面对《周礼》进行概括，提炼其体现的财政原则、财政精神、影响及当代价值，如分土而治、财权分理；赋税公平；量入为出、收支平衡的财政原则；收支对口、专税专用的精神、立足于内部控制的会计部门设置，钱账分管原则；完善的会计核算和报告制度，凡用财，必有考，"月计、岁会、三年大计"的定期报告和考核制度；完善的监督审计制度；均节财用、俭省开支的理财文化；六典、八法、八则、八柄、八统、九职、九赋、九式、九贡、九两十大治国法则；正当性原则；适宜性原则；慈幼、养老、振穷、恤贫、宽疾、安富的以保息六养万民的社会保障；等等。这些内容对于提升后世的行政管理水平、完善治国理财制度有着深远的影响。

（5）教师总结（5 分钟）。

《周礼》作为中国古代理想化的治国理政方案的集大成之作，体现了那个时代学者的治国理财思想，反映了中国财政、经济、文化的民族特征和历史渊源，部分制度虽未在历史上真正执行过，但其思想、精神在后世的制度设计、发展、运行中仍然有着广泛的影响。

《周礼》是一部以官制和政治制度为主要内容的政典，财税是国家行政的重要内容之一。《周礼》强调政教，在其财税内容中，也必然突出政教。政教是文化的表现形式之一，因而《周礼》财税中的政教，即是《周礼》财税文化的表现形式之一。按照《周礼》的规定，理财官（地官）就是"教官"，所以在《周礼》中，无论是理财机构的设置，还是税收征管制度，抑或是财税方针政策，都突出了"政教"的内容。在中国历史上，恐怕没有哪部书能从制度的角度对后世产生如此大的影响，它不仅体现了丰富的财税文化，还系统地展示了财税文化的功能。《周礼》文化的精髓被不断地传承和创新，从后世进行的政治经济财政改革中，都可以看到《周礼》财税文化的影子。今天，我们在探讨财税文化的时候，也不能不研究中国的财税文化之祖——《周礼》的财税文化。

《周礼》理财之胜，在于财政管理体制设计上的系统性，以及对各种管理控制原则的良好运用；在于将理财之责，全面系统地贯穿到组织（职官）设置的各个方面，确保机构设置周全合理、内部控制科学有序。一部《周礼》半理财，正此之谓也。美国管理史学家克劳德·小乔治在引证了《周礼》的一些资料后认为，中国人在三千年以前的一些概念已带有当代管理的声调：组织、职能、协作、提高效率的程序以及各种控制技术。

3. 课后作业（2分钟）

要求学生根据课堂讨论内容撰写小组专题论文或中国货币金融历史博物馆观后感，围绕《周礼》的财税思想、货币思想，总结其对建立现代财税金融体制的借鉴意义，明晰我国财税金融体制改革的方向，鼓励学生分析并总结中国在推进金融体系稳定和治理方面的相关举措和积极贡献。

五、案例反思

（1）学生学习史学类课程的兴趣和阅读古典文献的能力有待进一步提升。财经类专业的学生把精力更多地放在了应用性课程上，而对提升人文素养、拓宽视野的史学类课程的重视程度相对不足，因此丰富课程内容，挖掘和嵌入课程思政元素以调动学生的学习兴趣非常重要。同时，部分学生阅读古典文献时还不能很好地从专业角度理解、把握和提炼出理论性观点，发现问题和解决问题的能力有待进一步提升。

（2）发挥好教师在课堂育人主渠道中的主体作用，是提升课程育人质量和效果的关键，教师开展课程思政建设的意识和能力，决定着课程思政建设能否取得实效。教师要增强思政意识，将思政意识贯穿到教学全过程，把握好自己的使命，做一个讲好"中国政府理财故事"的财税文化的传播者。

（3）运用马克思主义唯物史观正确认识传统财税文化。《周礼》所记载的财税文化，是在奴隶制度走向鼎盛时期产生的，所以必然会体现出该时期的特点和规律，如统治阶级的特权意识等。这种文化不可避免地具有明显的阶级局限性。因而，教师应引导学生运用马克思主义唯物史观正确认识传统文化，总结历史经验教训，不断从历史中汲取前进的智慧和力量。

六、教学效果

（1）弘扬优秀传统财税文化，如量入为出、收支平衡的财政原则，税收负担公平的原则，均节财用的原则，专款专用的原则，礼法相济的社会治理思想，"荒政"治理与社会保障思想，等等。引导学生理解讲仁爱、重民本、守诚信、崇正义、尚和合、求大同的思想精华和时代价值，培育学生的文化自信。

（2）培养经世致用的人文精神。通过对《周礼》中财政的收、支、管的介绍及各小组的研究展示，引导学生关注时事，培养学生经世致用的人文精神和社会责任感。

（3）了解财政治理的基本要素，夯实治国理政人才之基。"中国经典治国理财史"作为全校"读懂中国"的通识选修课，其授课对象来自不同的学院，具有不同的专业背景。本节围绕《周礼》中的国家治理活动，选取典型的治国理财工具、手段、政策，并结合"政府过紧日子"背景下的相关改革举措与现代财税金融制度之间形成的相互呼应、一脉相承的逻辑思路，阐明《周礼》在政府理财学中的鼻祖地位及其深远影响，使学生进一步坚定"四个自信"。

（4）体会我国财政、经济政策的人民性。《周礼》所阐释的官制是国家治理体系的有机组成部分，在当时的时代背景下，对国家政治体制的设计与规划突显了国家的社会职能和阶级职能，体现了"民为邦本、本固邦宁"的思想。当然，也存在把国家强盛的希望寄托于统治者而非民众的局限性。财政、经济政策在推进经济稳定健康发展、促进国家治理现代化方面有重要作用，当今的中国，在中国共产党的领导下，人民至上、生命至上成为治国理财工作的根本遵循，我国的财政政策、经济政策充分体现了人民性。

（5）深化职业理想和职业道德教育。《周礼》强调的国家机构设置、职责分工、制度设计影响甚至决定着国家的长治久安，由此引导学生理解践行职业精神和职业规范的重要意义，增强学生的职业责任感，培养学生养成遵纪守法、爱岗敬业、诚实守信、开拓创新的职业品格和行为习惯。

参考文献

彭林，2009.《周礼》主体思想与成书年代研究：增订版[M]. 北京：中国人民大学出版社.
肖清益，谭建立，1990. 中国审计史纲要[M]. 北京：中国审计出版社.
赵世超，1993.《周礼》成书年代的成功探索：评彭林著《〈周礼〉主体思想与成书年代研究》[J]. 历史研究（1）：182-183.

税收法定原则：法治中国建设的必由之路

财税学院　薛钢

 案例概述

税收是财政收入的基本形式，既是国家治理体系的基础和物质保障，也是国家治理的重要手段。依照法律规定设税、征税、治税，是建设法治国家、法治政府、法治社会的迫切需要，也是推动实现国家治理体系和治理能力现代化的必然要求，更是人民当家作主的直接体现。自党的十八届三中全会以来，我国税收法定原则的落实工作已经渐入佳境。截至2022年2月底，已经有12部税收实体法被制定或修订，从形式上实现了我国税种法律位阶的全面提升，增强了税收法律的权威性和稳定性。

本课程具有以下特色：第一，采取资料阅读的方式，对历史事件与文本资料进行分析与阐释，使学生更深刻地理解和掌握税收法定原则的基本理论和内容；第二，将学习税收法定原则与学习领会习近平新时代中国特色社会主义思想结合和贯通起来，引导学生确立正确的法治观念、树立远大的理想信念，为学生健康成长指明正确道路；第三，紧密联系学生的思想和生活实际，坚持学以致用、用以促学，培养学生运用税收法定原则的立场、观点和方法分析和解决税制改革中的现实问题；第四，采用翻转课堂、案例讨论、课后论文等教学模式，实现学生主体与教师主导的有机统一。

一、基本信息

课程名称：中国税制

授课对象：财政学、税收学专业本科生

使用教材：《中国税制》，薛钢，东北财经大学出版社

学习内容：税收导论

教学课时：1课时

二、课程思政教学整体设计思路

本课程主要讲授税收法定原则，通过介绍税收法定原则的历史起源、内容要求与在中国税制改革中的实践，以"理论介绍+历史演进+现实思考"的方式让学生对法治中国建设中的税收法定有一个初步的理解与把握，引导学生自觉运用税收法定原则的立场、观点与方法，分析和解决现代化税收制度建设中出现的问题。

基于对案例材料的分析与解读，讲授"税收法定原则的基本要求""税收法定原则对于法治中国建设的影响""税收法定原则在中国税收制度改革中的实践之路"三个方面的内容。前两个方面侧重于理论分析，目的是通过讲授税收法定原则，强化学生的社会主义法治意识，使学生理解税收法定价值内涵，学深悟透税收法定原则在法治中国建设中的重要意义，坚定"四个自信"。最后一个方面侧重于理论联系实际，具有明确的实践指向，目的是引导学生辩证地看待目前中国税收法定原则的发展演进，理性分析未来落实税收法定原则的方向。

本课程主要采取问题教学法、文献学习法、案例讨论法等，向学生讲解税收法定原则的主要内容，重在提高学生运用税收法定原则分析和解决现实问题的能力。本课程思政教学对教学的全过程（包括课前准备、课堂研讨和课后思考）进行综合考核和评价，重在提高学生学习的主动性。其中，课前准备的考核通过慕课学习数据与学生的预习作业进行评分；课堂研讨的考核主要根据学生分组讨论汇报材料与具体分工、具体表现情况进行评价；课后思考的考核主要依据学生提交的学习体会进行评价。

三、教学目标

1. 知识传授

熟悉依法治国背景下税收法定对社会经济发展的主要影响；了解税收法定原则下中国税制改革的发展变化历程；熟悉我国落实税收法定原则的基本要求。

2. 能力培养

通过组织学生学习背景材料，培养学生分析问题的能力，如分析税收法定原则对社会经济发展以及纳税人行为的影响等；通过案例讨论与论文撰写，培养学生文献资料检索能力和思辨表达能力；通过讲授税收法定原则的发展进程，培养学生观察、分析税收政策与制度法治化水平的能力。

3. 价值塑造

强化学生的社会主义法治意识，使学生理解税收法定的价值内涵，深刻领会"推进全面依法治国，发挥法治在国家治理体系和治理能力现代化中的积极作用"。

四、教学实施过程

本课程采取"课前准备—课堂研讨—课后思考"三步式教学，让各教学环节循序渐进，以提高思政课堂教学效果。

1. 课前准备

"中国税制"课程是国家级本科一流课程，相关教学资源已经形成慕课资源，相关教学视频可以在网上获取。课前教师会要求学生扫描课堂内容所对应的教材上的二维码，自主了解什么是税收法定原则，并且通过教学视频熟悉税收法定原则的发展进程。同时，告知学生课堂展示的主题，让学生以小组为单位收集税收法定原则基本文献资料，重点是了解税收法定原则出现的历史背景，深刻理解税收法定原则在税收要素法定、税收要素确定和征税程序合法三个方面的主要内容。

2. 课堂研讨

在课堂教学中，首先，让学生以小组为单位进行学习展示，重点展示"税收法定原则对社会经济的影响"与"我国税收法定原则在国家治理现代化建设中的作用"两方面内容，并组织学生讨论，教师在讨论后做总结。其次，由教师介绍我国税收法定原则在税收立法、执法、司法实践中的具体应用，熟悉党的十八届三中全会确定税收法定原则作为我国税制改革所遵循的主要原则背后的时代意义，熟悉自党的十八届三中全会以来我国推进税收法定原则的主要事实与重要成果。最后，以现实问题激发学生的学习积极性，重在引导学生通过我国税收法定原则的运用，熟悉税收法定在国家治理中的基础性、支柱性与保障性作用，使学生认识税收法定对中国特色社会主义市场经济的重要意义。

3. 课后思考

教师布置课后学习任务，让学生收集、学习关于我国税收法定研究的文献，在充分理解与分析文献、资料内容的基础上，引导学生思考未来应如何进一步贯彻落实税收法定原则在现代化税收制度建设中的应用。

课程结束前，教师通过提出两个问题总结所讲内容并导出新课。

（1）试列举其他国家落实税收法定原则的相关规定。

（2）应该如何看待税收法定原则与税收收入原则、税收公平原则、税收效率原则之间的关系？

五、案例反思

"中国税制"课程每学年至少开设一次，未来教师要继续推进以下几方面的工作。

第一，不断优化教学内容，提升课堂教学的知识性、趣味性与实用性。专业培养与思政育人并不矛盾，通过本课程，可以使学生对税收法定原则的作用及我国的税收法定实践有更加深入的认识，通过对课堂内容的总结、归纳和回顾，可以在加深学生对理论理解的同时，使其对税收法定在法治中国建设中的作用和地位有更加深刻的认识，从而增强学生的法治意识、公共意识和社会责任感，提升学生解决实际问题的能力。

第二，不断完善和创新现有的教学方式和方法。通过视频展示、案例讲解、引导性提问、小组讨论、课上练习、课后思考等方式开展专业教学与思政教学，将理论知识与实践相联系，一方面能吸引学生的注意力，提高学生的学习兴趣，提高学生分析现实问题的能力，另一方面能让学生更加熟悉中国税制在税收法定方面的优越性与人民性，从而培养出能学以致用的人才。

第三，不断扩大"中国税制"课程思政教学中案例的覆盖范围。从民生、社会的角度切入，将课程思政教学内容与学生切身的生活体验和经济社会的热点问题相融合，与民生福祉相联系，引导学生理解税制改革背后的理论逻辑，将社会主义核心价值观教育、国情教育、法治教育和公共意识教育融入课程教学，帮助学生树立起正确的世界观、人生观、价值观，从而培养出具有家国情怀的一流人才。

六、教学效果

税收在国家治理中发挥着支柱性、基础性和保障性作用，税收问题已经从经济的范畴延伸到政治、社会、文化、生态及党的建设各个领域。因此，"中国税制"课程思政教学具有多维度的视角，打破了传统侧重从经济学角度理解税收专业内容的局限性，在人才培养中融入多元化的思政元素，强调用联系的观点看待税收问题，将税收制度的政治、经济、社会、文化和生态治理功能讲全、讲深、讲透，通过拉近理论与现实之间的距离，使学生学有所思、思有所悟、悟有所得。

加强法治建设，是国家治理体系和治理能力现代化的应有之义，同时它对培养税收专业人才、提高专业素养也尤为关键。本课程思政教学深化了学生对税收法定原则的理解，尤其是使学生对我国正在进行的现代化税收制度改革有了更为深刻的认识；通过引导学生从法治中国与国家治理的角度看待税收制度，进一步加强了学生对于税收制度法定内容的认识，增强了学生对于我国税收制度的自豪感。此外，还进一步引导学生思考我国税收法定原则落实的基本方向，鼓励学生从经济、社会、国家的角度为实现法治中国提供税收方案，从而提升了学生的税收法治思想高度与学术研究能力。

刘剑文，刘静，2020. "十三五"时期税收法治建设的成就、问题与展望[J]. 国际税收（12）：11-18.
王鸿貌，2020. 税收法定原则中国化的路径研究[M]. 西安：西北大学出版社.

我国住房开发、流通与住房制度关系中的中国特色社会主义思想

金融学院　张东

"房地产经济学"课程采用线上线下混合式教学模式，其中，本次课采用线下课模式，在进行教学方案通盘设计的基础上，使用辩论总结、设问回答、观点互评、教师讲授和作业布置等方法，组织学生学习我国住房开发和流通与住房制度的关系，帮助学生进一步掌握线上慕课所学的有关基本理论，并示范如何运用所学理论分析我国的实际问题。同时，精选出我党实事求是的思想路线、以人民为中心的发展思想、改革创新的时代精神和党的十九大对新时代我国社会主要矛盾的新表述四个反映中国特色社会主义思想的思政元素，将其嵌入专业教学内容中，较好地实现了专业教学、思政教育的双重目标。本次课的特点主要表现在思政元素的选择及将其融入专业教学内容的方法、教师建设课程思政的能力分析和思政育人效果的表现等方面。

一、基本信息

课程名称：房地产经济学

授课对象：管理科学与工程类专业二年级学生

使用教材：《现代房地产经济学导论》，高波，南京大学出版社

学习内容：住房开发与流通

教学课时：3课时

二、课程思政教学整体设计思路

"房地产经济学"课程是线上线下混合式课程,总计 48 课时。其中的线上课部分通过课程组开发的在中国大学慕课和智慧树两个平台同时上线的"房地产经济"慕课进行教学,学生在单周通过线上慕课自主完成学习,主要学习的是房地产经济学的基本原理;线下教学部分由教师在双周以现场专题教学的形式完成,主要目的是帮助学生对其在上一周通过线上慕课学习的基本原理进行拓展、深化和应用。

本次课为线下教学,是对"住房开发与流通"线上慕课教学内容的延伸。

本次课的教学内容包括以下几点:一是总结上一次线下课学生关于当前我国住房市场是改善供给更重要还是改善需求更重要的辩论;二是分析我国住房制度的变化轨迹及其原因;三是阐释我国住房制度变化对住房开发和流通的影响机制及其效应;四是讲授我国住房制度变化与住房流通结构改善等内容。

本次课的四个主要教学内容,专业性较强,都是有关"房地产经济学"的基本理论在我国的运用问题,这类专业理论与实践相结合的教学内容,很容易引起学生的共鸣,从而提高他们对教学内容的关注度和学习积极性。因此,抓住本次课的这个特点,将适宜的思政元素有机融入教学内容,是在"房地产经济学"课程教学中对学生进行思政教育的良好契机之一。而是否抓得住和抓得好这个契机,关键在于思政元素的提炼及将其融入专业教学内容中的方法。

根据教学内容,本着突出重点、兼顾学时、适应于教学规律和注重实效等原则,本次课提炼了以下思政元素。第一,我党实事求是的思想路线,是制定正确路线方针政策,推动社会主义事业不断前进的重要法宝;第二,坚持以人民为中心的发展思想,把增进人民福祉、促进人的全面发展作为发展的出发点和落脚点,是使中国特色社会主义建设获得无穷力量的源泉;第三,以改革创新为核心的时代精神,是遵从客观规律,科学发展中国特色社会主义的重要动力;第四,新时代我国社会主要矛盾的新表述(人民日益增长的美好生活需要和不平衡不充分的发展之间的矛盾),在抓住主要问题、有效推进改革和建设中的重大作用。

为了将上述思政元素有效地融入专业知识的教学中,本次课使用了以下几种方法。

①原理融入法。使用具有基础理论性特点的课程思政元素，阐释房地产经济中的某些原理及其运用，主要特点是使学生在学习专业基础理论的过程中，接受马克思主义教育。②举例融入法。用隐含思政元素的典型实例，解释某个房地产经济原理及其运用，主要特点是使学生在通过鲜活实例理解专业知识的过程中接受思政教育。③直接融入法。通过直接讲授教学内容，使学生接受其中的思政教育，主要特点是教学内容本身具有显著的思政内容。④作业融入法。通过设计不同形式的课后作业，使学生在完成作业的过程中接受思政教育，主要特点是学生在独立思考和自己动手完成作业的过程中接受思政教育。

具体而言，本次课采用上述几个融入方法将不同的思政元素分别嵌入教学内容中。首先，主要使用原理融入法，将实事求是的马克思主义基本原理，嵌入对上一次线下课学生关于当前我国住房市场是改善供给更重要还是改善需求更重要的辩论的总结中，解释我国不唯经济学经典理论和流派左右，坚持从我国实际出发，把供给侧结构性改革作为经济新常态下我国经济发展主线的道理。其次，主要使用直接融入法和作业融入法，将以人民为中心的发展思想和改革创新思想，嵌入我国住房制度的变化轨迹及其原因分析和课后作业中，阐释以人民为中心的发展思想和改革创新思想在我国住房制度不断完善过程中的作用，让学生通过做作业，从数据计算中感受我国居民住房条件的改善，体会改革开放的成就。再次，主要使用举例融入法和直接融入法，将改革创新的时代精神嵌入我国住房制度变化对住房开发和流通的影响机制及其效应的分析中，通过讲解我国住房制度改革对住房市场的影响，并以20世纪80年代关于社会主义制度下住房是不是商品的大讨论为例，揭示改革创新和马克思主义中国化在中国特色社会主义建设中的突出作用。最后，主要使用原理融入法和直接融入法，将新时代我国社会主要矛盾的新表述，嵌入对我国住房制度变化与住房流通结构改善的分析中，阐释如何用我国社会主要矛盾的新表述，去进一步认识大力发展住房租赁市场的重要意义。

三、教学目标

1. 课程教学目标

本次课的教学目标是引导学生对线上学习的"住房开发与流通"基本原理进行拓展、

深化和运用,具体而言,是通过对上一次线下课的辩论的总结,以及对我国住房制度变迁和住房开发与流通变化轨迹的介绍、讨论、讲解等,使学生能够做到以下几点:①理解住房供给侧结构性改革同住房开发与流通的关系;②了解我国住房开发与流通及其相应的住房制度变化轨迹;③认识住房开发与流通同住房制度之间的关系;④学会从住房制度视角分析有关住房开发与流通的实际问题。

2. 思政育人目标

本次课将思政元素融入"我国住房制度变迁中的住房开发与流通"教学内容中,通过多种教学方法的实施,使学生深刻认识我国社会主义建设取得的成就,并在学习专业知识的过程中受到思政教育。

一是传递我党实事求是思想路线的真理性信息。一切从实际出发,理论联系实际,是中国特色社会主义事业得以不断推进的根本思想保证,无数事实已经和必将不断证明,实事求是思想符合事物发展规律。结合专业知识向学生宣传实事求是这一认识事物的思想武器的科学性,有利于增进学生对我党思想路线及辩证唯物主义和历史唯物主义的认识,增进对党和国家各项方针政策的认识。

二是传递以人民为中心发展思想的正确性信息。以人民为中心的发展思想是党和政府一切工作的出发点和落脚点,是党和政府得到广大人民群众拥护和支持并获得力量源泉的关键,在专业知识教学中讲解以人民为中心的发展思想在推动党和国家各项事业发展中的重要作用,有利于学生进一步理解为人民服务的真谛,加深对我党同人民群众关系的认识,促进学生自觉树立并践行为人民服务的宗旨,提高正确领会和贯彻党和国家方针政策的能力。

三是传递改革创新时代精神的先进性信息。没有改革就没有创新,没有创新就没有发展,改革创新是社会不断进步的客观要求,符合时代进步规律,是发展中国特色社会主义的重要动力,结合专业知识阐述改革创新精神的先进性,有助于学生加深对我国改革创新国策的正确认识,进一步坚定对中国特色社会主义建设事业的自信。

四是传递新时代我国社会主要矛盾的新表述的科学性信息。党的十九大报告指出,中国特色社会主义进入新时代,我国社会主要矛盾已经转化为人民日益增长的美好生活需要和不平衡不充分的发展之间的矛盾。这一重大判断既为我党制定方针政策提供了基本依据和前提,也为践行以人民为中心的发展思想指明了方向。它的科学性在于实事求是,从中国特色社会主义建设实际出发,遵循马克思主义基本原理,尊重客观现实,对社会主次矛盾进行了全面甄别,切实抓住了我国社会当前和今后一个时期的主要矛盾。在专业知识教学中阐述新时代我国社会主要矛盾新表述的科学性,有助于加深学生对新时代我国社会主要矛盾的理解,增强对中国共产党的先进性和领导能力的认同感。

四、教学实施过程

本次课的教学实施过程如下。

1. 举行上课仪式

上课铃响,教师宣布上课,班长喊起立,教师点头回礼并请大家坐下。坚持上课仪式,有利于培养学生敬畏课堂的意识,养成师生间互相尊重的良好习惯。

2. 对上一次线下课的辩论进行总结

上一次线下课开展了关于"当前我国住房市场是改善供给更重要还是改善需求更重要"的辩论,本次课需要对辩论情况做一个总结。首先,由正反两方学生代表(四辩)分别做总结陈词。双方的总结陈词表明,正方认为改善供给更重要的依据主要集中在三个方面:一是目前住房供给不足;二是目前已经将供给侧结构性改革作为经济发展的主线;三是降低建设成本等住房供给改善措施可以使居民得到实惠。而反方认为改善需求更重要的依据也主要集中在三个方面:一是住房供给最终是为需求服务的,供给改善要以需求为依据;二是住房供给侧结构性改革是高质量发展住房经济的新路径,并不否定住房需求的重要性;二是提高居民的住房支付能力等改善住房需求的措施,可以直接满足居民的实际居住需求。然后,双方转换角色后再谈一下自己的观点。教师从正反两方中分别随机选择三名学生,并请他们分别谈谈如果自己是对方的成员,那么会为对方论证的观点拿出什么论据?六名学生分别按要求谈了一些看法。接着,教师点评总结。要点一是转换角色后,正方最有力的论据是目前我国已经将供给侧结构性改革作为发展经济的主线,而反方的看法则是供给侧结构性改革并未否定需求且其目的是满足需求。显然,供给侧结构性改革是双方观点的主要交集点。要点二是讲解当前我国住房市场无论是供给还是需求的改善都不可或缺,且二者的改善是相互关联的,讲解如何用住房供给侧结构性改革解释和协调好当前我国住房供给与需求的关系。要点三是讲解进行住房供给侧结构性改革能够协调好当前我国住房供给与需求关系的原因,注意突出对以下原因的讲解,即供给侧结构性改革方针之所以有效,在于它符合我国必须从住房开发端优化结构,更好满足居住需求和开辟住房经济高质量发展新路径的实际需要,在于它是实事求是的成果,在于它遵循了辩证唯物主义和历史唯物主义思想。这一原因也表明,实事求是的确是我们科学认识事物和制定方针政策的法宝。最后,教师引出下一次课的教学内容。教师提醒学生:住房开发与流通的改进是住房供给侧结构性改革的重要内容和途径,因此,在线上学习了住房开发与流通原理的基础上,还必须了解我国的有关实际。例如,住房开发与流通同住房制度紧密相关,因而必须了解我国的住房制度。

3. 介绍我国住房开发与流通及相应的住房制度变化轨迹

(1)住房开发与流通原理回顾及学生互评。教师请两名学生分别回顾住房开发和住房流通的基本原理,之后再请另外两名学生分别点评先前两名学生对住房开发和流通基本原理的回顾,着重于纠偏和补充。随后,教师总结上述两方面的基本原理,并在此基础上提问:我国的住房开发与流通实际是什么样的情况?

(2)介绍我国住房开发与流通的主要变化轨迹。具体内容包括我国住房开发规模、结构和流通方式的变化过程,我国住房开发与流通演变过程的主要特点等。

(3)介绍住房制度基本原理及我国住房制度的变迁。教师讲解住房制度基本原理,介绍我国住房制度的主要变化轨迹和特点。

(4)介绍我国公房出售和停止住房实物分配改革。具体内容包括实施公房出售和停止住房实物分配两项改革措施的背景、原因和成效,以及实施两项措施对我国完善住房制度的积极作用等。

(5)分析我国住房制度改革取得突出成效的原因。先请两名学生分别谈谈自己的观点,然后由教师分析主要原因。这些原因是多方面的,诸如坚持推行社会主义市场经济、摸着石头过河，先试点后推广等，但其有一个原因十分重要，即每项住房改革措施的出发点和落脚点，都是为了解决广大群众急切改善居住条件的问题。

（6）通过分析实施典型住房制度改革措施所取得的成功，说明以人民为中心的发展思想的重要性。一是公房出售。20世纪80年代中后期，中央在倾听各种诉求和观点的基础上，紧紧抓住广大人民群众居住条件差这个亟待解决的核心问题，得出必须改变住房短缺局面，进而得出住房必须出售的结论，而公房出售是改革的第一步，最终公房出售对住房制度改革的推进发挥了重要作用。二是停止住房实物分配。20世纪90年代后期，我国住房制度改革也曾出现过停滞不前的困难局面，当时中央仍然紧盯广大人民群众住房条件依旧较差这个问题，发现扩大住房供给必须将住房开发投资的直线模式变为循环模式，并找到了必须全面推行住房出售流通的路子，最终在1998年年底全面停止住房实物分配制度，这项改革也成为我国住房制度改革进程中的重要里程碑之一。这两个典型例子表明，以人民为中心的发展思想的确是中国特色社会主义建设事业获得无穷动力的源泉。

4. 讲解住房制度与住房开发和流通的关系

（1）讲解原理。先请两名学生回答：住房制度对住房开发和流通有无影响？如果有影响，是什么样的影响？然后由教师讲解：作为住房生产力重要体现的住房开发能力对住房制度具有重要影响，而住房制度又对住房开发和流通具有重要的影响；住房制度的变化必然会通过各种方式反映在住房开发与流通上；我国住房开发与流通模式的不断改进，正是在住房制度不断改进这一重要推动力的作用下得以实现的。

（2）住房制度影响住房开发与流通的典型事件介绍。事件基本情况：20世纪80年代中期，我国进行过一场住房是不是商品的大讨论，第一种观点认为住房是福利品，应统一建造和分配；第二种观点认为住房是商品，应通过市场流通实现住房商品化；第三种观点认为住房具有福利和商品双重属性。这场大讨论最重要的结果是，住房的双重属性得到了广泛认同。讨论结果的践行情况：住房商品属性得以明确，开辟了我国住房商品化之路，随之而来的是住房制度向商品化方向的各种调整改进，其中最重要的变化之一是住房开发投资转变为循环模式，同时居民购房消费成为住房流通的主流。这一住房制度的改进引起的住房开发和流通模式的变化，对我国基本解决住房短缺问题起到了巨大的推动作用。

（3）住房制度改进的动力分析。教师提问：住房制度优化是住房开发和流通改进的助推器，那么住房制度的优化靠什么推动呢？请三名学生发表意见后，教师围绕四个要点进行讲解：一是推动住房制度不断优化的力量来自多个方面，但最重要的推动力之一是改革创新精神；二是从上述住房是否为商品的大讨论事件可以看出，正是改革创新精神激发了大家挑战原有观念，勇于建立体现社会主义市场经济的住房商品化制度；三是从改革开放至今我国住房制度不断改进的轨迹可以看出，改革创新的时代精神在其中发挥了基础性的推动作用；四是具备改革创新的时代精神，是新时代大学生的必备素养，每名学生都应该认真学习和领悟这一时代精神，并将其内化于心，外化于行。

5. 讲解我国住房制度与发展住房租赁市场的关系

（1）介绍我国三代住房制度概况。从概括的角度来讲，1949年以来我国经历了三代住房制度：1998年以前以公房出租为主制；1999年至2015年，以商品住房出售为主制；2016年开始建设的住房租售并举制。

（2）讲解住房租售并举制与发展住房租赁市场的关系。我国在1999年以后的很长一段时间里，受住房制度以商品住房出售为主机制的影响，明显忽视了住房租赁市场的建设，2013年前后，我国开始寻找房地产市场调控的长效机制，在租购并举思路的指引下，于2016年前后提出并开始实施大力发展住房租赁市场政策，目前住房租赁市场建设已取得明显进展。

（3）讲解为什么说我国大力发展住房租赁市场是社会主要矛盾原理在住房领域的具体运用。首先，实践表明我国大力发展住房租赁市场，符合国情，遵循规律，得到了广泛拥护和支持。其次，大力发展住房租赁市场有利于解决我国新时代社会主要矛盾，新时代我国社会的主要矛盾是人民日益增长的美好生活需要和不平衡不充分的发展之间的矛盾，显然，就住房领域而言，在我国住房短缺基本解决后，满足居民对美好生活的需要具体表现为购房成本降低、居住水平提高，而出售市场较发达、租赁市场严重滞后的住房市场发展不充分、不平衡的现实，将是今后一定时期内的主要矛盾。最后，大力发展住房租赁市场,既可以补租赁之短板,真正形成租与售的相互自我调节机制,促进住房经济高质量发展,又能够满足新市民和新毕业大学生的实际居住需要,因此是我国住房市场乃至整个房地产市场当前和今后一定时期内必须解决的问题。

(4)简析新时代我国社会主要矛盾变化的意义。党的十九大报告对新时代我国社会主要矛盾做出的判断,是习近平新时代中国特色社会主义思想的重要内容,也是马克思主义中国化的新发展,它为党和政府制定方针政策指明了方向,是分析我国各项改革和建设事业发展路径的基本依据。

6. 通过课程微信群发布课后作业

作业一:每人选择一个城市,从国家统计局数据库下载1988年以来所选城市的房地产开发完成投资额、住房开发投资完成额、住房开发竣工面积等指标数据,用你认为适合的方法分析它们之间的关系。

作业二:计算所选城市1988年以来每年的人均住房面积并绘制其轨迹变化图,然后对图形进行分析。

作业提示:从数据变化中体会改革开放促使住房供给短缺问题缓解的过程,以及住房制度改革推动居民居住水平不断提高的过程。

五、案例反思

由于线上线下混合课是近几年才开始推行的一种教学方式,因此还有很多值得探索的地方。如何有效地做好课程思政教育也需要教师进一步探索和思考。通过本次课的启示,教师可以从以下几个方面提升课程思政效果。

(1)不断提高自身的思想政治素养。只有这样,教师才能有资格对学生进行思政教育,也才能知道用什么方法对学生进行思政教育。具体来说,这要求教师不仅要不断学习马克思主义理论,不断学习中国特色社会主义理论,还要紧跟时代步伐,不断学习和深刻领会不同时期党和国家的各项方针政策。

(2)善于提炼出适宜嵌入专业教学的思政元素。课程思政的基本特点是在专业教学中潜移默化地进行思政教育,而要做到潜移默化,就必须选择适宜的思政元素。对于课程思政教学中的思政元素，一是其要与专业教学内容相匹配，避免牵强附会；二是其要有清晰的指向性，要能够明确会给学生带来什么样的引导；三是教师要能精准领会其实质，不能选择连自己都还没有深刻认识的思政元素。

（3）高质量地设计和实施教学方案。教学方案设计不仅要做到教学内容科学合理，理念先进适用，而且要恰当使用现代教育技术和线上线下结合式、翻转式、启发式、辩论式、自学式、"生问"式等方法，从而在追求高质量的专业教学效果的同时，为其中的思政教育创造良好条件。

（4）运用好将思政元素融入专业教学的方法。采用什么方法将思政元素融入专业教学，直接关系到思政教育的效果，教师应在进行教学方案设计时就考虑好使用什么样的方法将不同的思政元素嵌入专业教学中。除原理融入法、直接融入法、举例融入法、作业融入法等方法外，还应不断探索适应新的教学理念和新型教育技术的更多的思政元素融入方法。

（5）注重教学中的细节。事实上，在专业课上对学生进行思政教育的方法和途径是多样化的，除了将思政元素嵌入专业教学内容中，教师在教学过程中的精神气质、文明素养、对课程教学的态度、对教学中师生关系的处理、对课程教学整个过程规范性的把握等细节，都会在无形中起到不同程度的思政教育效果。因此，教师应该在平时的教学中注意每个关系到思政教育的细节。

六、教学效果

本次课在专业教学方面达到的效果是显著的。第一，对我国住房开发与流通变化轨迹实际情况的教学，起到了对学生线上学习住房开发与流通基本原理拓展、深化和运用的效果；第二，通过对我国住房开发和流通与住房制度实际关系的教学，帮助学生厘清了住房制度与住房开发和流通的基本关系，使学生掌握了从住房制度的角度分析住房开发和流通的基本思路；第三，使学生了解了我国住房经济发展历程中的公房出售和停止住房实物分配等里程碑式的典型改革情况，达到了理论联系实际的效果。

本次课在思政教育方面取得的效果是十分显著的，具体通过两个阶段的作用对学生产生影响。

第一阶段的作用，主要是向学生传递了师生相互尊重和敬畏课堂的必要性、实事求是的真理性、以人民为中心的发展思想的正确性、改革创新时代精神的先进性、我党对新时代我国社会主要矛盾判断的科学性等信息。

第二阶段的作用主要表现在：普遍有了用中央有关方针政策作为标准去评价我国房地产市场现实问题的意识；在课外作业中贯彻实事求是思想，尊重实际，用反映事实的数字说话的自觉性明显提高；在研究中能自觉运用马克思主义原理分析问题；在课程考试中能综合运用实事求是、以人民为中心的发展思想等思政元素分析问题。

参考文献

本书编写组，2017. 党的十九大报告辅导读本[M]. 北京：人民出版社.
本书编写组，2021.《中共中央关于党的百年奋斗重大成就和历史经验的决议》辅导读本[M]. 北京：人民出版社.
高波，2017. 我国城市住房制度改革研究：变迁、绩效与创新[M]. 北京：经济科学出版社.

法律技艺：融入以人民为中心的公正司法观

法学院　资琳

 案例概述

"法理学"课程是法学的基础课程，主要教学目的是让学生掌握法理学的知识体系，理解中国特色社会主义法治理论的内涵，养成良好的法律思维，成为有着良好法律品格和职业素养的社会主义法治人才。本课程具有以下特色：第一，对法理学的基本原理、基本理论进行系统教学，使学生了解法学理论体系，能从宏观上把握中外法律文化，了解建设社会主义法治国家的重要性、必要性和基本路径；第二，将法理学理论与中国特色社会主义法治思想结合和贯通起来，使学生了解中国特色社会主义法治思想，从而坚定拥护全面依法治国，树立以人民为中心的职业理念；第三，紧密联系学生的思想和生活实际，坚持学以致用、用以促学，引导学生运用法理学的立场、观点和方法分析和解决现实问题；第四，通过运用启发式教学法与案例教学法，引导学生发现、分析典型案例中的法理问题，从而提高学生的思政能力。

一、基本信息

课程名称：法理学

授课对象：法学专业一年级学生

使用教材：《法理学》，《法理学》编写组，人民出版社

学习内容：法律适用

教学课时：1课时

二、课程思政教学整体设计思路

本节课主要讲述法律适用的方法和原则,与部门法学一样,法理学同样具有实践性,法理学的知识体系从实践中总结提炼而来,也将服务于实践发展。本节课的关键环节是案件分析与课堂讨论,主要引导学生对"4·14聊城于欢案"进行专业分析、讨论,并以课堂展示、案例分析报告的形式考查学生对专业知识的掌握程度。通过这种启发式教学,使学生在积极参与课堂教学的过程中掌握专业知识,提高思想政治修养,理解民众情感正义与司法正义之间的关系,从而能够熟练运用冲突处理方法。

本节课基于"4·14聊城于欢案"这一具体案例,在讲授如何正确运用法律解释、法律推理、法律论证等法律方法专业知识的同时,引导学生思考民众情感正义与司法正义之间的关系,如何正确地处理二者之间可能发生的冲突,以及在法治中国建设中如何才能实现"让人民群众在每一个司法案件中感受到公平正义"的目标,从而使学生在具体案例的学习研究中实现专业知识与思政能力的协同提升。

本节课通过典型案例将思政教育与专业教学有机结合起来,在对典型案例进行专业研究分析的过程中提高学生的思想政治修养。课程思政效果的评价可以通过学生提交的疑难案例分析报告、读书报告,以及课程专业知识考核等方法予以衡量,专业学习与思想政治教育的有机联动能够在学生的专业学习成果上体现出来。对法律实务案件尤其是疑难案件进行专业分析,不仅需要学生能够熟练地运用专业知识,还需要学生对社会公平、司法正义等思政元素有深刻的理解和认同。在具体的教学实践中,每一讲都包含课前准备、课程讲授、课程提升、课程总结四个环节。

三、教学目标

1. 课程教学目标

本节课基于对"4·14聊城于欢案"的分析讨论,实现以下三个教学目标。

(1)使学生掌握法律方法。掌握法律解释、法律推理、法律论证等法律方法,培养法律思维模式,学会独立思考和表达自己的思想,培育自身的法治精神,培养法律人的品格和职业操守,掌握分析和解决具体法律问题的能力。引导学生思考以下两个问题:其一,法律方法的运用和案件结果的公平之间有什么样的关联?其二,如何恰当地运用法律方法,使案件的结果更为合情合理。

(2)使学生理解民众的情感正义与司法正义之间的关系。这部分教学具体包括以下三方面内容。其一,如何理解民众的情感正义与司法正义的内在统一关系?其二,在现实社会生活中,民众的情感正义与司法正义是否会发生冲突?如果会发生冲突,那么原因是什么?其三,应该如何解决这种冲突,以实现民众的情感正义与司法正义的统一。通过对这部分内容的讲述,一方面把"公平正义是人民群众的向往,是人民群众幸福的尺度,更是法治的生命线"的观念根植于学生心中;另一方面让学生了解社会热点问题和法学的最新发展,引导学生关注民生、关心法治,积极参与社会主义法治实践。

(3)培养学生树立公平正义的法治观。这部分教学具体包括两方面内容。其一,结合习近平法治思想中的公正司法理论,让学生理解全面推进依法治国,必须坚持公正司法,公正司法是维护社会公平正义的最后一道防线。其二,引导学生秉持职业操守、价值准则,强化责任担当,激发学生的职业热情。

总之,本节课的目标在于将理论教学与社会实践结合起来,一方面结合案例教学,使学生打破以往对法理学教科书式的简单理解,学会灵活运用法律合理地解决各种实际案件;另一方面将法理学知识与中国特色社会主义法治思想相结合,使学生树立起公平正义的法治观。

2. 思政育人目标

帮助学生深入理解人民群众的重要性。通过对案例的深入分析,多维度剖析司法公正蕴含的法理和思政因素,结合中国特色社会主义法治思想与社会实践,使学生更深入地理解人民群众的诉求对司法公正的重要性。引导学生树立正确的法治观,提升其从政治角度观察法律现象、分析具体法律问题的能力,坚定学生的政治理想,增强其对我国的政治目标、政治道路和政党体制的认同。通过揭示案例中所蕴含的思政元素,鼓励学生深入社会实践、关注中国现实问题、坚定职业信仰,从而培育学生经世济民、诚信服务、德法兼修的职业素养。

四、教学实施过程

本节课按照课前准备、课程讲授、课程提升、课程总结四个环节逐步展开，努力将法律方法、司法正义、法律职业等问题与思政元素结合起来。

1. 课前准备

将学生分成人数大致相同的若干学习小组，要求各小组在课前检索"4·14聊城于欢案"的相关资料，包括新闻报道、判决书等，为课程教学做好准备，并要求学生思考：该案的一审判决为何会引发如此大的争议？

"4·14聊城于欢案"在媒体报道中被简化为"辱母杀人案"。一审判决后，该案引发了巨大的社会争议，整个社会舆论几乎一边倒地站在于欢一方，很多人对一审法院判决的妥当性提出疑问。这个案件当中糅杂了非常复杂的背景性信息。第一，公权力的规范行使。于欢报案后，公安民警出警但却没有采取有效控制措施，导致事态进一步升级。第二，受害一方从事民间借贷业务，这个行业由于存在利率过高、讨债方法粗暴等问题而备受争议。第三，传统道德观念与法律的冲突。于欢的母亲当众受欺凌，基于传统道德观念的要求和一般人的情感，于欢应保护自己的母亲。

"辱母"这一事实情节在有关正当防卫的法律上并无特别意义，判断一种行为是不是正当防卫，或防卫是否"过当"，无须考虑人伦关系和其中的道德义务。舆论的强烈反应提示我们，应该正视此事发生之时的伦理情境，更多地站在当事人的角度去考虑。在某种程度上，也正是因为有这样的伦理情境，才让很多人在讨论这一案件时，不仅仅是基于法律来做出自己的判断。他们考虑更多的或许是，当至亲之人遭遇侵害时，自己能以什么样的方式去保护他们；当巨大的凌辱降临在自己或者亲人身上时，是忍受凌辱还是挺身抗争；当处于无法逃脱的困境时，要如何维护自己与亲人的尊严。那么，对由"4·14聊城于欢案"引发的种种现象，我们又当如何解释。公众对该案的关注点从关于正当防卫的法律分析向"辱母"情节的转移究竟意味着什么？由此唤起的公众情感又具有怎样的性质？它们对现代法治提出了什么样的问题？"4·14聊城于欢案"引起了高度的社会关注及热烈的学术讨论，此案件产生如此巨大争议的根本原因在于，民众的情感正义与司法正义产生了冲突。

2. 课程讲授

在此阶段，先讲授如何正确运用法律解释、法律推理、法律论证等法律方法。再介绍"4·14 聊城于欢案"的基本案情与要点，让学生进行课前准备成果的展示，分小组让学生代入不同的角色进行辩论，探讨法律方法的运用和案件结果的公平之间有什么样的关联，应如何恰当地运用法律方法，使案件的结果更为合情合理。

这一案件看似普通，但因其中包含着情理与法律、舆论监督与司法裁判、认定事实与适用法律等问题而引发了高度关注。一审判决作出后，案件经媒体报道迅速升温，理论界、实务部门、广大民众各抒己见，该案一时间成为社会热点事件。"法是一种善良与衡平的技艺"，这句法谚一方面阐释了法律对善良、公平、正义等价值亘古不变的追寻，另一方面强调了法律的方法论属性。法律适用在很大程度上就是一个解释的过程，解释的结果往往取决于解释者对法律文本含义的认识和把握。对法律文本含义的理解并不是单一的，而是多样化的。作为司法裁判者，所选择的法律解释一方面要遵循法律的原意，另一方面也要尽量使得案件的解释能够符合公平正义的结果。在"4·14 聊城于欢案"中，一审判决书和二审判决书在认定被告人于欢的行为是否构成正当防卫时，做出了不同的解释。一审判决书认为被告人于欢的行为不构成正当防卫；二审判决书则认为被告人于欢的行为具有防卫的性质，但明显超过必要限度造成了重大损害，构成防卫过当，应当负刑事责任，但应当减轻或者免除处罚。相比于一审判决书，二审判决书对案件事实的推理不仅完全符合演绎推理的要求，而且对防卫过当的认定充分考虑了案发时的多种情景，故而得出的结论更为合理。

3. 课程提升

根据学生的课堂展示及小组辩论情况进行点评，结合"4·14 聊城于欢案"引导学生理解掌握法律解释、法律推理、法律论证等法律方法的正确运用。结合案件的审判过程阐述习近平法治思想中的公正司法理论，让学生理解"努力让人民群众在每一个司法案件中感受到公平正义"的法理意蕴。经过讨论，学生能够更加深切地体会到应如何正确对待人民群众的诉求，倾听人民群众的声音，同时也让学生明白"努力让人民群众在每一个司法案件中感受到公平正义"不是一个口号，而是党对人民群众的承诺，即绝不能让不公正的审判伤害人民群众的感情，损害人民群众的利益。

在 2020 年 11 月 16 日召开的中央全面依法治国工作会议上，习近平总书记指出："公平正义是司法的灵魂和生命。要深化司法责任制综合配套改革，加强司法制约监督……要健全社会公平正义法治保障制度，努力让人民群众在每一个司法案件中感受到公平正义。"这是对司法公正理论及其实践路径的集中阐释。习近平法治思想中的公正司法理论是以人民的美好生活为主线，将正义的客观维度和主观维度相结合，将程序正义与实体正义相融合，将理论阐释与司法改革相结合，既具有理论深度，又具有实践品格。习近平法治思想通过尊重人民群众的正义感，将价值观融入个案司法裁判来让人民群众感受实体正义；通过以正当程序和司法商谈为价值取向的司法改革来让人民群众感受过程正义。法律本来应该具有定分止争的功能，司法审判本来应该具有终局性的作用，如果司法不公、人心不服，这些功能就难以实现。在"4·14 聊城于欢案"中，公权力的行使存在着一些瑕疵，于欢报案后，公安民警出警但却没有采取有效控制措施，导致事态进一步升级。由此而引发的舆论的强烈反应提示我们，应该正视公正司法的重要性，明白公正司法是维护社会公平正义的最后一道防线。如果人民群众通过司法程序不能保证自己的合法权利，那么司法就没有公信力，人民群众也就不会相信司法了。

4. 课程总结

在课程的最后，教师总结作为中国法律职业共同体的一员，所需要秉持的职业操守、价值准则及承担的责任，激发学生的职业热情，鼓励学生为中华民族的伟大复兴贡献自己的智慧和力量。努力让人民群众在每一个司法案件中都感受到公平正义，坚持公正司法，需要做的工作很多。这不仅要求法律工作者具有良好的法律专业素养，严格依法裁判；还要求法律工作者坚持司法为民，密切联系群众。如果法律工作者不懂群众语言、不了解群众疾苦、不熟知群众诉求，就难以掌握正确的工作方法，难以发挥应有的作用。法律不应该是冷冰冰的，司法工作也是做群众工作。法律职业有别于其他一般的社会职业，它基于公平、公正的立场将法律运用于具体的人与事，将国家对人民群众的关怀落实在一个个案件中，因而法律工作者必须具备坚实的法律专业素养、良好的思想道德品质、高超的法律适用技艺和坚定的社会主义信仰。

五、案例反思

1. 不断丰富教学内容，拓宽学生的知识视野

偏重对法理学教材内容的学习导致学生知识面过窄，难以理解复杂的法治实践，因此教师需要通过引入哲学、社会学、政治学、人类学相关学科知识，帮助学生拓宽知识视野，通过重构知识体系提高法理学知识的可接近性。"法理学"课程知识体系由于受到西方法学理论脉络的影响，缺乏对中国特色社会主义法治实践的充分关照。因而教师需要结合中国法学发展的规律和趋势，探索构建法律学、法治学、法理学三位一体的法理学知识体系，充分关照中国特色社会主义法治实践，增强法理学知识的可接近性。

2. 不断完善并创新教学方式

借鉴新的智慧教学工具，不断改进和创新教学方式，增强教师与学生之间的互动。通过广泛的经典阅读，增强学生的理论思辨能力。学生偏重知识诵读，缺乏理论思辨能力是"法理学"课程教学中存在的突出问题，可以通过组织召开读书会，激励学生广泛阅读法理学经典著作，深刻理解马克思主义经典著作，全面掌握习近平法治思想；运用启发式教学方法与案例教学方法，引导学生在典型的实务案例中发现、分析法理问题，增强理论思辨能力。

3. 将课堂教学与社会实践有机结合，让学习走出课堂

组织学生开展法学实践，深入了解法治实践过程。通过联系对口单位，组织学生参加法治建设实践活动，并开展集中讨论学习，实现法学理论与法治实践的有效结合。

六、教学效果

"法理学"是一门典型的法学专业基础课程，主要教学目的在于培养能够服务于中国特色社会主义法治体系建设的德法兼修的高素质法律人才。德法兼修意味着除了传授

学生法律知识,还要培育学生的思想政治素养。服务于中国特色社会主义法治体系建设意味着要让学生了解习近平法治思想,坚定党领导的全面依法治国、以人民为中心的政治方向。

"法理学"课程通过在案例中融入思政教育,不仅让学生掌握了法理学的知识体系,理解了中国特色社会主义法治理论的内涵,具备了良好的法律思维,还培育了学生的思想政治素养。学生在课堂上积极讨论、热烈参与,对习近平法治思想的理论意义和实践作用有了更深刻的领悟,增强了对党的创新理论的政治认同、思想认同、情感认同,更加坚定了"四个自信"。

参考文献

习近平,2020. 论坚持全面依法治国[M]. 北京:中央文献出版社.
《习近平法治思想概论》编写组,2021. 习近平法治思想概论[M]. 北京:高等教育出版社.

全员参与：在问题意识和思维训练中成长

法学院　何焰

 案例概述

本课程主要包括涉外货币法、涉外银行法、涉外证券法、涉外金融衍生交易法等内容。针对每个知识点设计了基本原理、规则体系、风险防范、中国实践等内容，并针对当下热点问题、典型案例或事例设计了问题导向的小专题，如"人民币国际化的法律障碍与制度设计""蚂蚁金服暂缓上市的金融法思考""包商银行破产折射的金融法问题""瑞幸咖啡案背后的中概股法律问题""从原油宝案看金融立法、司法与执法的协同""新冠肺炎疫情下的系统性金融风险防范"等。课程教案是与时俱进的，教师会根据现实情况抓取相关度高的思政素材。各章节思政教育所采取的形式也不相同，有思政智慧、思政主题词、思政问题等多种形式，导入方式则有材料阅读、案例分析、角色扮演、小组抢答等。

一、基本信息

课程名称：涉外金融法律与实务

授课对象：法学专业本科生

使用教材：《国际金融法》，韩龙，高等教育出版社

学习内容：第一章~第十二章

教学课时：32课时

二、课程思政教学整体设计思路

本课程思政教学的设计，主要体现了以下几个思路。

1. 思政、金融、法律自然融通

经济金融化、金融科技化等当代经济发展的趋势，以及国际环境的日益复杂化，使国家的长治久安和法治建设面临诸多挑战。将习近平法治思想融入教学，有利于激发学生学以致用、报效国家的责任感和使命感。思政引领专业课程，思政内容与金融、法律等知识的自然结合，可以提升教学的理论高度、应用价值和教育张力。以课堂为战场，聚焦前沿问题，探寻解决方法，就是师生以实际行动参与国家金融法治建设的具体体现。

2. 案例为船，思维为帆，时代为风

涉外金融法与时代紧密关联、与国际政治经济环境相互影响，应用性极强，规则如何建立、如何改革、如何发展，将影响国际关系处理、国家战略实施、国家利益实现和国际话语权分配等诸多问题，因此必须结合当今时代的特点与需要去思考，必须有高瞻远瞩、科学系统的理论思想来指导。教师在教学准备中会精选有时代特色、有一定深度和难度、没有现成答案的案例或热点事例作为教学材料，组织学生研讨，并注意教案的更新和拓展，通过举一反三、一叶知秋、角色扮演、小组辩论等多种教学形式，提升学生的课堂参与度，让课堂成为师生的思维训练场。

3. 教研协同，产出导向，师生共赢

师生作为当下的学术共同体和未来的法律职业共同体，在教学中的身份可以模糊处理，在地位平等的基础上，共同探索、互相质疑、互为动力，这不仅有利于激发师生的创新思维，促进教研融合、学研融合，实现师生水平的共同提升，还为产出原创性成果提供了可能。这样的教学对于师生而言，虽然需要投入的时间和精力较多，但更有成长性和获得感，双方都受益匪浅，真正地实现了教学相长。

三、教学目标

1. 课程教学目标

梳理我国涉外金融法的内容和体系，带领学生学习我国涉外货币法、涉外银行法和涉外证券法的原理、制度与实务，使学生理解涉外金融法之于国家安全和经济可持续发展的重大意义，领会加强我国金融法治建设、参与全球金融治理的必要性和紧迫性，引导学生为促进平安中国与法治中国、促进国际金融秩序变革献计献策。

2. 思政育人目标

思政育人目标主要包括立德树人与为国育才两个方面。立德树人，旨在培养学生的家国情怀，增强学生为我国金融法治建设和国际金融法律秩序构建贡献智慧的责任感和使命感，提升学生学以致用、报效国家、造福人民的积极性和主动性。为国育才，旨在提高学生的综合素质，包括问题意识、政策水平、理论素养、逻辑思维、质疑精神、表达能力、实操能力等。

四、教学实施过程

本课程包括四部分内容，共 32 课时。在教学实施中，要注意不同形式的结合和不同内容的结合，即在形式上，线上与线下相结合、个人发言与小组讨论相结合、生生互动与师生互动相结合；在内容上，理论与实务相结合、金融与法律相结合、国内法与国际法相结合、基础知识点与重难点相结合、制度性思政元素与能力性思政培养相结合。

1. 在教学内容和教学目标的设计上，体现为传道、授业、育人三方面的结合

在课程教学中，除了传授专业知识，教师还在专题教学中嵌入思政元素，促进学以致用，增强学生用专业知识服务社会的主动性，从而为国家培养和输送具有家国情怀、专业知识、综合能力的高素质人才。在教学中十分注重对学生思想、格局、眼界、三观（世界观、人生观、价值观）的培养，注重学生理论水平、专业素养和综合能力的培养与提升，注重用思政理论指导学生思考和研判金融法治问题，将传道、授业与育人三个目标相结合。

2. 在思政融入方式上设计了"三导入"（思政智慧导入、思政主题词导入、思政问题导入）

这样安排的考量和益处在于以下几方面。第一，问题导入式的思政融入与课堂整体风格相协调，不会令学生感觉突兀和生硬。第二，思政智慧博大精深，主要体现在思维方式和方法论。根据不同的教学专题播撒下不同的智慧种子（可以根据内容的需要进行适配和调整），有助于提升学生的境界、眼界及思维能力，增加学生对思政内容的亲近感和获得感，从而吸引学生主动学习。第三，思政主题词言简意赅，容易给人留下鲜明的印象，对日常学习和生活具有指导意义，尤其对国际金融法的学习来说，能起到画龙点睛的作用。第四，思政问题理论性强，相对抽象和宏观，学生理解起来难度大，不宜采取灌输式讲授。而将思政内容与具体问题相结合，由典型案例或事例来引导，会使学生更容易理解，课堂也会更灵动。思政问题与专业问题交融，能起到润物细无声的教育效果。思政问题所具有的开放式特点，一方面能让学生沉浸于探索的乐趣，另一方面还能激发学生的斗志，即使问题无解，也会因苦苦思考过而加深印象。此外，从心理学角度来看，在教师的鼓励下，同辈竞争还能产生正循环效应。

具体而言，在总论部分主要探讨涉外金融法的功能、目标、内容、体系，以及从金融危机的角度分析金融法的作用。其中重难点问题及思政元素有：金融法与经济双循环之间如何联动；金融法与"三大攻坚战"的关联性；体系化、市场化、国际化、本土化、融通化；历史与趋势；合作与共赢；顶层设计与底线思维等。在货币法板块，从国际货币法的发展历史与变革趋势中，阐述国际货币制度的演进规律；特里芬难题与人民币国际化问题；数字货币的金融风险与法治建设问题，如主权货币国际化体现的是硬实力还是软实力？实现主权货币国际化的法律条件有哪些？我国是否具备这些法律条件？法律是否应该促进货币的数字化和国际化？要求学生对人民币国际化问题、央行数字货币问题、国际货币体系改革问题进行理论分析，并提出自己的疑问与建议。在银行法板块，在对我国银行业务法、银行监管法、国际银行监管等方面内容的学习过程中，组织学生研讨银行业危机、银行破产事件、影子银行业务、网络银行监管的相关案例，引导学生体悟金融法与总体国家安全观的关系,以及平安中国与法治中国目标,思考人民币国际化是不是突破外部遏制的有效方法、守住不发生系统性金融风险底线的法治路径等问题。在证券法和衍生交易法板块,主要引导学生学习《中华人民共和国证券法》《中华人民共和国期货和衍生品法》,使学生了解证券发行制度、流通制度、证券发行与交易的国际合作等内容;组织学生讨论相关案例,思考金融科技化、数字化、网络化、虚拟化之间的关系与法律治理问题,分析资本市场"一管就死、一放就乱"的症结和对策,体会平衡、辩证与包容观;使学生从法律角度理解我国资本市场的人民性;等等。

五、案例反思

纵观教学的实施情况,发现教学任务的完成度较高,学生的表现也较为活跃。但还有以下几个方面值得注意。

第一,注意点评优秀作业。及时肯定学生的努力,以促进累积性的正向引导。以蚂蚁金服案的研讨学习为例,思政融入的效果可以明显地从学生的作品展示中感受到。教师发现学生的作品能突显问题意识,展现架构能力。学生能够通过法律、金融联手,实现知识融通;能够探究问题源头,把握政策制度;不仅历练了实操能力,还领悟了法律魅力。

第二,注意考核方式创新的配合。建议加大平时分数的占比,以激发学生参与课堂活动的积极性。本课程的考核方式是以"小组得分(50%)+个人得分(50%)"综合计算而成。小组得分来自"问题导向、顶层设计、团队合作的项目式大作业"。个人得分主要以平时课堂上学生的参与度和表现情况为依据。个人得分的衡量标准包括学生课堂发言的数量与质量、学生进步的程度与速度、学习态度的变化情况等。教师观察学生从课程开始到结束期间的成长情况,在发现学生学习态度和思维方式有进步时应及时予以鼓励。小组得分的衡量标准包括:学生在平时的小组预习中的表现情况,以及在结课大作业中的参与度和实际贡献。

第三,注意评分标准的创新。例如,影响评分标准的因素可以多元化,如重点考查作业是否具有原创性。以能力培养为目标,让项目式作业凝聚学生的智慧,是本课程的初心和愿景。要想培养兼具政治素质、专业素养和多元能力的复合型人才，就需要从课堂教学做起，在日常教学中逐步培养学生的国际化视野和法律思辨力，引导学生大胆创新、发散思维、融会贯通。课程的价值引领、能力培养、知识学习，可以综合性地体现在平时的教学引导和项目式作业中。通过设计项目式作业，引导学生发现、分析并解决我国金融法治中存在的具体问题，这既可以促进学生多思考，又可以促使学生加强团队合作，避免成果同质化，从而使全班受益、师生共赢。

六、教学效果

从学生提交的作业质量、课后的信息反馈、同行评课情况来看，本课程思政教学效果良好。新颖的教学方式和考核方式、既"站位高"又"接地气"的教学内容设计，让学生学得开心且学有所得。

第一，以学生为本位，让课堂成为学生的舞台。教学充分体现了以学生为本位的理念，形式灵活，能够启发思维。补充资料与时事热点的紧密结合，有利于激发学生的学习热情，焕发课堂的生机和活力。教师的任务主要在于精选专题和资料，设计高质量、有价值、适于深挖的研讨主题，在研讨中穿针引线，在研讨后画龙点睛。学生之间一次次的分享与交流，往往会产生激发小组竞争、促进小组不断追求卓越的正循环效应。在思想碰撞中，学生的获得感和成就感也随之增加。本课程的教学实践表明，常见的痛点现象，如学生紧张怕出错、不动脑、找不到方法等，都大大缓解，有些学生的进步更是显著，从害羞不自信到成为课堂活跃分子和小组的军师，甚至还勇敢报名参加了一些比赛。

第二，理论与实务结合，思政元素融入自然合理。教学内容经过设计，有选择、有取舍，能突出各板块的重点，且自然地嵌入思政元素，基本实现了润物细无声的追求。

第三，以研讨为主要形式，让信息技术发挥辅助作用。教学主要采用有指导的研讨模式，即鼓励学生采取多元视角研讨，提倡发散思维。教师在课堂上主要通过示范或举例对学生加以引导，不给标准答案、不越俎代庖，以学生为主体，鼓励线上线下的自由交流与分享。在研讨时学生能够自圆其说即可。开放式答案一方面有助于消除学生的紧张感，让学生在放松的环境下积极思考，碰撞出更多的思想火花；另一方面，很多问题事实上也没有现成的答案，往往需要结合时代背景或具体情景加以分析。本课程利用具有信息技术优势的智慧教室大大提升了教学的便利性、效率与效果。

参考文献

韩龙，2020. 国际金融法[M]. 北京：高等教育出版社.
唐应茂，2015. 国际金融法：跨境融资和法律规制[M]. 北京：北京大学出版社.
李仁真，2011. 国际金融法[M]. 3版. 武汉：武汉大学出版社.

综合利用立法、执法、司法等手段开展斗争

法学院　陈柏峰　李培锋

 案例概述

"坚持统筹推进国内法治和涉外法治"的路线之一就是综合利用立法、执法、司法等手段开展斗争，坚决维护国家主权、尊严和核心利益。在运用司法手段开展涉外斗争方面，武汉市中级人民法院（以下简称武汉中院）发出全球首个跨国禁诉令，禁止美国公司在全球起诉小米的做法就是维护国内企业经济利益的典范。在对"武汉中院发出全球首个跨国禁诉令"这一典型案例的专业解读中融入课程思政教育，以武汉中院的正面榜样行为引导学生树立依法维护涉外利益的责任感与使命感，通过榜样教育、示范教育，自然而然地实现思政育人的目标。

一、基本信息

课程名称：习近平法治思想概论

授课对象：法学专业二年级学生

使用教材：《习近平法治思想概论》，《习近平法治思想概论》编写组，高等教育出版社

学习内容：综合利用立法、执法、司法等手段开展斗争

教学课时：2课时

二、课程思政教学整体设计思路

"坚持统筹推进国内法治和涉外法治"这一章的内容主要包括两部分，一是为什么

要坚持统筹推进国内法治和涉外法治,二是如何统筹推进国内法治和涉外法治。本节讲授的"综合利用立法、执法、司法等手段开展斗争"就属于如何统筹推进国内法治和涉外法治的内容。围绕这一偏方法论的教学内容,本节选取了"武汉中院发出全球首个跨国禁诉令"案例作为示范,一方面通过该示范案例讲清如何统筹推进国内法治和涉外法治这一专业内容;另一方面通过这一榜样案例的正面示范作用,引导学生树立依法维护国家、企业与公民涉外利益的责任感和使命感。

本节课程思政的整体设计思路为自然融入。通过在讲授专业内容时对正面典型的充分肯定和认可来进行价值观教育,把依法维护国家、企业与公民涉外利益的思政元素融入专业知识讲授,从而达到润物无声的思政育人效果。

本节对"武汉中院发出全球首个跨国禁诉令"这一典型案例进行讲述,引导学生认识到这是一起典型的涉外法治斗争案例。武汉中院的司法行为有力地维护了小米的经济利益,是运用司法手段开展国际经济斗争的成功典范。在对武汉中院的榜样行为开展肯定评价的过程中,引导学生树立依法维护国家、企业与公民涉外利益的责任感与使命感。

三、教学目标

1. 课程教学目标

(1) 充分认识"坚持统筹推进国内法治和涉外法治"的重要意义。"坚持统筹推进国内法治和涉外法治",作为习近平法治思想的"十一个坚持"的重要组成部分,对新时代推进全面依法治国具有重要意义。统筹推进国内法治和涉外法治,协调推进国内治理和国际治理,是全面依法治国的必然要求,是构建以国内大循环为主体、国内国际双循环相互促进的新发展格局的客观需要,是维护国家主权、安全、发展利益的迫切需要。

(2) 深刻理解"坚持统筹推进国内法治和涉外法治"的核心要义。理解国内法治和涉外法治之间的辩证关系,理解为什么要"坚持统筹推进国内法治和涉外法治",掌握统筹推进国内法治与涉外法治的原则和做法。

(3) 切实把握"坚持统筹推进国内法治和涉外法治"的开展路线。即要加快涉外法治工作战略布局，协调推进国内治理和国际治理，更好维护国家主权、安全、发展利益；要强化法治思维，运用法治方式，有效应对挑战、防范风险，综合利用立法、执法、司法等手段开展斗争，坚决维护国家主权、尊严和核心利益；要推动全球治理变革，推动构建人类命运共同体。

2. 思政育人目标

增强学生对"坚持统筹推进国内法治和涉外法治"思想的理论认同、情感认同，培养学生树立依法维护国家、企业与公民涉外利益的责任感、使命感和紧迫感，努力成为符合时代需求的涉外法治人才，从而为我国国家、企业和公民的涉外利益保护提供高素质的涉外法治人才保障。

四、教学实施过程

在对如何统筹推进国内法治与涉外法治，如何综合利用立法、执法、司法等手段开展斗争的教学过程中，按照案例引入、案例成效分析、案例思政教育融入三个环节逐步展开。

1. 案例引入

如何综合利用立法、执法、司法等手段开展斗争？2020年武汉中院在一起案例中的司法行为就为此提供了一个典型示范。

【案情介绍】2020年6月9日，小米向武汉中院提起诉讼，提请就专利许可使用费进行裁决。7月29日，交互数字公司向印度德里法院起诉小米专利侵权并寻求许可费率争议裁决及禁令救济。8月4日，小米向武汉中院提出禁诉令保全申请。9月23日，武汉中院作出裁定，要求交互数字公司立即撤回或中止在印度针对小米申请的专利许可费率裁决及禁令，且不能在全球任何法院针对小米申请专利许可费率裁决及禁令。如违反裁定，每日罚款人民币100万元。裁定认为，小米注册地位于中国，且其关联公司之一位于武汉市，武汉中院有管辖权。该案是中国受理在先，印度受理在后，在国家间发生平行诉讼时，原则上应该由先受诉的法院行使管辖权。在本案审结前，暂时禁止交互数字公司提起诉讼，不会给其造成实质损失。

2. 案例成效分析

武汉中院发出全球首个跨国禁诉令，管辖适用和裁决依据合法、合理，符合国际惯例，为中国企业参与跨国知识产权竞争提供了司法保护，保证了小米及其关联公司在同交互数字公司打官司期间不受境外势力干涉，有效地保护了小米的企业经济利益。

正如习近平总书记在 2018 年的中央全面依法治国委员会第一次会议上所指出的："在对外斗争中，我们要拿起法律武器，占领法治制高点，敢于向破坏者、搅局者说不。"

3. 案例思政教育融入

教师总结："武汉中院的这一司法行为，是用司法手段开展国际斗争的典范，是我们法学专业学生学习的榜样。希望你们努力成为国家急需的涉外法治人才，用法律维护国家、企业与公民的涉外利益。"

教师就涉外法治人才的重要性问题进行引申讲述。随着"一带一路"倡议的提出，国家亟须能够服务"走出去"的涉外法治人才来贯彻落实党和国家新时代涉外法治工作的战略布局，为我国国家、企业和公民的涉外利益提供法治保障。一方面，为在国际竞争中进一步掌握主动权赢得优势，需要更多涉外法治人才进入联合国、国际法院等政府间国际组织，主动参与并努力引领国际规则的制定，推动形成公正、合理、透明的国际规则体系，及时有效、公正合理地处理国际民商事纠纷，以提高我国在全球治理体系变革中的话语权和影响力。另一方面，为在经济全球化浪潮中更好地维护中国企业和公民的海外合法权益，保障和服务高水平对外开放，需要大量的涉外律师走出去，需要大量的涉外律所在国外设立分支机构，需要向国际商会、国际保护知识产权协会等非官方国际经济、贸易组织的专家机构、评审机构、争端解决机构输送更多的涉外法治人才。

通过引申讲述，进一步增强学生对"坚持统筹推进国内法治和涉外法治"思想的理论认同、情感认同，使学生深刻认识到综合利用立法、执法、司法开展斗争的重要意义，树立依法维护国家、企业与公民涉外利益的责任感、使命感，从而达到示范教育、榜样教育的思政育人效果。

五、案例反思

在专业案例中自然融入思政元素来开展课程思政的方式，同样也适用于其他章节，具有一定的可推广性。《习近平法治思想概论》理论性较强，需要结合一些案例或事例来进行深入讲授。例如，在讲授加强新兴领域立法方面的内容时，可以引用"2018年贺建奎宣布免疫艾滋病的基因编辑婴儿在中国诞生"这一事件，来说明加强这一领域立法的必要性。将这个案例作为负面案例对学生予以警示，引导学生尊重生命科学伦理，增强通过立法途径维护基因编辑领域生命科学伦理的责任感、使命感和紧迫感，从而发挥警示教育在思政教育中的作用。

六、教学效果

1. 课堂教学效果

"习近平法治思想概论"作为一门理论性、实践性、思政性都很强的法学核心专业课程，对于学生来说，在理解和掌握上有一些困难。而案例或事例则因具体形象，更容易使学生产生学习的兴趣。所以，在分析与专业知识相关的案例或事例时开展融入式课程思政教学，有助于提高学生的学习兴趣，使学生在具体生动的专业学习中接受思政教育。通过对"武汉中院发出全球首个跨国禁诉令"案例的讲授，可以发现学生在案例讨论中想成为涉外法治人才，依法维护国家、企业与公民的涉外利益的责任感与使命感明显增强。

2. 学生课后反馈

有些学生在课后反馈中，提到对"武汉中院发出全球首个跨国禁诉令"的案例留下了深刻的印象，表示要加强外语学习，将来成为符合国家需要的涉外法治人才，依法维护国家、企业与公民的涉外利益。学生的反馈也说明这种融入式课程思政教学起到了较好的育人效果。

云梦秦简：还原真实的秦代法制

法学院　蒋楠楠

 案例概述

中华法治文明绵延数千年，其中的秦代法制史格外引人注目和深思。但由于年代久远，这一时期留存下来的史料非常有限。湖北省云梦县睡虎地的秦代墓葬中出土的大量秦简，内容包罗万象，涉及秦代政治、经济、法律、医学等各方面，是我们今天了解和还原秦代法制的最主要的依据。

本课程具有以下特色。第一，采取文本导读的方式，对简牍文字进行释读，使学生更深刻地理解秦代法制的基本内容。第二，将文本释读与意义归纳结合起来，引导学生正确认识秦代法制的基本特色，总结秦代法制的治政得失。第三，采用课外教学的方式，带领学生观摩历史文物，尽力还原历史现场，在历史现场中培育新知。本课程旨在教育引导学生在掌握传统中国法治理念的基础上，取其精华、去其糟粕，使学生深刻理解社会主义核心价值观的历史渊源。

一、基本信息

课程名称：中国法律史

授课对象：法学专业二年级学生

使用教材：《中国法制史》（第2版），《中国法制史》编写组，高等教育出版社

学习内容：秦朝法制

教学课时：2课时

二、课程思政教学整体设计思路

在世界法治文明的历史长河中,中华民族创造出的以儒家思想为核心的中华法系,是世界上著名的五大法系之一。尽管清末以后,中华法系从形式上已逐步解体,然而,中华法系的精神作为中华文化的一部分,早已植根于中国人的日常生活中。因此,在全面深化改革的今天,我们要在借鉴国外有益法治经验的同时,树立起文化自信,在我国的法治文明中寻找历史的智慧;在社会转型期重构中国法学知识体系时,不能用西方法学理论知识来评价现实,裁剪历史。这就要求教师在"中国法律史"课程的教学过程中突出中国问题意识,引导学生深入了解国情,尊重传统,寻求中国人自己的规则与逻辑。

本课程从云梦秦简的发掘实况切入,通过对简牍文本进行释读,讲授秦代法制的具体内容。教学内容主要包括"秦代立法活动""行政法律制度""刑事法律制度""民事法律制度""经济法律制度""司法制度"。在课堂讲授的最后,重点引导学生总结秦代法律制度的基本特点,引导学生用现代的眼光去观察、总结秦代法治建设的得失利弊。

作为我国二十世纪百项重大考古发现之一,云梦秦简让秦国的历史"活"了起来。这批珍贵的文物属国家一级文物,现藏于湖北省博物馆,这对我校学生研究云梦秦简提供了地理位置上的便利。因此,除了课堂讲授,本课程特别安排了法制文物的实物观摩课程,以激发学生的学习兴趣,引导学生了解中华民族引以为傲的法律传统,从而使学生提升文化自信,主动做中华优秀传统文化的继承者和传播者。

三、教学目标

1. 课程教学目标

本课程主要从云梦秦简看手,讲授秦代法律制度的基本内容,并总结云梦秦简对传统中国法制发展的重要影响。通过对知识点的系统学习,学生不仅可以了解秦代司法制度的卓越创新之处,还可以将这些知识点与传统司法实践相结合,从而对传统中华司法文明有更深层次的理解。就课程教学的任务而言,本课程有以下三个目标。

第一,使学生掌握秦代法律制度的基本内容。云梦秦简涉及秦代政治、经济、法律、医学等各方面，内容丰富、逻辑严谨、条文明细，为人们了解秦代法制提供了新的依据。

第二，引导学生从历史的角度领悟和理解秦代法律制度对传统中华法律文化的影响。阅读法制史可以发现，后世的刑法思想和刑罚体系很多都源自秦律，后世的诸多立法也多以秦律为蓝本。

第三，引导学生从历史的维度观察、判断和评价当代各种法律现象，思考我国法治现代化的模式与途径。培养学生的判断能力和理论批判能力，引导学生积极汲取中华传统法治文明中的有益经验与历史智慧。理解中外法治文明的异同。结合法理学与其他部门法学知识，使学生建立具有中国特色的现代法治观念。培养学生阅读传统法律文献的能力，从而提升学生对法律史的概括和分析能力。

2. 思政育人目标

传统文化的不同决定了中国的发展道路必然有着不同于西方的独特性。建设法治中国需要我们对我国的历史和传统文化有深入的了解。中国特色社会主义制度深深根植于中华优秀传统文化，因此，担当起历史的重任，从中国的历史进程中寻找智慧与经验，是本课程建设的必然使命。从思政育人的角度出发，本课程旨在完成以下目标。

第一，学史以明理，理解法史法情。引导学生领悟传统中华法治文明的精髓与历史智慧，即教育引导学生了解中国传统政治形态，掌握中华优秀传统文化的发展脉络，了解中国的法律传统。

第二，学史以增信，提升文化自信。使学生对国家政治、历史、文化等产生全方位的认同，提升文化自信，增强家国情怀。对待传统法律文化的正确态度是取其精华，并适时对其进行创造性转化和创新性发展。优秀的传统文化，是文化自信的底气，也是完善国家治理体系、增强国家治理能力的不竭动力。

第三，学史以崇德，提升个人品格。教育引导学生深刻理解中华优秀法律传统文化中讲仁爱、重民本、守诚信、崇正义、尚和合、求大同的思想精华和时代价值。中华法律文化绵延五千年，本身就彰显了巨大的优越性。

第四，学史以力行，传承法治文明。使学生意识到中国法治的现代化建设必须考虑到中国的历史传统与社会现实，培养学生主动做中华优秀传统文化的继承者和传播者。

中国特色社会主义法治发展道路与中华民族的独特历史传统、文化积淀和基本国情息息相关，注重反映人民的意愿，与当今时代的发展和中国发展进步的要求相一致，有着深厚的历史渊源和广泛的现实基础。

四、教学实施过程

本课程按照"文献案例引入""文本分析""归纳特点""实物观摩"四个环节展开，逐渐引导学生掌握秦代法律制度的基本特点。

在"文献案例引入"与"文本分析"环节，课程的主要目标是讲通法史法情，使学生掌握法律文化精髓。本课程根据学生特点，运用导学式、平台式等教学方法，实现线上线下混合式教学，并运用多种现代技术手段，设计出多元化课程。从云梦秦简的发掘过程入手，讲述这批秦简的丰富内容。这批秦简有《编年纪》、《语书》、《秦律十八种》、《效律》、《秦律杂抄》、《法律答问》、《封诊式》、《为史之道》、《日书》甲种和《日书》乙种等。在这批秦简中，秦律的内容占一半以上，主要记载了从战国末期至秦始皇三十年间的秦代史事和秦代施行的二十余个单行法规，共计六百余法条，内容涉及民法、刑法、行政法、法医学、诉讼程序等，蕴含了人权、生态、环保等理念，展现了中国两千多年前的法律文化。由云梦秦简可知，秦朝已创立了层次分明的法律形式，形成了庞大的行政法、刑法与司法制度体系。

在"归纳特点"环节，主要讲授教学的重点与难点，引导学生掌握秦代法律制度的基本特点，总结秦代法律的利与弊。秦代法治思想中的很多理念，如"法不阿贵""垂法而治"等思想与法治中国建设思想不谋而合，使学生认识到在建设新时代社会主义法治文化的今天，对秦代法制的先进性与局限性进行深入剖析和探讨仍然具有重要的现实意义。

在"实物观摩"环节，教师带领学生走出教室，走进博物馆，尽力为学生构建中国传统法制文化教育的立体环境，使学生感悟传统法制文化的悠久与深邃，从而产生民族自豪感，增强文化认同与自信。在课堂讲授之后，组织学生前往湖北省博物馆开启"重返历史现场之旅"，着重参观湖北省博物馆所收藏的"国家宝藏"——云梦秦简的实物。在参观实物的同时，为学生讲解秦简发掘的过程以及考古学的常识。这批秦简承载着丰富的历史内容，在很大程度上弥补了史料的不足，是后世了解秦朝历史的一把钥匙，通过参观，激发学生对中国博大精深的法律文化的兴趣。

课程结束前，要求学生组建读书小组，仔细研读云梦秦简的具体内容，并撰写相关学术论文。在综合、系统学习秦代法律制度的基础上，以秦代真实案例作为切入点，结合互动式、创新式教学方法调动学生研究中国传统法律文化的积极性，使学生更深刻地理解传统法律文化的精髓，从而推动传统法治文明的创造性转化。

五、案例反思

作为法学本科专业的必修课程，本课程需要改进的地方主要有以下两点。

第一，持续转变教学方式，提升课堂教学的生动性。史料文献是中国法律史研究的基础，因此，在课程教学中，不可避免地会引用大量的史料文献。"中国法律史"课程教学不应该是简单机械的讲授，而应当是充满知识和历史智慧的盛宴。"学史以明理明智"，教师应当在课程教学中不断改进教学方式，发挥历史在精神陶冶和人格培养方面的作用。在有限的课堂教学中，教师在讲授基本知识时，应当转变自己的角色，从主导者转变为引导者；也可以适时转变教学场景，如从教室转到博物馆，从而提升学生的学习兴趣。教师还可以建立学习交流群，使学生能够共享学习体会，从而构建课程学习的第二课堂。此外，可以实施分层教学，邀请感兴趣且有基础的学生参与司法文献的整理与研究，撰写相关学术论文，从而加深学生对专业知识的理解。在此基础上，引导学生进行社会实践和大学生创新项目申报，培养学生的应用能力、创新能力与科研能力。

第二，改变传统的课程考核方式，提升思政教学的实际效果。"中国法律史"的课堂教学采用了多种教学方式，课程考核也应当关注学生学习的全过程，注重对学生进行知识、能力、思想等多维度的综合性评价。应灵活运用线上线下混合式方法对学生进行考核，检验教学目标的达成度。例如，过程性考核成绩可以占总成绩的20%，由平时考勤的量化评分、课后作业的等级评分、课堂发言和参与实践的鼓励评分构成；终结性考核为期末考试，可以占总成绩的80%。各部分均应有一定比例的思政内容，将专业知识点与个人、社会和国家三个层面的价值元素有机融合，采取教师评价、学生自评和小组互评相结合的评价方式，评价家国情怀、个人品格和科学观三方面的思政教学效果。

六、教学效果

从整体上来看,"中国法律史"课程中专业知识与思政元素相融合的内容比较多,学生在收获专业理论知识的同时,可以增强文化认同,提高民族自豪感和对社会主义事业的使命感。通过教师的价值引领与思想启迪,本课程取得了如下教学效果。

1. 理解法情,坚定"四个自信"

本课程坚持用习近平新时代中国特色社会主义思想铸魂育人,引导学生把握传统中国法律文化的历史智慧与文化精髓,教育引导学生理解当代中国法治建设的历史逻辑、文化逻辑与实践逻辑。使学生增强对党的创新理论的政治认同、思想认同、情感认同,坚定"四个自信"。

2. 培育新知,践行社会主义核心价值观

教育引导学生在掌握传统中国法治理念的基础上,取其精华、去其糟粕,使学生深刻理解社会主义核心价值观的历史渊源,从而提高个人的修养。

3. 把握文脉,传承中华优秀传统法律文化

在总结中国历代法制改革的利弊的基础上,引导学生弘扬以爱国主义为核心的民族精神和以改革创新为核心的时代精神,传承中华文脉。

4. 树立信念,建立正确的法治观念

教育引导学生思考中国特色社会主义法治体系建设的方向,深刻理解习近平法治思想的内涵,树立正确的法治观念,深化对法治理念、法治原则、重要法律概念的认知,坚定走中国特色社会主义法治道路的理想和信念。

参考文献

陈振裕,罗恰,2021. 云梦睡虎地秦简:让秦国历史"活起来"[M]. 武汉:武汉大学出版社.
睡虎地秦墓竹简整理小组,1978. 睡虎地秦墓竹简[M]. 北京:文物出版社.

聚焦创新驱动发展　建设知识产权强国

法学院　吴汉东

案例概述

党的十八大以来，在以习近平同志为核心的党中央坚强领导下，我国知识产权事业取得了历史性成就。知识产权在加快建设创新型国家、推动经济高质量发展中发挥着重要的支撑作用。"中国知识产权保护与科技创新"课程面向全校本科生，着眼于知识产权基本知识的普及。课程设计具有以下特色。第一，讲授重点突出。紧密围绕习近平新时代中国特色社会主义思想进行授课。以习近平新时代中国特色社会主义思想中关于创新驱动发展战略的论述为理论基础，对习近平新时代中国特色社会主义思想关于新时代知识产权工作的部署进行重点阐述和解读。第二，教学目标与思政目标相融合。一方面使学生牢固掌握与知识产权相关的理论知识，另一方面将思政教育中的爱国主义精神、"中国梦"等思政元素与课程教学内容一一对应。第三，讲授视角宏观。以国际发展大势和国内创新驱动发展的时代背景为视角，对中国国家知识产权事业发展的历史经验进行总结并对未来进行展望。第四，讲授内容丰富。除讲授法学基本知识点外，还融汇科学技术学、经济学、管理学、国际政治学等内容，使学生掌握更多综合性的知识。第五，讲授方法多元化。注重理论与实践相结合，运用知识产权典型案例，深化学生对知识产权基本理论的理解。

一、基本信息

课程名称：中国知识产权保护与科技创新

授课对象：全校本科生

使用教材：《知识产权法》，吴汉东，北京大学出版社

学习内容：创新驱动发展战略下的企业专利战略

教学课时：1课时

二、课程思政教学整体设计思路

本节主要讲授创新驱动发展战略下我国专利战略的制定，介绍创新驱动发展战略的背景，并以华为公司的专利战略为案例，引导学生分析、总结华为公司在专利布局、技术研发、知识产权管理等方面的优势，从而为现实中企业如何制定专利战略提供经验借鉴。

具体来说，本节主要讲授"知识产权与创新发展""华为公司的专利战略""创新驱动发展战略下企业专利战略的制定"三部分内容。第一部分侧重理论分析，目的是使学生了解知识产权与创新发展，尤其是专利与技术创新之间的关联，增强对"创新是引领发展的第一动力，保护知识产权就是保护创新"的认同。第二部分和第三部分侧重实践分析，目的是使学生学会运用专利理论与技术创新理论解决实践中企业专利战略制定的问题，并能用相关知识解决未来创新创业中的实际问题。

本节主要采用问题教学法、案例分析法、互动讨论法向学生讲解知识产权、专利战略、创新驱动发展的概念和相互关联，以及这些理论在分析和解决现实问题中的作用。在思政教学设计中注重课程教学目标与思政育人目标的紧密融合，将知识产权相关的理论知识与思政教育中的爱国主义精神、"中国梦"等思政元素相对应，鼓励学生进行创新，为实施创新驱动发展战略和建设知识产权强国贡献自己的力量。

三、教学目标

1. 课程教学目标

（1）使学生了解习近平新时代中国特色社会主义思想关于我国新时代知识产权工作的部署。

（2）使学生理解知识产权与我国创新驱动发展战略之间的紧密联系。

（3）使学生了解我国国家知识产权战略实施以来取得的巨大成就和经验。

（4）使学生全面认识习近平新时代中国特色社会主义思想指引下我国国家知识产权战略未来的发展方向。

2. 思政育人目标

（1）引导学生弘扬爱国主义精神、坚定理想信念、增强民族自豪感，鼓励学生为实现中华民族伟大复兴的中国梦贡献自己的力量。

（2）将思政教育中的"三观"教育、"中国梦"、社会主义核心价值观等内容与"中国知识产权保护与科技创新"课程中的知识产权与我国创新驱动发展战略、国家知识产权战略的实施等内容相关联，培养具有全球视野、家国情怀、创新精神、专业素养的人才。

四、教学实施过程

本节按照案例引入、案例分析、案例思想总结三个环节逐步展开。

首先，在介绍知识产权与创新发展之间的关联时，通过视频展示的方式播放我国为什么要实施创新驱动发展战略的视频，使学生了解创新驱动发展战略的概念及其重要意义，深刻认识到"创新是引领发展的第一动力，保护知识产权就是保护创新"。在此基础上向学生介绍专利对于创新驱动发展战略的重要性，并引入华为公司重视专利战略的案例。

其次，在案例分析阶段，从两个方面对华为公司的专利战略进行具体介绍。一方面，通过专利计量分析等方法向学生展示华为公司近年来的专利布局情况，尤其是重点布局的专利以及具有较高价值的专利。另一方面，引入华为公司诉三星专利侵权案的案例，向学生提问："华为公司为什么在专利领域敢于主动出击，对三星发起专利诉讼？"教师从以下三个方面引导学生分析、回答华为公司专利战略的优势，总结华为公司专利战略的制胜经验：①专利创新，专利数量和质量两手抓；②重视研发，研发投资逐年递增；③管理制胜，专利交易优势布局。

最后，对华为公司重视专利战略的案例进行思想总结，使学生了解在创新驱动发展战略下，企业尤其是关键核心技术领域中的企业，应如何进行专利布局，攻克"卡脖子"问题，获得竞争优势。同时，鼓励学生在助力科技自立自强和创新发展中建功立业。

五、案例反思

"中国知识产权保护与科技创新"课程每学年至少开设一次,未来教师需要在以下几个方面提升教学效果。

1. 不断充实并更新教学内容,增强教学的实践性

知识产权是一门兼具理论性与实践性的学科,因此教师必须坚持理论与实际相结合的原则,一方面运用知识产权的观点剖析和解答现实问题,尤其是引起社会关注的知识产权热点问题;另一方面通过引导学生对一些现实中的案例进行思考,深入社会实践,加深学生对知识产权的理解,培养学生运用知识产权知识解决实际问题的能力,将学生培养成具有全球视野、家国情怀、创新精神、专业素养的人才。

2. 不断创新教学方法,提高学生的课堂参与度

教师应充分利用问题教学法、案例分析法、互动讨论法等教学方法,以提高学生的主动性与课堂参与度;引导学生在课前搜集并阅读下节课的相关资料、寻找下节课的重点与难点;鼓励学生在课堂上就课前预习中遇到的问题与教师进行互动交流;进一步加强课程中的案例设计,将课程教学目标与思政育人目标融入案例环节;利用智慧教学工具,促进教与学的积极性和主动性,提升课程教学效果。

六、教学效果

"中国知识产权保护与科技创新"课程着眼于知识产权基本知识的普及,重在阐述习近平新时代中国特色社会主义思想关于我国新时代知识产权工作的部署,结合国际发展大势和国内创新驱动发展的时代背景,对中国国家知识产权战略实施以来的经验进行总结,并在习近平新时代中国特色社会主义思想指引下对我国知识产权法的未来发展进行展望。大学生是祖国的未来,也是进行创新活动和实施创新驱动发展战略的中坚力量,在大学生中普及知识产权基本知识和培养知识产权保护意识具有重要意义。

教师在课程开课伊始就鼓励学生进行课前阅读,通过在课前阅读相关资料,找出问题并进行思考;在课程中注重采用案例分析和互动讨论等教学方式,引导学生运用知识产权的观点来剖析和解答生活中的实际问题,激发学生的学习兴趣,提高学生的学习积

极性与课堂参与度。此外，教师将思政教育中的"三观"教育、"中国梦"、社会主义核心价值观等内容与知识产权知识相融合，鼓励学生为实施创新驱动发展战略和建设知识产权强国贡献自己的力量。

参考文献

申长雨，2018. 以习近平新时代中国特色社会主义思想为指导 加快知识产权强国建设[J]. 时事报告（党委中心组学习）（3）：56-71.

申长雨，2021. 新时代知识产权强国建设的宏伟蓝图[J]. 知识产权（10）：10-12.

吴汉东，2019. 新时代中国知识产权制度建设的思想纲领和行动指南：试论习近平关于知识产权的重要论述[J]. 法律科学（西北政法大学学报），37（4）：31-39.

增强理想信念：培养警察职业核心价值观

刑事司法学院　焦俊峰

 案例概述

"公安学基础理论"课程的教学任务是使学生了解我国公安工作根本原则的一般规律，准确理解公安学的基本概念，深入把握公安工作的基本原理；培养公安学相关专业学生树立正确的人民警察观，能够运用所学公安学理论判断、分析、解决公安实践中的相关问题。公安学基础理论是关于公安现象中基本关系与基本对策的理论概括，是公安学学科体系中的一门综合性、基础性的人文社会学科。因此，课程教学坚持以学生的发展为根本，在基础课程知识的教学中引入新冠肺炎疫情期间公安民警坚守岗位、服务为民的案例，帮助学生进一步了解公安领域的工作内容，引导学生深入社会实践、关注现实问题，培育学生经世济民、诚信服务、德法兼修的职业素养。

一、基本信息

课程名称：公安学基础理论

授课对象：公安专业一年级学生

使用教材：《公安学基础理论》，于群，高等教育出版社

学习内容：警察的职能、任务与职责

教学课时：2课时

二、课程思政教学整体设计思路

本节主要讲授警察的职能、任务与职责，通过展现新冠肺炎疫情肆虐、新冠肺炎疫

情缓和、复工复产三个阶段人民警察"坚守岗位、使命必达"的精神面貌，介绍我国当前公安管理工作的概貌。在这三个阶段，一线公安民警坚守岗位，针对相关场所开展各项检查工作，积极投入新冠肺炎疫情防控工作，用自己的血肉之躯来践行"新冠肺炎疫情当前，警察不退"的铮铮誓言。通过展现警察的日常工作，体现警察这个职业的使命，从而深化职业理想和职业道德教育，引导学生形成警察职业核心价值观，增强学生的职业责任感。

根据教学重点，本节主要从警察的职能、任务与职责三部分内容开展教学，其中重点对现代警察的基本职能、中国警察职责的种类及内容进行讲授。在教学中，引导学生从实际生活出发，将日常生活中的所知所感与课程理论知识相结合，深刻理解警察的职能、任务等内容，在加强文本学习的同时增强学生对于警察职业的认同感。

本节主要利用 PPT 介绍相关知识点，同时结合视频展示、案例教学等方法开展教学。本节以问题为导向让学生展开课堂讨论，学生可以从个人或职业发展需求的角度，探讨自己对于警察职业的了解与认识。

三、教学目标

1. 课程教学目标

本节主要向学生介绍三方面内容：警察的职能、任务与职责。

（1）警察的职能。通过本部分的教学，使学生了解公安机关在惩罚犯罪这方面的专政职能，以及公安机关在保障人民享有宪法和法律规定的民主权利和其他权利方面所发挥的作用，全面认识警察在保障人民依法参与国家事务的管理，享受正常的政治生活、经济生活和文化生活上做出的努力。

（2）警察的任务。在本部分教学中，要让学生深刻体会到人民警察在保障国家安全与维护社会稳定中的重要作用，坚定学生全心全意为人民服务的理想信念。

（3）警察的职责。通过本部分的教学，使学生了解警察的职责，引导学生充分感受警察的精神面貌，感受警察这个职业给个人带来的荣誉感和自豪感，为学生将来的个人职业选择奠定基础。

2. 思政育人目标

大学阶段是学生走入社会的重要过渡阶段，对于公安专业的学生来说，正确认识警察职业、树立理想信念对于将来的职业选择尤其关键。因此，要将人民警察对党忠诚、服务人民、执法公正、纪律严明等思想贯穿于教学全过程，实现知识传授、能力培养与价值引领的有机统一。注重公安机关思想政治和文化工作所需的知识和能力的培养，人文素质、科学精神的培养，根据公安思政工作和公安文化等工作的岗位要求，量身定做课程模块，使学生掌握系统的人文社会科学知识，具备较强的调查研究能力和语言文字表达能力。运用信息化和新媒体等手段，提高学生的创新能力、沟通协调能力，使学生能够在公安机关承担起参谋、助手、管理、协调、服务等各项任务。

四．教学实施过程

教师在课前制作教案和教学 PPT，明确"公安学基础理论"课程中"警察的职能、任务与职责"这一专题所对应的思想政治教育内容。在课程教学大纲中除规定知识目标、技能目标外，还加入了理想和职业教育。具体教学过程分为以下三部分。

1. 课程基本知识学习

介绍警察职能、任务等基本知识，从公安机关的基本职能、我国人民警察的任务、职责出发对该部分内容进行阐释。

（1）公安机关的职能。公安机关的基本职能是指公安机关对于国家与社会所应起的效能与作用。从调整国家最基本政治关系的作用角度，公安机关的职能可分为专政职能和民主职能；从专业分工角度，公安机关的职能可分为侦查的职能、保卫的职能、治安管理的职能等；从工作手段所起的作用角度，公安机关的职能可分为镇压、打击、预防、处罚、强制、管理、教育和服务等职能。

（2）人民警察的任务。具体来说，人民警察的基本任务包括以下五项：维护国家安全，维护社会治安秩序，保护公民的人身安全、人身自由和合法财产，保护公共财产，预防、制止和惩治违法犯罪活动。我国人民警察坚决捍卫政治安全、维护社会安定、保障人民安宁。

（3）人民警察的职责。在阐述我国人民警察的职责时，具体讲解以下两方面内容。其一，如何理解人民警察的职责？人民警察的职责是指人民警察依法在管辖范围内应承担的责任和义务，也就是人民警察的职业责任。其二，人民警察的职责具体包括哪些内容？该部分通过《中华人民共和国人民警察法》的具体法条进行讲解。

2. 案例引入

通过展示"新冠肺炎疫情肆虐、新冠肺炎疫情缓和、复工复产"三个阶段人民警察的面貌，体现人民警察"坚守岗位，使命必达""全心全意为人民服务"的精神。在此过程中，加强职业道德教育，增强学生的职业认同感、职业自豪感，引导学生坚定理想信念，在未来职业生活中自觉践行职业精神和职业规范，以人民所需、人民所求为工作导向。

具体来说，本节从公安实践出发，启发学生思考。教师从法制类电视节目或者纪录片中搜集与警察的职能、职责等内容相关的案例，在课堂上进行展示，加深学生对知识点的理解。结合新冠肺炎疫情中政府出台的一系列防控措施，使学生认识到公安机关对违反者予以行政甚至刑事处罚对新冠肺炎疫情防控起到的关键性作用。此外，人民警察积极投入新冠肺炎疫情防控工作，体现了人民警察为人民的精神。此外，教师还结合教学内容引导学生对时事进行分析，以增强课程思政教学效果。

3. 总结探讨

让学生自由组成学习小组，就自己对警察这个职业的认识展开讨论，并谈谈自己以后的职业方向。

五、案例反思

在开展思政教学的过程中，教师要不断进行反思，找到不足之处并进行改进，从而不断提升课程思政教学的成效。具体可以从以下几个角度进行改进。

1. 丰富教学案例

对于"公安学基础理论"课程而言，除了书本上的知识，实践也同样重要。在课程教学中引入的案例大部分是从网络中搜集的，有的案例时间有些久远。教师可以拓展案例来源，还可以在有条件的情况下邀请基层人民警察来分享公安专业的知识以及警察职业的相关内容。

2. 开展专题讲座与实践活动

在课堂教学之外，充分发挥第二讲堂的作用，以"公安学基础理论"课程中重点章节的思政元素为主题开展讲座。将讲座与课程教学相结合，用丰富的思政文化滋养学生的思想，使课程内容与思政元素相互映衬、相互支撑、相互配合，从而增进课程思政的系统性和整体性。此外，可以开展与"公安学基础理论"课程相关的实践活动，以提高学生对公安的认识，坚定学生的理想信念，如可以带领学生参观基层公安机关的办案场所或者警务设备等。

3. 注意学生的反馈

在课程思政教学中，案例教学的效果如何，学生作为教学的接收方，是最具发言权的。因此在案例教学中要立足于学生的视角充分检验课程思政案例教学的效果。学生是课程思政最直接的学习者、感受者、获益者，要注重学生的思政需求，及时在教学中调整教学方式方法，使课程思政教学入脑入心、见行见效。也就是说，既要关注学生获得感方面的理性维度，也要关注学生发展持续性方面的实践维度。

六、教学效果

育人有温度，润物细无声。"公安学基础理论"课程在教学过程中积极落实课程思政理念，不断创新"课程思政"形式，将公安学科专业教学与思政教育紧密结合，在教学中探索构建全员、全课程的"大思政"教育体系，取得了显著成效。学生在掌握公安学基础理论知识的同时，对公安机关的基本任务也有了深入的了解，并且坚定了个人的理想信念。

教学相长，凝聚课程思政合力。通过案例教学，将现实案例与课堂知识相结合，向学生讲述了所学知识和实际公安工作之间的联系，让学生备受鼓舞。教师在课程思政教学中，将课程思政显性教育和隐性教育结合起来，拓宽了育人工作的途径与方式，提升了思想政治教育的实际成效。思政教育与专业教学相互配合、相互支撑,形成了协同育人的格局。通过学习,学生不仅坚定了自己的职业理想,增强了责任感和使命感,而且能够把课本上的理论知识充分运用到实践中去,做到"学思践悟,知行合一"。

参考文献

《公安学基础教程》编写组,2012. 公安学基础教程[M]. 北京:中国人民公安大学出版社.
公安部政治部,2013. 公安基础知识:2013年版[M]. 北京:中国人民公安大学出版社.
马建文,2007. 公安学基础理论[M]. 北京:中国人民公安大学出版社.

好的新闻作品：记录家国情怀，推动社会进步

新闻与文化传播学院　吴玉兰

 案例概述

"新闻写作学"课程在讲授新闻写作的基本规律与特征、新闻主题、新闻语言等相关知识和理论的基础上，重点介绍消息、通讯和特写三大体裁的写作特点及写作要求，同时着重讲授调查性报道等专题报道的写作，引导学生通过具体的新闻写作理论学习与实践训练，把握新闻写作活动的内在规律，提高新闻写作能力，从而塑造学生的新闻理想与职业精神。"新闻写作学"课程秉承立德树人的教学理念，将专业知识和课程思政有机统一。在课堂的理论讲解、案例示范、作业点评等环节，自然地融入课程思政元素，使教学的内核与社会认知、现实生活感悟、个人成长真正融合，增强了学生的担当意识和爱国情怀，对培养学生树立正确的人生观和价值观、规范学生的行为规范、培养学生良好的职业道德与理想，都起到了积极的引领作用。此外，教师积极引导学生关注社会发展，提升学生的自我成长能力。

一、基本信息

课程名称：新闻写作学

授课对象：新闻传播学二年级学生

使用教材：《新闻采访与写作》，《新闻采访与写作》编写组，高等教育出版社

学习内容：通讯的特点

教学课时：2课时

二、课程思政教学整体设计思路

"新闻写作学"课程思政教学整体设计思路如下。

（1）将理论知识传授与对学生的新闻职业道德和家国情怀培养、人生观和价值观的塑造相融合。

（2）通过案例讲解充分挖掘课程中所蕴含的思想政治元素，如"家国情怀""文化自信""社会责任""文明和谐""敬畏自然""坚定信念""工匠精神""高尚情谊""审美人生""实践创新"等。

（3）发挥理论讲解、案例示范、作业点评等环节的功能，使课程思政与专业教学融为一体，起到"润物细无声"的育人作用。

（4）充分利用"每周新闻播报"环节，通过对学生的汇报进行点评，传授新闻写作的技巧与知识；结合一周中发生的重大新闻，将国际视野、家国情怀、人生理想与社会责任等课程思政元素融入教学中。

本节主要讲授通讯的特点，具体设计思路为：将知识传授与对学生的人生观和价值观的塑造相融合；充分挖掘课程中的思想政治元素（新闻报道对读者树立家国情怀、对社会进步的影响，记者在采访写作一篇报道时对个人成长的影响）；发挥课堂教学中的理论讲解、案例示范相结合的育人功能。

三、课程教学目标

1. 课程教学目标

本节主要采取案例导读与讨论、"媒体人说"等教学方式，帮助学生领悟通讯的特点，了解通讯的特点在新闻报道中的体现。在教学过程中，不但要让学生了解通讯与消息一样具有新闻时效性和真实性，而且要让学生掌握通讯的以下特点。

（1）细化报道内容。通讯对有关人、事、景、物的叙写都较为具体和舒展。

（2）讲究主题表达。主题是作者通过所写内容表达的统摄全篇的思想观念，而通讯的主题体现的是记者对事实的认识。

（3）注重讲述故事。通讯是以讲故事见长的新闻文体，既可以讲单个的故事，也可以讲成串的故事。故事围绕主题展开，服从于主题的表现。

（4）展现生动细节。细节是人物、事件、场景中有意味的细微之处，可以是人物的举手投足或事件的细小情节等，具有比空发议论更强的说服力和感染力。

（5）表达方式多样。叙述、描写、说明、抒情与议论五种表达方式往往并用。

2. 思政育人目标

通过讲解案例的主题，激发学生以爱国主义为核心的民族精神和热情，树立为中华民族的伟大复兴而奋斗的信念。通过邀请新闻报道采写者讲述其采访写作的过程及其对新闻报道的反思，培养学生树立精益求精的科学探索精神，提高学生的创新意识，使学生意识到任何一个有社会责任感、有家国情怀、有悲天悯人之心的记者都可以助推社会进步。

四、教学实施过程

在系统讲述相关教学内容后，本节按照案例引入与导读、案例讨论与分析、案例思想总结三个环节有序展开。

1. 案例引入与导读

教师在课前将案例《筑路兰渝记》分享到教学微信群中。2017年6月30日，《新华每日电讯》刊发了近万字的《筑路兰渝记》，随后，《甘肃日报》《兰州日报》等数家传统媒体进行了转载。仅在新华社客户端上，稿件的点击量就超过一百万次。刊发后，众多的评论中几乎没有负面评论。网友"悟"说："一直在抱怨兰渝铁路进展缓慢，一直在质疑施工者的建设能力。此刻，我为我的无知道歉，为千千万万的铁路施工者致敬。"这篇报道不是中国新闻奖的获奖作品，但却是我们新闻学专业2007级的毕业生张玉洁参与采写的，以它为案例会让学生有一种天然的亲切感。课前要求全班同学认真阅读《筑路兰渝记》，从通讯的五个特点中选择其中一个，写出200字以内的分析并分享到教学微信群。

2. 案例讨论与分析

在课堂教学中,通过腾讯会议现场邀请报道作者之一张玉洁在课堂上从选题的确定、采访写作中遇到的困难等方面进行分享,让学生从采写角度了解报道产生的历程。以下为张玉洁分享的主要内容。

一场持续半年的采访

"对兰渝铁路的采访,开始于 2016 年年底。兰渝铁路岷县至四川广元段的通车,因为记者武斌的一张老照片而别有意义。20 年前,农民杨尕女在墙上画火车;20 年后,火车开到了她家跟前。

那时,对外界而言,这是一条没什么存在感的铁路,少有媒体关注报道。甚至,兰渝铁路公司也不愿意过多宣传。毕竟,这条路已经修了 8 年多,超过预计工期 2 年有余,沿线群众难免有怨言。

我们从农民的火车梦成真的角度切入,做了一组报道,效果很好。于是,决定继续关注这条铁路的修建情况。也因为这组报道,原本心门锁闭的兰渝公司开始向我们讲述这条修建了 8 年多还未通车的铁路。

第一次进兰渝铁路施工最难的胡麻岭隧道,是在一场冬雪过后。沿着黑洞洞的斜井,深入位于地下 300 多米的掌子面,这对好几位记者来说都是第一次。隧道外,寒风凛冽;隧道内闷热无比。有人想走近看看,却被突涌而出的砂水溅了一身。

那天,我们收获了很多人的故事,如驻守工地的一家三代七口人,为女儿起名'胡玛玲'的工程师,来时孩子读小学如今已去上大学的施工者,等等。

艰苦的工作条件下,是什么促使他们在四下荒凉的黄土高原坚守 8 年?这几乎是世上最艰苦、最寂寞的职业啊!好奇心也好,使命感也罢,我们对兰渝铁路的心态变了。

此后,我们开展了大量的采访工作。一方面,几次到工地,倾听来自兰渝公司、施工单位的工作人员等与铁路建设相关的人士的故事和想法;另一方面,翻山越岭,去寻找曾被大山锁住、如今已受惠于发达交通的沿线群众。与此同时,我们翻阅大量资料,对沿途地理、历史及兰渝铁路的修筑历史进行了全面系统的梳理。百年兰渝的框架逐步形成。

胡麻岭隧道贯通，让我们对兰渝铁路的认识再一次升华。

起初，对于为什么报道这样一条铁路，我们内心也是有疑惑的。但当舞台下方的屏幕上，静声播放《铁道兵战士志在四方》的黑白影像时，才猛然发现，我们之所以不愿多讲这种精神，本质原因是不敢直视。一旦你以它来逼视内心，便能感受到它烈烈如焰的底气，以及秉持前述权责观点的我们的脆弱。"

报道如果有秘诀的话

"报道刊发后，读者的反响让曾经缠绕在我们心中的谜团渐渐散去。弘扬正能量的长稿，是有人愿意看的，而且是能得到广泛好评的。正如电讯总编辑方立新点评这篇报道时说：'好文越长越过瘾！'

要酝酿出这样的报道，确实要扎得下根，在写作技法上讲求创新。

在社长任卫东的带领下，我们对兰渝铁路的采访从2016年深冬延续至2017年盛夏。仅是位于地下300多米的胡麻岭隧道的施工掌子面，我们就去了4次。同时我们还前往路途遥远的山乡，探寻大山深处人们的渴望。施工之难与群众渴求之切的交叉讲述，增加了报道的冲突感。

历史、地理的穿插和时空的演变，让阅读体验更加丰富。东汉修复西狭古道、三国时邓艾大军凿壁筑路、大唐李杜喟叹行路之难、20年后记者与采访对象的重逢……时空坐标的转换，让兰渝铁路不再是一个孤立的、生冷的工程，而是历史大画卷中的一笔。

率真并且收敛的表达，让这篇万字报道有了错落有致的节奏感。全文以短句见多，干脆利落，但在文末部分却连用4个四字叠词来反映筑路者对女儿的思念。在描写筑路工人的默默奉献精神时，我们没有直抒胸臆，而是用细节营造筑路者在山谷中歌唱、山谷外没人听见的氛围，让读者有了代入感，打通了筑路者、记者与读者的心路。

《筑路兰渝记》能打动读者的一个很重要的原因，是它让与铁路相关的各方的人登场讲述,通过人的故事让工程'开口说话'。人们平时看到的是一条路、一道桥、两根轨,仅靠这些钢筋水泥是无法让人产生共鸣的。

在这篇报道中,有被大山'锁住'一生难出十里方圆的90岁老人,有用镜头记录百姓疾苦的记者,有8年风霜催白头的筑路者,有对女儿牵肠挂肚想见却不能见的父亲,有一家三代七口人在工地上的坚守者……他们每个人只呈现出兰渝铁路的一角,但在所有边角的勾连下,这个连通中国贫困地区的'世界难题'工程的显著性便凸显出来了。尤其是筑路者,他们有苦有乐、有血有肉,与读者一样有着七情六欲。人性脆弱处最是感人,承认人性的脆弱,而又义无反顾,这样肉体凡胎的英雄才更冲击读者的心灵。

有读者感叹:'读了这篇文章后,眼前晃动的是一群人,地图上画路的人,山里头盼路的人,水里火里修路的人。以前只觉得交通越来越便利,却没想到背后的浓血浓汗。深厚的悲悯情怀,对人的关怀关切,渗透在字里行间。'

电讯总编辑方立新和草地周刊编辑姜锦铭,给予了我们很多指导和帮助。方立新总编辑建议我们进一步删除采用传统宣传叙事方式所写的内容,为出精品,一处也不留。这种精益求精的精神,让我们备受鼓舞,最终实现了文稿的畅达。"

完稿并不是完结

"今天的读者究竟需要什么样的报道?今天的媒体究竟该扮演什么样的角色?

《筑路兰渝记》让我们看到,读者排斥的并不是弘扬正能量的主题报道,他们反对的是大而空的宣教,对于良好阅读体验的稿件,他们愿意不惜时间地沉浸阅读。

网友'无为'说:'这才是中国新闻正确的打开方式,期待有更多的感人故事,更多的感人镜头,定格祖国各行各业默默奉献者的感人瞬间。'

《筑路兰渝记》所呈现出的,正是包袱沉重又昂扬前行的大国形象,攻难克险、竭力解决群众贫困问题的大国情怀,无私奉献、默默耕耘的大国里的普通面孔。

从这个角度来看,《筑路兰渝记》的意义也更加深远。媒体应当有引导舆论的魄力,有设置议题的能力,不放弃对硬题材的关注。作为国家通讯社,更应当发挥职责,报道前进中的大国,全面展现含着困难却愈加开放、愈加自信的大国形象。

记者是历史的记录者，当报道与时代走向契合时，便有了持久的生命力。社长任卫东在向各界力推这篇长文时的推介语，代表了我们团队共同的心声：'百年国梦，国际难题，世界纪录，人类奇迹。不得不记之！'

面对纷繁的舆论，记者更应当发挥触角功能，带领读者拨云见日，抵达他们日常难以抵达的世界，打捞沉没却值得被放大的声音，坚定地成为社会的瞭望者。并以更勤奋的工作态度、更严谨精湛的采写技艺，让冷题材热起来，唤醒每一个中国人对祖国、对传统价值的认同。

'筑路兰渝'暂告结束，'千里走兰渝'即将开启。"

作者分享结束后现场与学生互动，不断把对作品的写作特色与思政要素的探讨引向深处，为学生采写新闻报道提供了有益的启发与借鉴。

3. 案例思想总结

通过作者的分享，学生深刻地体会到了一篇优秀作品的来之不易。本节通过这个案例，培养学生树立了精益求精的科学探索精神，提高了学生的创新意识，而这条铁路修建之难更是让学生体会到了我们平凡的建筑工人的伟大和我们伟大祖国繁荣富强的来之不易，爱国热情与家国情怀油然而生。学生在学习过程中既提高了专业知识技能，又提升了家国情怀，并树立起认真负责的态度和不断创新的工匠精神，从而使课程实现了立德树人的根本目标。

五、案例反思

课程思政是当前高校贯彻落实全国高校思想政治工作会议精神的重要抓手，坚持立德树人是所有教育工作者的神圣使命。与大学生接触最直接、对话最集中的专业教师，是开展课程思政的主要力量；专业课程思政是课程思政系统中最为关键和最难解决的部分。提高教师的育人水平与做好课程思政是相辅相成的，在今后的教学中，可以从以下几方面进行改进。

首先，要加强教师自身的专业素养。不仅要运用一切手段收集经典的教学案例，还要利用有限的课堂教学时间分享最典型、最能印证专业理论又能挖掘思政元素的案例，让案例参与到协同育人的教学过程中。

其次，提高教师的思政素养。德高为师，身正为范。只有教师政治强、情怀深、思维新、视野广、自律严、人格正，才能引导学生不断提高政治素养与悲天悯人的情怀。

最后，不断创新与拓展教学方法。"创新"就是要做到因事而化、因时而进、因势而新。随着新媒体时代的到来，新的教学手段、教学方法的运用，不仅可以给课堂带来鲜活的学习氛围，还能更好地发挥学生的主观能动性，提高教学效果。

六、教学效果

课程通过案例教学，达到了非常好的课程思政教学效果。

（1）学生不仅对新闻写作的理论与技巧有了直观、深入的理解，还认识到通讯写作的主题要兼具深度与温度，既要有专业性也要兼顾人文关怀、家国情怀。

（2）激发了学生的爱国热情，使学生树立起为中华民族的伟大复兴而奋斗的理想信念，坚定了"四个自信"；引导学生实现个人价值与社会价值的统一。

（3）通过采写者的分享，引导学生养成认真负责的学习态度和工作态度，增强学生的责任担当，培养学生树立工匠精神，遵守新闻职业道德和职业规范。

主要矛盾转变：新时代改革开放的出发点

工商管理学院 钱学锋 赵曈

 案例概述

"改革开放与美好生活"课程是中南财经政法大学"读懂中国"系列通识选修课。课程沿着改革开放四十余年波澜壮阔的历史时间轴展开，在每个坐标节点上选取代表性历史事件和生动案例，深入剖析重大决策和事件背后的经济学逻辑，阐释改革开放的伟大成就及其与人民美好生活的内在联系，为改革开放的宏大叙事构建微观基础。引导学生深刻理解改革开放如何"以人民为中心，不断实现人民对美好生活的向往"，把握新时代主要矛盾转变的内在逻辑，以及"使市场在资源配置中起决定性作用和更好发挥政府作用"的改革主线。使学生在纵向与横向对比、在历史与现实定位中坚定"四个自信"，引导学生理解中国故事、讲好中国故事、传播中国声音，将个人对于美好生活的追求与实现中华民族伟大复兴的中国梦相融合。

一、基本信息

课程名称：改革开放与美好生活

授课对象：全校本科生

使用教材：自编讲义

学习内容：顶层设计：主要矛盾转变与全面深化改革

教学课时：2课时

二、课程思政教学整体设计思路

课程设计的初心在于引导学生"读懂中国",通过在课堂上根植理想信念教育,培养一批具有家国情怀及使命担当的社会主义现代化建设者和接班人。课程围绕诠释改革开放的历史进程与美好生活之间的内在联系这一主题,将思政育人贯穿于课程教学全过程。结合具体教学内容特点,有针对性地运用启发式教学、多媒体和数据图表展示、互动讨论、对比思辨等多种教学手段,对学生形成思想上的冲击与震撼。

本节立足新时代的改革开放,基于经济学视角探讨"如何理解社会主要矛盾的转变"和"如何理解供给侧结构性改革"两大问题。从现实数据和案例出发,以事实为依据、以理论为支撑,剖析主要矛盾的变与不变,从不平衡、不充分的发展特征引申出供给侧结构性改革和高质量发展的必要性,最终引出"共同富裕"这一新时代实践美好生活的重要命题。

在教学实践中,每部分都先从现实问题或生活案例出发,组织学生进行互动讨论,然后基于更为翔实的数据图表,分析现实案例背后的经济逻辑,并进行思想上的总结和升华,从而形成完整的思政育人过程,如图1所示。

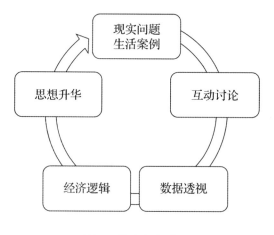

图 1 思政育人过程

三、教学目标

1. **课程教学目标**

（1）作为课程体系中介绍新时代改革开放的重要部分，本节既承接了前几章对农村改革、城市改革、市场经济体制、建设小康社会与对外开放等主题的诠释，又着重定位于新的发展阶段，为学生构建新矛盾与新发展理念、新发展格局之间的逻辑联系。

（2）本节在内容安排上主要完成三个环节的教学任务，即主要矛盾的"变"与"不变"、不平衡不充分的发展、如何在改革中化解结构矛盾，三个环节在逻辑上形成"总括—聚焦—启发思考"的教学过程，使学生认识到社会主要矛盾的转化既是改革开放成就的体现，也意味着新时代改革开放面临新任务、新挑战。

（3）在思想认识方面，使学生深刻理解人民日益增长的美好生活需要和不平衡不充分的发展之间的矛盾关系，激发学生对新时代中国改革发展的经济学逻辑，尤其是对以改革开放推动"共同富裕"取得更为明显的实质性进展展开进一步思考。

2. **思政育人目标**

（1）通过生动的数据、案例分析和讨论思辨，引导学生进一步把握中国特色社会主义新时代的历史方位，深刻认识变化的时代中不变的初心、变化的矛盾中不变的奋斗，增强投身新时代改革开放伟大事业的时代感与使命感。

（2）基于主要矛盾的转变，引导学生深刻认识党的十八大以来我国社会经济发生的深层次、根本性变革，从站起来、富起来到强起来的历史性飞跃，使学生能够更好地理解和讲述新时代中国故事。

四、教学实施过程

1. **教学环节一：话题引入——主要矛盾的"变"与"不变"**

在教学的初始环节，简要回顾之前课程所讨论的经济发展历程，同时展示1956年、1979年、1981年和2017年这四个不同时期对国内主要矛盾的表述，引导学生体会表述中的"变"与"不变"，为详细介绍主要矛盾的转变做铺垫。

（1）提出在主要矛盾转变的过程中，"人民的需要"一以贯之，尽管需要的内容和层次发生了变化，但始终都坚持以人民为中心。

（2）进一步探讨：为什么当前不再讲"落后的社会生产"？随机提问四五位学生，请他们分别从不同角度举例说明。

（3）教师对学生的发言进行总结，并结合中外对比情况，分析几组典型事实背后的发展逻辑。

① 中国制造与中国出口。从人均GDP落后于非洲国家发展成为世界工厂，我国建立了完备的工业体系，具备强大的供应链能力。

② 为什么中国能成为世界高铁大国？以中国高铁的发展对比同期美国基建法案在其议会面临挫折的事实。

③ 要素市场发生了什么？廉价劳动力的禀赋优势即将成为过去式，要素报酬与劳动生产率同步提升。

根据现实分析得出基本结论，即不管是从产能还是从要素配置的角度来看，市场经济和社会主义优势的结合，使我国的社会生产发展取得了长足的进步。

（4）展示中国居民消费支出结构图表，剖析从"物质文化需要"到"美好生活需要"的变化。

① 需求层次：从传统的物质和文化需求转向包含法治、健康、公平、正义、安全、环境等各方面的需求。

② 需求对象：从产品到服务、到体验，意味着人们的效用函数发生了显著改变。

通过多维度的诠释和讨论，使学生能够从历史的角度把握新时代主要矛盾转变的时空坐标，加深对改革开放和社会主义建设的初心使命和伟大成就的理解。

2. 教学环节二：专题讨论——不平衡不充分的发展

与直观的生产和需求变化相比，"不平衡不充分的发展"是一个更为理论化的概念，因此本教学环节在设计上以融合了时新案例、数据、图表等素材的讨论为主，引导学生通过鲜明的数据对比和对热点问题的思考，理解经济发展过程中产生的结构性矛盾，从而形成对于"不平衡"和"不充分"的实际认识。

（1）依次展示 1978—2020 年按城乡分组的人均可支配收入差距、按区域分组的人均可支配收入差距、基尼系数、恩格尔系数、地方对全国财政贡献等图表，要求学生阐述图形变化所反映出的客观事实，引导学生对"不平衡"在不同层面的表现进行定量分析。

（2）概念辨析：平衡与均衡。改革开放以来，中国的人口、产业和资源配置经历了空间再配置的过程，形成了新的经济均衡，但这种均衡伴随着区域间的发展差异，我们应当如何理解区域之间的"平衡"？

（3）在数据和理论分析基础上，引导学生进一步讨论。平衡不意味着等同，尤其不意味着地区间经济总量的均等，而是公平竞争、平等参与，大城与小镇的人民以不同形式获得"美好生活"。

（4）依次展示世界主要国家人均 GDP 的变化趋势、产业结构等，分析我国经济发展在宏观层面上的"不充分"。要求学生思考以下问题。

① 为什么美国第一产业在国民经济中所占比重极低，却依然在世界范围内大量出口农产品？

② 如何理解我国第三产业在国民经济中所占比重的变化？第三产业比重是越高越好吗？

（5）结合具体案例，讨论我国经济发展在微观层面上的"不充分"：①关键零部件与核心技术；②房地产市场与"三道红线"；③教育与"双减"。

经过分析和阐释，引导学生认识到主要矛盾从"落后的社会生产"到"不平衡不充分的发展"的转变，实际上意味着中国经济发展的重心从总量问题转向结构性问题，从而深化学生对近期党和国家在若干重要领域进行政策调整的理解。

3. **教学环节三：启发式教学——如何在改革中化解结构矛盾**

新矛盾标注新时代，在充分理解主要矛盾的"变"与"不变"和不平衡不充分蕴含的经济社会结构矛盾之后，水到渠成地引入以供给侧结构性改革为主线，推动高质量发展这一重大变革。考虑到供给侧结构性改革是一个相对宏大的命题，本教学环节侧重于以点带面，通过引导学生对一些典型的结构性问题及其经济学逻辑进行探讨，强化学生的思想认识，启发学生自主思考。

（1）分组讨论：为什么当前我国拥有较高的储蓄率，但中小企业发展却依然面临比较明显的"融资难"问题？

① 储蓄问题：预防性储蓄与竞争性储蓄。

② 融资问题：直接融资与间接融资。

③ 金融发展：展示1979—2020年我国金融业增加值占GDP的比重，该比例在2015年前后达到高值（8.4%），与美国相近，这说明什么？

通过讨论，使学生认识到经济发展中的"虚"与"实"，当二者存在匹配失调时，就需要进行结构性改革。2016年以来，金融业占GDP的比重趋于回落，就是"去杠杆"的改革成效。

（2）进一步分析：为什么选择供给侧？

① 需求侧：消费、投资、出口，短周期。

② 供给侧：劳动、土地、资本、制度、创新，长周期。

长期来看，只有供给侧的改革发展能够不断推动生产可能性边界向外推移，最终增加生产能力。同时，要注意加强供给侧管理并不意味着忽视需求侧管理。

（3）小结与梳理：结构性问题的突出表现之一是经济发展中的"过剩"与"不足"并存，改革的重点是做好经济活动的"破""立""降"，即破除无效供给，确立有效供给，降低企业负担，培育发展新动能等。

① 在巩固"三去一降一补"这一成果的基础上，增强微观主体活力，提升产业链现代化水平，畅通国民经济循环。

② 制度供给：国家治理体系和治理能力现代化。

④ 顶层设计：使市场在资源配置中起决定性作用和更好发挥政府作用。

（4）延伸思考：在我们的经济生活中还有其他形式的"不足"与"过剩"并存。例如，曾经时髦的"新零售"与目前的平台经济，以及各类商业模式创新与实体经济发展之间应如何实现有效衔接？

4. 课堂总结环节

（1）总结与升华。

① 我国社会主要矛盾的转变首先意味着改革开放和社会主义现代化建设取得了举世瞩目的成就，我国实现了从生产力相对落后到经济总量稳居世界第二的历史性突破，同时也为新时代的改革开放锚定了新的方位。

② 要有效化解经济结构性、体制性矛盾，解决发展不平衡、不协调、不可持续问题，就必须推动经济发展质量变革、效率变革、动力变革，坚持以人民为中心的发展思想，正确处理效率和公平之间的关系，以供给侧结构性改革为主线，提高发展的平衡性、协调性、包容性。

③ 新时代呼吁全国各族人民团结奋斗、不断创造美好生活，在高质量发展中逐步实现全体人民共同富裕。

（2）布置课后作业。

结合本节讨论的内容，阅读《求是》杂志 2021 年 10 月发表的习近平总书记的重要文章《扎实推动共同富裕》，同时查阅相关资料，在下节课阐述自己的认识和理解。

五、案例反思

（1）作为一门面向全校学生并且跨校开设的通识选修课，学生的专业背景和年级层次存在较高的差异，如何在增强知识广度、认识深度的同时提升学生的普遍接受度、降低课堂讨论参与门槛，一直是课程内容设计上的一项挑战。教师通过与不同专业学生的课后交流，在教学上突出了"大处着眼，小处切入"的特点，未来将进一步根据反馈不断优化调整教学内容和细节安排，面向不同层次的学生增加更加多元化的教学素材，持续激发学生的兴趣。

（2）由于选修学生数量较多，尽管教师在教学过程中加入了互动提问和启发式讨论，但覆盖面依然有限，这一状况也制约了对学生进行全过程考核的效果。目前，除课堂参与表现外，课程在教学过程中还有针对性地融入了一些形式多样的书面作业，包括数据搜集、观点阐述等，要求学生完成后发送至指定邮箱并作为平时成绩的考核依据。未来将持续加大平时作业和课外研读的比例,以便全面、及时地识别每个教学阶段学生思想认识的变化情况。

六、教学效果

"改革开放与美好生活"课程目前已完成五个学期的完整教学,从各方面反馈来看,取得了良好的教学效果。

(1)课程教学内容获得学生的认可。作为一门选修课,每个教学班学生规模为100人以上。从课后交流和课程论文的情况来看,大部分学生对于改革开放的伟大成就、新时代的发展特征都有了更加清晰的认识,能够更好地将经济学基本原理与中国改革开放的具体实践相联系。校、院两级教学督导多次随堂听课,对课程融入思政育人的方式和效果给予了充分肯定,对教学内容的展现形式也给予了较高评价。

(2)"改革开放与美好生活"课程被推选为我校面向华中农业大学学生开设的跨校选修课,深受兄弟院校学生的欢迎。从学生反馈的情况来看,许多理工科专业的学生对于中国经济发展的现实问题有了更多的了解和关注,教学效果超出预期。

(3)"改革开放与美好生活"课程荣获中南财经政法大学2020年校级课程思政优秀案例一等奖,并被评选为2021年度课程思政榜样课程。

参考文献

本书编写组,2018. 巨变:改革开放40年中国记忆[M]. 北京:新华出版社.
迟福林,2018. 伟大的历程:中国改革开放40年实录[M]. 广州:广东经济出版社.
黄奇帆,2020. 分析与思考:黄奇帆的复旦经济课[M]. 上海:上海人民出版社.

课堂思政穿越时空　产教融合共创实践金课

工商管理学院　赵琛徽

 案例概述

"公司调研与创建"是我校立项的社会实践"金课",该课程发挥我校经法管融通优势和企业管理的学科优势,创新了新时代财经管理类院校学生专业实践的理念、形式和方法,将"读万卷书"与"行万里路"相结合。通过对公司开展调研实践活动,引导学生了解社会需求和公司经营管理的实际情况,发现市场存在的问题,以创建公司的方式提出优化方案。本课程具有以下特色。首先,通过走进红色革命基地和信息化产业园,帮助学生在沉浸式学习中树立科学调研观和不畏艰难的创业精神。其次,课堂思政穿越时空,先引领学生回溯党的伟大创业史,感受中国共产党的伟大创业和丰功伟绩,再回到现代,带领学生学习现代科技企业的创新与运营。最后,将课堂搬进中央农民运动讲习所旧址,带领学生学习革命先烈的革命理想和创业精神;带领学生走进武汉中地数码集团有限公司(以下简称中地数码),感受现代科技,实地调研当今"大云移物智"背景下高科技地理信息系统公司的智慧互联、科技赋能和发展创新。本课程采用任务驱动的教学形式,培养学生"敢闯会创",在亲身参与中增强自身的创新能力、协作能力和社会担当能力。

一、基本信息

课程名称:公司调研与创建(社会实践课)

授课对象:全校本科生

使用教材:《创业管理》(第 5 版),张玉利等,机械工业出版社

学习内容：创业精神

教学课时：8课时

二、课程思政教学整体设计思路

本课程基于公司调研、企业创建和思想政治教育的一致性，按照社会实践"金课"规定的课堂以外社会实践占总课时70%以上的要求设计了教学内容。

首先，带领学生乘车前往红色教育基地中央农民运动讲习所，途中向学生讲解毛泽东同志撰写《湖南农民运动考察报告》的时代背景与调研过程，说明进行调研的必要性，讲解调研的基本知识，以及中国共产党人严谨、实事求是的科学精神。在讲习所，教师和学生一同回顾中国共产党、中华人民共和国成立的历史。在参观分享中带领学生感受中国共产党领导中国革命从艰难中走向胜利的伟大历程，感受"创业艰难百战多"，引导学生传承和弘扬中国共产党人精神谱系。

其次，前往本市的中地数码开展调研，深入了解该公司的创业历程、企业文化、技术创新、人才需求和经营管理情况，理解公司从创建到运营所需要的专业技能及创业精神，汲取该公司的创业智慧和创业营养。

最后，教师与企业专家共同解答学生在调研过程中发现的问题，增强学生对中国共产党的发展历史的了解，对公司组织架构、运营管理、企业文化等方面的认识，激发学生的创业热情，突出党建工作在公司发展中的引领作用，使学生认识到将党的建设融入公司组织结构设计的各个环节，将企业特色与社会主义核心价值观和现代公司治理体系结合起来，能够有效促进企业的高质量发展。

三、教学目标

1. 专业教学目标

本课程基于教学和调研，主要帮助学生提高专业技术能力。

（1）调查研究方法。具体包括三方面内容：①课程的引入，为什么进行调查研究；②常见的调研方式及实施程序；③应采用何种方式对公司开展调研。

（2）创建公司的知识技能。组织学生对中地数码进行调研，使学生了解该公司创立的流程、文化建设、公司目标与使命、组织架构、商业模式等；增加学生对新冠肺炎疫情防控常态化背景下企业在产业发展、经营管理、技术创新、人才留用等方面的现状的了解，激发学生的创新精神、创业意识，引导学生探究如何在组织结构、信息技术、商业模式、人才培养等方面进行创新，从而提高学生理论联系实践和解决经营管理过程中复杂问题的能力。

2. 思政育人目标

以中南财经政法大学"博文、明理、厚德、济世"的校训为指导，结合课程教学目标，通过企业调研使学生了解国家战略和行业特点，以及新冠肺炎疫情防控常态化背景下企业所面临的问题，形成知识传授、价值塑造和能力培养三者融为一体的全景育人课程思政教学模式。使学生理解为什么在企业治理体系构建和经营管理中要加强党的领导，要形成良好的企业文化，从而培养学生的科学精神、创新精神、职业道德和经世济民的家国情怀。

（1）党的领导。带领学生调研科技公司，了解公司的治理结构、我国经济发展的态势尤其是新冠肺炎疫情背景下企业复工复产的情况，使学生认识到社会主义制度的优越性，我党领导的正确性。带领学生学习公司治理结构体系中党委与董事会"双向进入"的有关精神，引导学生在模拟公司的治理体系构建和经营管理设计时要注意加强党的领导。

（2）国家战略。公司的创建与经营需契合国家发展战略，通过讲解公司创建与运营的基本知识及国家经济发展战略、法律法规和相关政策，培养学生的国家战略意识。

（3）知行合一。不仅要使学生掌握认识社会的方式方法，对公司组织形成初步认识，在认识上去伪存真、树立正知正见，更重要的是要培养学生把所学理论、思维方式应用于实践中，用所学知识解决现实问题。

（4）科学精神。引导学生用科学理性的方式分析问题，树立实事求是、勇于探索真理和捍卫真理的精神。

（5）创新创业。为提升学生的创新意识和基本能力，在课程教学设计中，注重挖掘创新创业因素。采用创建新公司的形式，激发学生的创业潜能。

（6）经世济民。设置"红色基地调研"专题，引领学生感受先辈们为中华人民共和国的建立所克服的重重艰难险阻，厚植家国情怀，引导学生把国家、社会、个人的价值要求融为一体，自觉把小我融入大我，将社会主义核心价值观内化为精神追求、外化为自觉行动。

四、教学实施过程

本课程的课堂教学实施过程如图1所示。

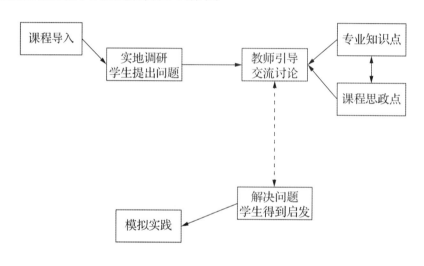

图1 课堂教学实施过程

1. 讲解《湖南农民运动考察报告》

通过对《湖南农民运动考察报告》的讲解，引出课堂内容——实地调研。

2. 依次参观调研中央农民运动讲习所和中地数码

（1）教师带领学生参观中央农民运动讲习所进行红色寻根，瞻仰学习先烈们的革命理想、大无畏精神，感受先烈们的创业艰辛。使学生进一步认识到"创业艰难百战多"，从而意识到公司的创建和发展并非易事，创建一个公司必须要有清晰的目标、坚定的信念；要深入调研，了解实际；要以奋斗者为本，走正确的道路，积极探索、勇于创新，为公司发展注入生命活力。

（2）实地调研"大云移物智"背景下集地理信息系统研究、开发、应用和服务于一体的中地数码，真实体验智慧互联、科技赋能和发展创新。通过调查问卷与访谈的形式，学生可以了解公司的产品、发展之路以及取得的成就，了解公司不断进步、发展壮大的动力来源，了解一个企业的发展历程充满了艰辛，企业的成功离不开核心技术的研发和真正为用户考虑的服务理念。

3. 结合参观调研，学生提出问题

（1）中国共产党的革命史和中地数码的创业史对大学生创业有什么启示？

（2）怎样用一流的党建工作引领一流的企业文化建设和一流的企业经营管理？

4. 交流讨论

邀请中地数码相关人员解答学生关于该公司是如何用技术应对竞争环境的变化，如何建立人才引进机制，以及大学生应如何规划职业发展的相关问题。交流内容涉及投资、财务、能力、风险、法务等各个方面，极大地激发了学生的创业热情。

在随后的探讨中，引导学生逐步认识到在企业创建过程中做好企业职工的思想政治工作，有利于促进企业更好地承担社会责任，促进企业诚信经营，培养员工的奋斗精神、工匠精神等。当今我们面临百年未有之大变局，企业要传承新时代中国共产党人的精神谱系，同时在技术创新上实现跨越发展，吸纳培养创新型人才，凝聚起企业高质量发展的强大力量，在现代化国家新征程上续写新的篇章。

在座谈会的最后由教师进行总结，并对企业创建过程中应如何加强党建工作给出建议。一是组织学习，强化思想建设。企业设立党支部，认真贯彻落实党的路线、方针、政策，组织员工认真学习党的基本知识，学习科学、文化、法律和业务知识。二是开展多种形式的活动，提升党组织凝聚力。充分发挥党员的先锋模范作用，积极创先争优，为企业发展建功立业。三是关心关爱职工，凝聚和团结职工。公司领导应当了解职工生产、生活情况，把满足职工需求和解决职工实际问题作为工作的落脚点，促进企业发展、提高企业经济效益，使党组织、工会组织在企业发挥出应有的作用，充分体现党组织的温暖。

5. 布置模拟实践任务

（1）针对在中地数码调研时发现的问题设计解决方案。

（2）模拟南湖人才开发公司的日常运营，亲身体验企业经营管理实践。

（3）尝试在实践过程中，将公司的党建工作与公司经营管理过程中的文化创建相结合。

五、案例反思

作为学生独立开展公司调研与创建的引导课，未来本课程需要加以推进的工作主要包括以下几个方面。

（1）充分践行科研方法与企业结构的"知"和认识市场与创建公司的"行"相结合的原则。在调研前，应确保学生已掌握了科学调研、公司管理的基本知识，从而使调研有的放矢；同时，要引导学生主动思考对公司的哪个或哪些模块较为感兴趣，需要调研公司哪些方面的内容，从而增强调研的针对性。

（2）对学生进行分组，各组负责不同模块，同时开展调研。受被调研企业上班时间的限制，如果所有学生同时对某一公司的某一模块进行调研，效率可能很低。通过分组，可以让不同小组分别调查公司的产业发展、经营管理、技术创新、人才留用等方面的情况，这样收集信息的效率会更高。各组在调研后再进行交流，也会对公司形成更为全面的认识。

（3）增强学生的协作能力。在小组调研过程中，需要有不同角色的相互配合。例如，采用访谈方式进行调研时，小组成员需要在调研前共同设计好访谈提纲；在访谈过程中需要有访谈者的角色和记录者的角色；在访谈后需要小组成员合作，对访谈的内容进行整理、分析，共同探讨发现的问题。每个环节都能锻炼小组成员的团队协作能力。

六、教学效果

（1）此次教学和社会实践活动既回溯了中国共产党人的伟大创业史和丰功伟绩，又学习了现代科技企业的创新与运营，意义深远，内容充实，形式新颖。学生用心观摩，踊跃提问,涵养了爱国情怀,认识到我国在中国共产党的领导下不断地走向胜利。同时,学生更深刻地认识到当今创建企业所面临的新挑战和新问题,认识到在创建和运营公司的过程中既要发扬革命大无畏的创业精神,从共产党人的伟大革命历程中汲取创业智慧和创业营养,又要利用现代化的科学技术,创新方式方法,打造大数据平台,让公司发展插上科技的翅膀,让公司活力永存、基业长青。

(2)本课程通过课堂讲授、企业调研、新公司创建与管理(模拟)实践等多种教学手段,多层次、多维度和多视角地引导学生,使他们更加深刻地认识到采用科学方法了解企业、了解社会的重要性,学生能够自觉地将本课程所学知识应用到日常的学习、生活中。一些参与过本课程学习的学生还荣获了国家级、省部级创新创业方面的奖项。

参考文献

《新时代国有企业党的建设教程》编写组,2019. 新时代国有企业党的建设教程[M]. 北京:中共中央党校出版社.
李维安,2020. 公司治理学[M]. 4版. 北京:高等教育出版社.
王重鸣,2021. 中国企业组织变革与文化融合策略[M]. 北京:科学出版社.

以马克思主义为基本指导的管理学的意义

工商管理学院　胡川

 案例概述

　　管理学是在归纳和总结人类群体活动规律的过程中产生的,学生通过学习和研究管理学,不仅能够掌握管理学知识、抽象人类群体活动的一般规律,还能够提升管理思维和管理实践能力,为未来学习深造或工作奠定基础。"管理学"课程旨在培养学生发现问题、分析问题和解决问题的理性思维,为学生的学习和生活实践提供指导,促进学生更好地发展。马克思主义是关于人类社会发展普遍规律的科学,因而能够用于指导管理学的学习和实践。马克思主义最根本的世界观和方法论是辩证唯物主义和历史唯物主义,本课程将通过观看视频、资料研讨和现场讲授的方式,引导学生了解辩证法、唯物主义、辩证唯物主义和历史唯物主义的概念;通过实际的企业管理案例,帮助学生理解马克思主义在指导企业管理实践中的重要作用,使学生深刻认识到以马克思主义为基本指导的管理学的意义。

一、基本信息

课程名称:管理学

授课对象:管理类专业二年级学生

使用教材:《管理学》,《管理学》编写组,高等教育出版社

学习内容:管理学的学习意义与方法

教学课时:1 课时

二、课程思政教学整体设计思路

本课程的授课对象是本科二年级的学生,这些学生已经逐步适应了大学的学习和生活,但对个人发展和人类社会的运行规律还缺乏深入的认识,未能形成正确而成熟的世界观、人生观、价值观,缺乏从事管理工作的指导思想和理性思维。因而本课程选取绪论第三节"管理学的学习意义与方法",以习近平总书记的重要讲话为主要阅读材料,引导学生理解和掌握辩证唯物主义和历史唯物主义的内涵,学会运用马克思主义思考、分析和解决管理和生活实践中的问题。

本课程主要分为以下五个部分。

第一部分讲授学习管理学的意义。教师主要介绍管理学在企事业单位中的作用和意义。

第二部分讲授管理学的理论指导。教师通过 PPT 讲授的方式介绍马克思主义揭示的人类社会运行规律,引导学生学习和讨论习近平总书记关于马克思主义的重要讲话内容,使学生理解辩证唯物主义和历史唯物主义的内涵。

第三部分讲授管理学的科学思维。讲授辩证思维是发现、分析和解决管理学问题的重要思维,并引入相关材料组织学生进行讨论和分析。

第四部分讲授学习和研究管理学的基本方法。理论联系实际是马克思主义指导下的管理学基本方法,引导学生学习和讨论相关阅读材料,培养学生理论联系实际的能力。

第五部分为课程总结。回顾课程的主要内容,并布置课后作业,要求学生运用辩证唯物主义或历史唯物主义分析实际问题。

三、教学目标

1. 课程教学目标

本课程的教学内容主要包括四个方面:学习管理学的意义、管理学的理论指导、管理学的科学思维、学习和研究管理学的基本方法。具体来说,讲授管理学在企事业单位管理中的作用,使学生了解学习管理学的意义。讲授马克思主义最根本的世界观和方法论，使学生理解辩证唯物主义、历史唯物主义的内涵，了解马克思主义是如何指导管理学实践的，提高学生自觉运用马克思主义发现、分析和解决问题的觉悟与能力。

2. 思政育人目标

（1）在讲授管理学的理论指导时，引入习近平总书记关于马克思主义的论述，使学生了解到马克思主义依然是指导党和国家开展社会治理的重要思想武器，激发学生学习马克思主义并用其指导工作和实践的兴趣。

（2）在讲授管理学的科学思维时，通过分析和讨论企业管理实践，帮助学生树立运用马克思主义解决实际问题的信心。

（3）在讲授管理学的基本方法时，使学生理解和掌握理论联系实际、实事求是的方法。

四、教学实施过程

1. 教学环节一：课程导入——学习管理学的意义

教学目标：使学生了解学习管理学的作用和意义。

【教学内容】

（1）学习管理学能够帮助我们了解管理的一般规律。管理学是在归纳和总结人类群体活动规律的过程中产生的，每个人都处于一定的管理关系之中，任何人的活动在客观上都存在管理的需要。因而，学习管理学不仅可以使学生成为企事业管理人才，还能够帮助学生处理各类管理问题，如大学的学习管理、家庭关系的管理、事业发展的规划等。

（2）学习管理学能够帮助我们提高理性分析能力。管理学既有科学性，也有艺术性，但都需要理性分析能力。科学性是指许多管理学问题都可以定量分析，如财务规划、物流路径规划等；艺术性是指许多管理方面的重大决策需要管理者根据直觉判断，这种判断是以历史经验为基础的理性分析，管理学的案例分析能够帮助学生提高直觉判断的能力。

（3）学习管理学能够帮助我们指导管理实践。马克思在《关于费尔巴哈的提纲》中提到，哲学的重要使命在于指导实践，改造世界。科学的根本使命是指导人类在认识世界的基础上改造世界，管理亦然。管理学的发展历程表明，管理理论来自企业实践，是对理论实践的高度总结，并能够进一步指导实践活动的开展，管理理论与企业实践是相互促进、螺旋上升的关系。

2. 教学环节二：课程教学——管理学的理论指导

教学目标：阐述马克思主义理论的核心思想——辩证唯物主义和历史唯物主义，及其是如何影响管理学理论的研究和发展的。

【教学内容】

马克思主义最根本的世界观和方法论是辩证唯物主义和历史唯物主义。首先，教师阐释以下基本概念。

（1）辩证，是指人们通过概念、判断、推理等思维形式对客观事物辩证发展过程的正确反映，重点在于对事物进行全面系统的考察，例如，既考虑事物的有利性也考虑事物的不利性，既考虑事物带来的重大挑战也关注其带来的机遇。

（2）唯物主义认为，物质是本原的，意识是派生的，物质决定意识，意识对物质具有能动作用。简单地说，在解决管理问题时，我们需要以事实为基准，而不是根据自己的意愿，想当然地认为应该怎么做。

（3）辩证唯物主义认为，世界是物质的，有其客观的、不以人的意志为转移的规律，人们只有全面系统地认识其规律，才能对其进行改造。

（4）历史唯物主义认为，历史的所有事件发生的根本原因是物资的丰富程度，社会历史的发展有其自身固有的客观规律。

然后，举例分析：1985年，海尔公司由于生产的电冰箱质量不好而濒临倒闭，张瑞敏砸掉76台冰箱，带领员工改造生产线，提高质量，最终使海尔公司成为冰箱领域的领先企业。

按照马克思主义哲学来解读，张瑞敏通过调查发现产品质量是可以提升的，这是客观规律，这种通过调查得出结论的方式就是唯物主义实践。张瑞敏看到了工厂倒闭的危机，也看到了改革的机会，因为危机中大家更愿意改革，这种看到事物两面性的情况就是辩证。张瑞敏认为提升产品质量就会有消费者购买，是基于这样一个判断，即随着改革开放的不断深入,社会生产力逐渐提高,老百姓对产品的要求会越来越高。这种根据社会生产力的发展分析社会发展趋势的方法就是历史唯物主义。

最后,组织学生学习和讨论习近平总书记关于马克思主义的重要论述。

3. 教学环节三:课程教学——管理学的科学思维

教学目标:使学生了解管理学的科学思维,如战略思维、历史思维、辩证思维、创新思维、底线思维。

【教学内容】

(1)战略思维。战略思维要求我们"高瞻远瞩、统揽全局,善于把握事物发展的总体趋势和方向"。管理研究的对象是一个构成复杂、关系交错、动态变化的整体,因而管理研究和学习要视野开阔、见微知著,站在系统协调、动态整合的高度观察、思考和研究管理过程中的问题。

(2)历史思维。历史思维,就是要"以史为鉴、知古鉴今",善于用历史的眼光认识发展规律,把握前进方向,用历史指导现实。管理学是具有高度实践性的学科,历史上有许多企业发展成功或失败的案例,对这些案例进行研究,可以总结出企业发展的一般规律,以此指导未来的企业管理实践。

(3)辩证思维。辩证思维要求企业管理者全面分析问题,识别问题的主要矛盾和次要矛盾,发现问题的本质,善于抓住关键,洞察事物发展的本质规律,然后采取有针对性的措施,实现组织的和谐发展。

(4)创新思维。经济学家熊彼特认为,企业生产经营活动是生产要素组合的过程,企业家的职能就是在这个过程中不断寻求要素组合的新方法。

例如,福特发明了 T 型车生产线,大幅提升了汽车生产率,降低了生产成本,福特公司至今仍是美国重要车企;乔布斯改造了个人电脑,减小了电脑体积,降低了电脑价格,使得电脑进入千家万户,苹果公司也由此获得成功;大疆无人机公司创始人发明了无人机悬停系统,使其公司生产的无人机占据全球市场 70% 以上的份额。

(5)底线思维。底线思维要求企业经营活动的内容、方向和方式必须在法律和道德的框架内进行,同时要求企业目标的确定要考虑到企业当前的状况,还要求评估企业解决不利情形的能力和水平。

例如,乐视网不顾自身现状,疯狂进入多个领域,最终债务缠身;恒大地产集团不考虑自身债务规模,无序扩张,对社会造成不利影响。

在此环节的最后,组织学生分析和讨论华为公司的管理实践。

4. 教学环节四:课程教学——学习和研究管理学的基本方法

教学目标:使学生了解理论联系实际是马克思主义指导下我们学习和研究管理学的基本方法。

【教学内容】

(1)掌握管理学的理论体系。目前,学生接触的企事业单位管理工作还不多,因而需要先学习管理学的理论体系。管理学的原则、方法和工具是在众多管理者的丰富经验的基础上抽象出来的,具有普遍的指导意义。但是具体的管理实践是千差万别的,这就要求我们不能拘泥于理论本身,要了解这些理论形成的实践背景,把握这些理论与方法的本质。

(2)管理学理论指导实践。管理学理论从实践中来,也需要用到实践中去。由于组织性质不同、使命不同、活动特点不同、环境不同,因此管理学理论的具体应用也不尽相同。这就要求我们坚持理论联系实际,具体问题具体分析,灵活地运用管理学理论和方法。

5. 教学环节五:课程总结

教学目标:帮助学生回顾课堂内容,巩固所学知识。

【教学内容】回顾课堂所学内容,结合学生的学习和生活实践,以及企事业单位的管理实践,讲授马克思主义哲学在发现、分析和解决实践问题中的重要作用,引导学生自觉地将马克思主义作为自己的行动纲领、人生发展道路上的指明灯。

五、案例反思

在教学中,教师发现学生对马克思主义,尤其是辩证唯物主义、历史唯物主义的认识比较模糊,对国家为何选择马克思主义等若干重大问题缺乏深入的了解,因而在教学中需要用较多的时间去详细梳理和介绍这些内容。在后续的课程中,将穿插相关内容,以提高学生对马克思主义的认知水平。

在研讨过程中，有部分学生心不在焉，在后续的教学中应设计一些能增加课堂吸引力的环节，如诵读环节、有奖问答环节等。有些学生在回答课堂提问的时候，声音不够洪亮，甚至不清楚问题是什么，教师在后续的课程中应注意与学生建立良好的沟通，并改进课堂内容，以吸引学生的注意力。

从课后作业的反馈情况来看，有些学生对如何运用马克思主义分析和解决问题存在疑问，有些学生虽然对马克思主义有了较为清晰的认知，但是对如何用马克思主义指导生活和实践中还缺乏深刻理解，在后续课堂中应注意对这些问题进行解答。

六、教学效果

通过本课程的学习，学生对马克思主义哲学的辩证唯物主义、历史唯物主义有了更为清晰的认知，认识到马克思主义在指导我国社会主义建设、企事业单位发展等方面具有重要作用，学生初步形成了以马克思主义为指导开展管理学学习、研究和实践的意识。

参考文献

《管理学》编写组，2019. 管理学[M]. 北京：高等教育出版社.
胡川，李绍和，2022. 管理学通论[M]. 3版. 北京：北京大学出版社.

践行乡村振兴使命，培育美丽中国建设者

工商管理学院　邓爱民

 案例概述

"现代旅游发展导论"是旅游管理专业的核心基础课程，主要介绍现代旅游业的产生与发展，研究旅游发展规律，内容紧跟现代旅游业发展趋势。学习"现代旅游发展导论"，有助于学生全面了解全域旅游、研学旅游、乡村旅游、文化旅游、康养旅游、科技旅游等旅游新业态，开阔眼界、丰富知识面；有助于学生认识到现代旅游业在国民经济发展中的重要地位，增强专业学习的兴趣和热情，树立正确的职业观，勇担社会责任。本课程具有以下特色。第一，基于教学目标的多维化、教学内容的多维化、教学资源的多维化、实践形式的多维化、考核评价的多维化，构建"多维融合"的教学创新模式；第二，党建引领课程思政教学改革，组建"课程思政"教学改革团队，积极探寻课程知识点和立德树人根本目标之间的契合点；第三，将习近平新时代中国特色社会主义思想与课程内容紧密结合，引导学生增强爱国情怀与社会责任感，培养学生的职业素养和建设美丽中国的理想信念；第四，"理论—实践—实战"三位一体，打造"田野课堂"，以生动形象的实践形式让学生了解国情民情，鼓励学生学以致用，助力乡村振兴，建设美丽中国。

一、基本信息

课程名称：现代旅游发展导论

授课对象：旅游管理专业二年级学生

使用教材：《现代旅游发展导论》（课程思政版），邓爱民，华中科技大学出版社

学习内容：乡村旅游

教学课时：1课时

二、课程思政教学整体设计思路

"现代旅游发展导论"课程综合运用理论讲授、案例分析、结构化研讨等多种教学方法，在向学生讲授现代旅游业基本理论知识的同时，将家国情怀、民族复兴和社会责任融入课程教学中；并且不断优化课程设计，合理嵌入思政新元素，在传授专业知识的同时实现理想信念层面的精神指引，为社会培育新时代优秀旅游人才。

本课程主要讲授乡村旅游与乡村振兴，介绍乡村旅游的基本知识，讲解乡村旅游扶贫与乡村振兴的典型成功案例，并从习近平总书记关于乡村振兴工作的重要论述、《中共中央国务院关于实施乡村振兴战略的意见》和《乡村振兴战略规划（2018—2022年）》等理论政策中，引出乡村旅游的重要使命，培养学生的职业素养，引导学生树立助推乡村振兴、建设美丽中国的理想信念。

本课程主要讲授三方面的内容：乡村旅游的概念及发展历史、我国乡村旅游发展现状及趋势、我国乡村旅游扶贫与乡村振兴典型案例分析。前两部分内容侧重于理论与实践相结合，目的是使学生对乡村旅游的基本理论知识有一个初步的理解与把握，熟悉我国乡村旅游的发展模式及发展趋势。最后一部分通过案例分析，帮助学生进一步认识乡村旅游的重要性及其与乡村振兴的内在联系，增强学生的职业使命感。

三、教学目标

1. 课程教学目标

本课程主要围绕乡村旅游与乡村振兴，向学生具体讲授以下三方面内容。

（1）乡村旅游的概念及发展历史。具体包括两部分内容：第一，乡村旅游的概念，要求学生理解乡村旅游的概念及其内涵；第二，国内外乡村旅游发展的历史，介绍各发展阶段的特征、标志性事件、发展成效等，引导学生正确看待乡村旅游发展历程中出现的各种现象和问题。

（2）我国乡村旅游发展现状及趋势。具体包括两部分内容。第一，我国乡村旅游的基本类型，具体介绍以绿色景观和田园风光为主题的观光型乡村旅游，以农庄或农场旅游为主题的乡村旅游，以乡村民俗和乡土文化为主题的乡村旅游，以康体疗养和健身娱乐为主题的康乐型乡村旅游的特点、成效，使学生对我国乡村旅游的发展现状有一个全面的认识。第二，我国乡村旅游的未来发展趋势，这部分内容的学习将使学生明确乡村旅游未来的市场前景和发展空间。

（3）我国乡村旅游扶贫与乡村振兴典型案例分析。选取本课程团队定点帮扶的、入选"世界旅游联盟旅游减贫案例100"的湖北省黄石市大冶市刘仁八镇八角亭村龙凤山景区为典型案例，通过案例学习、课外"田野课堂"实践与指导，引导学生体会乡村旅游扶贫的重要意义，鼓励学生学以致用，为龙凤山景区进一步以乡村旅游助推乡村振兴制订切实可行的方案，从而增强学生的社会责任感与使命感。

总之，本课程的教学目标是：立足于乡村旅游基本知识点的讲授，使学生对乡村旅游有一个全面、深刻的认识，不断扩大专业知识面；使学生能够将理论与实际结合，通过课外实地调研切身感受乡村旅游的魅力及其在助推乡村振兴中的重要作用；引导学生探讨旅游活动中的乡村文化现象，使学生掌握乡村旅游规划与开发的注意事项，达到较高的理论与实践水平，能够为以乡村旅游助推乡村振兴的实践提供专业指导。

2. 思政育人目标

本课程立足旅游学科的特殊视野、理论和方法，深入挖掘课程的思政元素，打破了思政教育与专业教育相互隔绝的"孤岛效应"，构建了校内课堂学习与反思、校外"田野课堂"实践与指导的多环节、立体化的教学体系，使学生有机会走出课堂、走出学校、走进乡村，近距离感受乡村发展旅游扶贫以及国家实施乡村振兴战略后，乡村旅游蓬勃发展给农村地区带来的巨大变化，增强学生对旅游管理专业的认同感与自豪感，提升学生对国家重大战略的认识高度，引导学生将个人理想与乡村振兴、祖国繁荣发展紧密联系在一起，自觉践行乡村振兴使命，为建设美丽中国不断努力奋进。

四、教学实施过程

本课程按照课堂导入、教学内容讲解、讨论与反思、"田野课堂"实践与指导、课堂总结五个环节逐步展开。

1. 课堂导入

从习近平总书记关于乡村振兴工作的重要论述、国家相关部委关于乡村振兴的一系列重要政策中，引出乡村旅游的重要使命。同时，从陕西袁家村、湖南十八洞村、贵州西江千户苗寨等乡村旅游的成功经验，引出乡村旅游能够带动贫困地区脱贫致富、助力乡村振兴这一事实，从而切入课堂教学的主题。

2. 教学内容讲解

（1）乡村旅游的概念及发展历史。通过理论讲授、视频展示、案例分析等教学方法和手段，向学生介绍乡村旅游的概念及内涵，以及国内外乡村旅游发展的历史，包括各发展阶段的特征、标志性事件、发展成效等。

（2）我国乡村旅游发展现状及趋势。通过案例分析法、比较分析法，向学生详细介绍四种类型的乡村旅游的特点、成效。结合国家政策趋势以及人们对美好生活需求的变化趋势，分析我国乡村旅游未来的发展趋势。

（3）我国乡村旅游扶贫与乡村振兴典型案例分析。以龙凤山景区为典型案例，介绍龙凤山集团发展战略、龙凤山景区脱贫攻坚行动总体方案、大冶市刘仁八镇八角亭村脱贫攻坚工作行动方案的内容，帮助学生了解景区发展的概况，为后续的讨论与反思奠定基础。

3. 讨论与反思

基于龙凤山景区乡村旅游发展的实践，组织学生开展课堂讨论。以小组为单位，学生围绕以下三个方面进行讨论与反思。第一，龙凤山景区乡村旅游取得了哪些显著成效？第二，龙凤山景区乡村旅游助推乡村振兴的主要路径是什么？第三，龙凤山景区乡村旅游发展经验对其他乡村地区有哪些重要启示？讨论结束之后，各组推荐一名成员分享讨论的结果。

4. "田野课堂"实践与指导

本课程注重培养学生的实践创新能力，在校内课堂授课环节结束之后，将另外安排时间组织学生开展"田野课堂"系列活动，带领学生走进龙凤山景区开展实地调研，亲身体验该景区"三产融合"旅游扶贫为当地社会经济发展带来的巨大变化。通过将校内课堂教学与实地调研紧密结合，进一步升华课堂教学内容。同时，结合我国乡村旅游未来的发展趋势，指导学生结合龙凤山景区当前的实际情况，为龙凤山景区制订乡村旅游助推乡村振兴的建设方案，并尝试撰写咨政报告。

5. 课堂总结

校内课堂教学和"田野课堂"结束之后，教师对课堂教学进行归纳与总结，进一步强化思政教育，使学生深刻认识到本专业的重要性，以及新时代青年应履行的社会责任，鼓励学生努力为乡村振兴、建设美丽中国做出贡献。

课程结束之前，教师给学生留下三个问题，供其课后进一步思考。

问题1：乡村旅游与乡村振兴的内在联系是什么？

问题2：如何实现以乡村旅游助推乡村振兴？

问题3：旅游管理专业学生在乡村振兴中扮演着什么角色？

问题1的目的是使学生更加深刻地理解课堂讲授的具体内容，认识乡村旅游的重要性，以及厘清乡村旅游与乡村振兴两者之间的内在逻辑关系。问题2和问题3起到延伸拓展的作用，进一步增强学生的社会责任感，使其更加深刻地认识到青年大学生的责任与担当。

五、案例反思

"现代旅游发展导论"作为旅游管理专业核心基础课程，在培育新时代优秀旅游人才方面发挥了重要作用。未来教学团队将努力推进以下三方面工作，以进一步提升课程思政的教学效果。

（1）深入挖掘课程思政元素。旅游产业具有与其他产业关联度高、综合性强的特点，是国民经济中的战略性支柱产业。教师要牢固树立知识传授与价值引领同频共振的教学理念，根据国内外时政热点、行业趋势，深入挖掘课程中的思想政治教育元素，及时更新和拓展课程思政内容，引导学生更自觉、更全面地关注我国旅游发展的热点、难点和痛点问题，让课程思政如盐入味、润物无声，从而更好地培育学生的家国情怀、责任意识和担当精神。

（2）把握规律，找准需求点。"现代旅游发展导论"是一门理论与实践紧密结合的课程，它不仅要使学生全面了解现代旅游业发展的基本知识，还要使学生掌握解决旅游发展现实问题的能力，提高社会责任感和使命感。因此，在未来的课程教学中，教师要深刻把握思政教育的规律，以学生为中心，坚持解决思想问题同解决实际问题相结合的原则，回应学生的关切和诉求；要紧紧围绕新时代党中央对人才培养的新要求，深入研究学生的成长特点和规律，找准方向，在课程教学中有机融入国民经济发展以及旅游业发展中的时事热点问题；要与时俱进推动课程思政改革创新，增强课程思政教学的趣味性，调动学生学习的积极性与主动性，从而培养出基础扎实、专业能力强的高素质旅游人才。

（3）不断创新"田野课堂"教学模式，激励学生知行合一。课程思政不仅是理论问题，更是实践问题。目前本课程开发的"田野课堂"以其生动的实践形式使学生的思想得到了升华，专业实践能力得到了提升，专业责任感和使命感得到了提高。未来，要聚焦美丽中国、乡村振兴、文旅融合、文化强国等战略，扩大"田野课堂"的地域范围，走出湖北、走向全国；同时进一步丰富"田野课堂"的实践内容，充分发挥校政企三方协同思政育人的优势，建立课程思政实践育人基地，鼓励学生积极参加专业实践活动，以知促行、以行求知，实现学生对专业知识与价值引领的知情意行合一。

六、教学效果

"现代旅游发展导论"是旅游管理专业的核心基础课程，主要介绍现代旅游业的产生与发展，研究旅游发展规律。本课程坚持以习近平新时代中国特色社会主义思想为指导，全面落实立德树人根本任务，在课程知识的传授过程中注重加强对学生的世界观、人生观和价值观的培育，积极引导学生树立正确的国家观、民族观、历史观、文化观，增强了学生的社会责任感与使命感，较好地实现了知识传授与价值引领的有机融合。

在学生专业素质与能力提升方面，本课程立足现代旅游业的发展，注重对学生的专业理论知识教育，帮助学生把握现代旅游业发展规律，了解现代旅游业现状和发展趋势，熟悉各类旅游新业态，使学生提高了对现代旅游业在国民经济发展中的重要地位的认识，增强了对本专业的信心。同时，将美丽中国、乡村振兴、文旅融合与全域旅游等旅游发展新思想、新理念贯彻落实到课堂教学的全过程，通过案例分析与讨论、"田野课堂"活动，引导学生坚持理论与实践相结合，掌握解决现代旅游业发展现实问题的技能，做到知行合一。在学生家国情怀、社会责任培养方面，本课程有意识地发挥理论传播、思想引领、价值引导、精神塑造等育人作用，使学生加深了对中国国情的认识，更为直观地感受到大国魄力和美丽中国的愿景，增强了学生的家国情怀、民族自豪感、社会责任感，激发学生以更加饱满的热情投入学习，为建设美丽中国不断奋进。

参考文献

邓爱民，潘冬南，2019. 高质量发展背景下乡村旅游扶贫的路径选择与政策协同[M]. 北京：中国财政经济出版社.

佩吉，布伦特，巴斯比，等，2004. 现代旅游管理导论[M]. 刘劼莉，等译. 北京：电子工业出版社.

提升职业精神：角色扮演从"被动"到"主动"

工商管理学院　王淑红

 **案例概述**

本课程遵循"以学生为中心"的教学理念，将课程教学与思政育人有机融合，从课程内容的延伸、教学素材的选取以及教学方法的设计等多个方面来实现课程教学与思政育人的双重目标。本课程采取线上线下混合式教学模式，根据学生学习的规律，从"知识的习得—知识的理解与运用—综合素质提升"三个递进层次来安排教学环节。首先，学生通过线上慕课学习相关理论知识；其次，在线下课堂中，教师采用翻转课堂的形式，通过问题情境、案例教学、小组讨论等方法，帮助学生加深对线上所学理论知识的理解，同时引导学生运用所学知识分析和解决组织管理实践中遇到的实际问题，从而提高学生解决问题的能力；最后，教师通过问题启发、学生分组讨论等方法，促进学生学习、反思。本课程通过以下四种途径将课程的教学目标和思政育人目标有机融合：一是选取具有正面教育意义的案例材料；二是采用体验式的教学方法；三是延伸教学内容，使之与思政元素有机融合；四是采取合适的教学组织形式。

一、基本信息

课程名称：组织行为学

授课对象：工商管理学院一年级学生

使用教材：《组织行为学》，王淑红，机械工业出版社

学习内容：群体心理与行为中的"角色理论及其应用"

教学课时：2 课时

二、课程思政教学整体设计思路

本课程的主要教学内容是角色的相关理论及其在组织中的运用,课程采用线上线下混合式教学模式。首先,学生通过线上慕课学习相关理论知识,包括角色、角色认知、角色期待、角色认同以及角色创造等概念。其次,在线下课堂中,教师采用翻转课堂的形式,加深学生对线上所学理论知识的理解,使学生形成系统的知识体系,并在此基础上通过问题情境创设、案例教学、小组讨论等方法帮助学生运用所学理论知识分析和解决组织管理实践中遇到的实际问题,提高学生解决问题的能力;最后,教师通过视频案例分析、问题启发、学生分组讨论等方法,引导学生把所学知识与实际的工作和生活进行关联,鼓励学生分享、讨论学习感受,并从自身的感受中总结认识,从而帮助学生理解角色扮演对个体工作和生活的重要意义,提高学生的角色适应意识,培养学生自我监控的能力与职业精神。

三、教学目标

1. 课程教学目标

(1)掌握角色及其相关的概念。

(2)能够运用角色的相关理论分析管理实践中的实际问题。

2. 思政育人目标

(1)提高学生的角色适应意识。

(2)培养学生自我监控的能力与职业精神。

四、教学实施过程

1. 教学环节一:角色理论知识的系统学习

此环节的教学目标主要有两点:一是使学生能够掌握角色及其相关概念;二是使学生能够理解角色理论在组织管理实践中的运用,包括运用角色的相关理论知识分析管理实践中的问题,并针对这些问题提出有效的解决方案。

教师采用问题情境、案例分析等方法帮助学生加深对线上课所学理论知识的理解。选取的案例共三个，都是对学生具有一定现实启发意义的案例，第一个案例描述的是一名大学毕业后刚参加工作的员工，由于不了解工作上的具体要求，出现了角色认知不清晰的情况，这种不清晰的角色认知最终导致他的工作出现问题。第二个案例描述的是一名离职之后刚进入一家新公司工作的员工，由于他不了解直接上司对他的角色期望，因此出现了上下级之间关系不和谐的问题。第三个案例描述的是学校明文规定大学生宿舍禁止使用高功率电器，但是在学生宿舍使用高功率电器的现象仍然屡见不鲜。以上三个案例及其背后的理论知识，不但可以帮助学生掌握理论知识，而且对于学生态度和行为习惯的养成具有一定的启发和教育作用。通过此环节的学习，学生能够形成图1所示的知识体系。

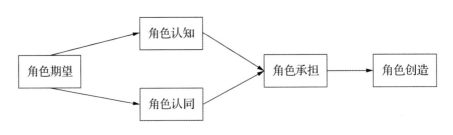

图1　角色理论知识体系

通过此环节的学习，学生认识到要想承担好自己的各个角色，就必须对该角色有一个清晰的角色认知，而且这个角色认知需要与他人或组织对该角色的角色期望保持一致。与此同时，要想把角色承担好，还需要个体认同他人或组织对其所承担角色的行为和态度的要求。个体不能承担好自身角色，既可能是因为自己对角色的认知不清晰，也可能是因为自己对角色的认知和他人或组织对该角色的要求不一致，还可能是因为自己对角色的要求不认同。

2. 教学环节二：学生分组讨论角色理论在组织管理中的应用

此环节主要采用视频案例分析法和小组讨论法，使学生理解所学理论知识在组织管理中的应用。

分组讨论的问题有如下三个：一是角色的相关理论知识对管理实践有哪些启示？二

是如何使员工在组织中扮演好自己的岗位角色？三是观看视频案例，并讨论如果你是校长，你会如何让教师表现出类似的角色行为？第三个问题中的视频案例描述的是一名教师由于连续上了很多节课，很疲惫，但是他在进入下一个课堂之前，在教室外面的走廊里反复调整自己的表情，直到自己能够面带微笑，并呈现出良好的精神状态后才走进教室，体现了良好的教师职业素养和职业精神。该视频案例本身具有态度与价值观引导的作用，既贴合教学内容，又具有思政育人的意义。该视频案例反映了当个体面对所承担的工作岗位角色的行为要求时，应该如何应对的态度和行为。该视频案例中的教师在比较疲惫的情况下，为了提高教师角色的扮演效果，主动调整自己的面部表情和情绪状态以适应工作岗位的角色要求，这不仅是一个角色扮演的过程，还体现了该教师积极的职业态度和良好的职业精神。该视频案例能帮助学生认识到调整自己的行为和态度以扮演好自己的工作角色，是个体具有良好职业态度和职业精神的体现。

3. *教学环节三：学生分享学习心得，教师进一步把思政教育有机融入课堂教学*

此环节主要由学生分享自己的学习心得和感受。"世界是个大舞台，所有的人不过是舞台上的演员。"通过莎士比亚的这句名言，引导学生理解我们每个人都需要扮演不同的角色。学生在分享自身体会的过程中，可以认识到扮演好不同角色对个体的重要意义，同时理解完成工作的过程也是一个角色扮演的过程。结合前面的教师视频案例，帮助学生理解无论个体处于什么情境，只要他承担了某个岗位角色后，就需要把该角色扮演好，也就是要具备良好的职业素养和职业精神。此环节应让学生意识到，每个人都需要扮演不同的角色，所以必须学会根据不同角色的要求调整自己的行为和态度，从而提高学生的角色适应意识，以及培养学生自我监控（根据外部情境需要调整个体行为的个性特点）的能力。

五、案例反思

课程思政教学可以通过多个途径实现。第一，教学内容的延伸。很多教学内容本身就具有塑造学生价值观和个性品质的作用,所以教学内容的延伸是实施课程思政的重要途径。第二,教学素材的选取。管理类课程需要运用大量的案例材料,所以在选取案例时可以选择那些具有正面意义的案例素材。本课程选取的案例对学生而言均具有一定的现实启发意义。第三,教学活动的组织。管理类课程经常采用团队作业的形式,在团队活动中,学生通过分享彼此的不同经验和感受,相互学习和启发,从而改进认知,增强体验;同时,学生对团队关系应该如何有效协调,每个人应该如何扮演好自己的团队角色,应该如何处理团队冲突等也会有实际的体会和感受。教师再对学生进行有效的引导,就可以促进学生提升团队合作意识和换位思考的能力,本课程采用小组讨论的方法,让学生能够分享彼此的感受和经历,从而拓展了认知。第四,教学方法的设计。思政育人要能够丰富学生的体验和感受,所以教学方法的选择就非常关键。本课程采用案例分析、小组讨论等多种参与式教学方法,使思政教育能够在"润物细无声"中取得效果。

未来课程可以在以下两方面进行改进:一方面可以进一步搜集或者开发与课程内容相关,并能够同时满足理论知识教学与思政育人双重需要的文字或视频资料;另一方面,进一步探讨将知识教学与思政育人目标进行有效融合的实现途径,使课堂教学形成有机的统一整体,从而取得"润物细无声"的育人效果。

六、教学效果

本课程采用线上线下混合式教学模式,遵循"以学生为中心"的教学理念,采用案例分析、小组讨论等教学方法,一方面帮助学生掌握了相应的理论知识,另一方面培养了学生的价值观与个性品质,取得了较好的教学效果。本课程从教学内容延伸、教学素材选取、教学方法选择、教学活动组织等多个方面开展思政教育,同时实现了理论知识教学和思政育人的双重目标。

学生普遍表示通过学习,他们提高了角色适应的意识,理解了个体应该根据不同角色情境的要求调整自己的心态和行为;在职场中要想更好地扮演自己的岗位角色,就要对岗位角色有清晰的认知,了解他人或组织对该岗位的角色期望,心态上要认同岗位角色的要求,同时要理解既然自己已经承担了这个岗位的角色,就相当于给出了承诺，那么不管自己处于什么情绪状态或者有什么原因，都应该把自身的岗位角色扮演好。

 参考文献

《组织行为学》编写组，2019. 组织行为学[M]. 北京：高等教育出版社.

李伟，2017. 组织行为学[M]. 2版. 武汉：武汉大学出版社.

迈尔斯，2016. 社会心理学：第11版[M]. 侯玉波，乐国安，张智勇，译. 北京：人民邮电出版社.

王淑红，2021. 组织行为学[M]. 北京：机械工业出版社.

从"理财救国"到"理财治国"

政府会计研究所　张琦　潘晓波

案例概述

本课程旨在让学生掌握国家治理和政府财务治理的基本理论及其构成,使学生认识到国家治理对实现国家繁荣、人民幸福的重要性,以及政府财务治理在国家治理过程中所发挥的重要作用。在教学过程中,通过案例材料展示、启发学生思考、扩展性讨论等环节让学生在具体的情境中将理性认识转化为内在的感性认同,实现知识传授和思政教育的统一。让学生通过对案例的分析和讨论,增强家国情怀,自觉把小我融入大我,以国家的富强、民主、文明、和谐作为个人学习和奋斗的目标,以国家繁荣富强为己任,进一步坚定"四个自信"。

一、基本信息

课程名称:国家治理与政府理财

授课对象:全校本科生

使用教材:自编讲义

学习内容:国家治理与政府理财概述

教学课时:2课时

二、课程思政教学整体设计思路

本课程主要讲授国家治理与政府理财之间的关系,以及政府理财的国家治理功能等内容,使学生认识到国家治理关乎国家、民族的命运,关乎人民的幸福。政府理财体现

为政府财务治理，它发挥着重要的国家治理功能。不同国家的治理体系和治理能力切实影响着该国国家治理的效果。

本课程教学包括理论教学和案例教学两个环节。理论教学环节旨在让学生形成基本的理性认识。案例教学环节一方面让学生能够检验理论和应用理论，另一方面让学生通过感性认识加强对基本概念、观点的理解和认同。案例教学环节除了进行案例展示和案例分析，还采用互动的方式，基于案例资料提出拓展性问题，让学生根据自己的所见所闻发表看法，从而通过学生的主动参与把教学中的思政元素内化。由此可见，案例教学是实施思政教学的重要环节。本课程通过案例教学，使学生从历史中、从当下、从身边感受国家治理和政府理财对国家、民族，以及对每个社会公民的影响，培养学生树立为国为民而学习奋斗的目标，进一步坚定"四个自信"，培养学生以习近平新时代中国特色社会主义思想去分析问题、解决问题的思维习惯。

三、教学目标

1. 课程教学目标

本课程旨在完成以下教学目标：让学生掌握作为国家治理重要抓手的政府财务治理的理论；结合我国的具体实践案例，让学生掌握中国特色社会主义制度和国家治理体系的基本构架及内容，并充分认识到其具有的显著优势。

2. 思政育人目标

国家治理体系和治理能力现代化已成为我国改革的重要内容。"国家治理与政府理财"课程的思政育人目标是通过对国家治理和政府财务治理的专业教学，让学生充分认识到我国国家制度和国家治理体系所具有的多方面的显著优势，进一步加强学生爱国、爱党、爱人民，坚持中国特色社会主义道路的政治意识和政治立场，培养具有家国情怀的专业人才，从而使知识传授与思政建设同向同行。

本课程采用案例教学法，从以下两个维度实现思政育人目标。

（1）通过历史纵向沿革，展示从近代民族资产阶级提出"理财救国"到当下和平年代的"理财治国",强调"为国理财"体现的是崇高的爱国主义情怀,激励学生提高个人爱国修养,自觉把小我融入大我。

(2)通过对各国抗击新冠肺炎疫情的政策及效果进行比较,使学生体会到中国特色社会主义制度的优越性,从而进一步坚定"四个自信"。

四、教学实施过程

本课程教学包括理论教学和案例教学两个环节。

理论教学环节主要讲授国家治理与政府理财的关系,以及政府理财的国家治理功能等内容。此环节的教学将为后续案例教学提供理论基础和框架。

在案例教学环节,教师先进行案例材料展示并提出问题,启发学生思考,再针对提出的问题,采用互动方式逐步引导学生结合自己的所见所闻进行发言讨论,从而使学生更好地理解教学内容,并将思政元素内化吸收。

1. 案例材料展示

材料一:①康有为《物质救国论》节选;②康有为《金主币救国议》节选;③康有为《理财救国论》节选。

材料二:①国外新冠肺炎疫情数据;②2020年5月我国复工复产的新闻图片;③我国为应对新冠肺炎疫情所采取的经济和财政措施。

2. 提出问题

(1)根据以上材料,启发学生思考政府理财对国家治理的重要性。

(2)全球新冠肺炎疫情的暴发,对世界各国的国家治理能力提出了挑战,根据以上材料,引导学生思考各国新冠肺炎疫情防控情况的差异及其与国家治理体系之间的关系,重点思考我国国家治理体系与抗疫成效之间的关系。

3. 互动环节

(1)针对材料一。

① 启发学生思考材料一中的历史背景是什么样的。

② 请学生谈一谈康有为认为"为国理财"能达到什么样的目的。

③ 启发学生对康有为的思想和情怀进行评价。

（2）针对材料二。

① 鼓励学生谈一谈自己对世界各国抗疫情况的了解（不局限于材料中的国家）。

② 根据材料二和学生的发言情况，启发学生思考各国出现差异的原因有哪些。

③ 鼓励学生结合材料二中我国应对新冠肺炎疫情的政策措施及自己的所见所闻，谈一谈我国抗疫取得阶段性成效的原因。

④ 引导学生认识到，国家治理关乎国家、民族的命运，关乎人民的幸福，优化国家治理能力和治理体系是一项重大的命题，我国国家制度和治理体系在这次面对新冠肺炎疫情的考验时，显示出卓越的优势。

4. 总结要点

（1）材料一体现出近代民族资产阶级已经认识到"理财救国"的重要性。材料二显示，在和平时代，"理财救国"发展为"理财治国"，同样关乎国家、民族的命运，关乎人民的幸福。"为国理财"体现了崇高的爱国主义情怀。

（2）材料二体现了我国国家制度的优越性。在新冠肺炎疫情期间，政府的财政政策着眼于保就业、保基本民生、保市场主体。减税降费、减免中小微企业房租、增加对公共卫生体系建设的财政投入等措施的目标都是推动经济平稳健康持续发展，其重点是保障人民生命财产安全，充分体现了"以人为本"的国家治理理念。

5. 融入思政教育

（1）使学生认识到"为国理财"体现了崇高的爱国主义情怀，激励学生提高个人爱国修养，自觉把小我融入大我。

（2）使学生充分认识到我党"人民至上、生命至上，保护人民生命安全和身体健康可以不惜一切代价"的抗疫宗旨，进一步体会到中国特色社会主义制度的优越性，坚定"四个自信"。

五、案例反思

"国家治理与政府理财"课程每学年至少开设一次,未来将重点在以下几个方面进一步加强课程思政建设。

1. 持续丰富、更新教学案例,加强课程案例库建设

案例教学是专业课程融入思政元素的重要抓手。取材于时事的案例资料,可以启发学生思考,使学生能以更具象的感性认识巩固其对理性认识的认同,帮助学生形成正确的价值观和政治态度。在这一过程中,案例资料的实时性、充分性、适合性,以及案例教学过程设计的合理性、有效性等都会直接影响教学效果。在今后的课程思政建设中,教师将根据最新时事新闻,持续丰富教学案例资料;根据课程内容和教学目标,不断完善案例教学过程设计,加强课程案例库建设,从而不断提升案例教学的教学效果。

2. 遵循八个"统一"原则,探索和创新教学方法

2019年3月18日,习近平总书记在学校思想政治理论课教师座谈会上提出八个"统一",即坚持政治性和学理性相统一,坚持价值性和知识性相统一,坚持建设性和批判性相统一,坚持理论性和实践性相统一,坚持统一性和多样性相统一,坚持主导性和主体性相统一,坚持灌输性和启发性相统一,坚持显性教育和隐性教育相统一。

在教学方法上,课程将秉持"立德树人"的综合教育理念,遵循八个"统一"原则,探索和创新多样化的教学形式和手段,重点包括以下几方面内容。

(1)在讲授完理论知识后,带领学生深入分析我国的国家治理体制,使学生在获得专业知识的同时,树立正确的政治意识和价值观,从而实现政治性和学理性相统一、价值性和知识性相统一。

(2)在讲授过程中,采用案例教学法,鼓励学生从身边的实事中发现问题,并自主思考;通过课堂汇报和讨论环节激发学生主动发现问题、思考问题,培养学生的思辨能力,实现建设性和批判性相统一、灌输性和启发性相统一。

(3)在教学环节中,除课堂讲授外,还安排了课程实践环节,组织学生实地调研行政事业单位的财务管理工作，使学生能够从多样化的实践中对理论进行检验，从而实现理论性和实践性相统一、统一性和多样性相统一。

（4）在整个教学过程中，教师采用多样化的教学方式主导教学，提高了学生的积极性，在传授显性知识的同时，融入隐性思政教育，使主导性和主体性相统一、显性教育和隐性教育相统一。

六、教学效果

"国家治理与政府理财"课程在每章的教学中都采用了案例教学法，将思政元素有机融入教学内容。在课程的最后，教师设计了由学生自主选题进行汇报并完成课程论文的环节，以检验课程思政教育的教学成效。

学生的课堂汇报及课程论文显示，课程思政教学成效主要体现在以下三个方面。

（1）学生的课堂汇报及课程论文的选题都能准确地落在国家治理框架下，涉及高等教育、公共医疗、社会保障、预算管理、绩效评价、政府补助、政府债务、财税政策扶持、转移支付等诸多公共领域。他们能够针对具体的问题进行分析，并提出了自己的想法。这说明课程培养了学生关心国事、关心民生、积极参与社会公共事务的思维习惯，帮助学生打开了视野，并树立起为国为民而学习奋斗的目标。

（2）学生在分析问题时采用的思路，体现出学生已经学会了运用习近平新时代中国特色社会主义思想分析问题、解决问题的方法。

（3）学生提出的解决思路体现出学生对中国特色社会主义政治制度的自信，体现出学生对党的创新理论的政治认同、思想认同、情感认同。

参考文献

干春松，2019. 理财观念与现代国家的建构：中国近代思想家的"理财救国"论[J]. 江海学刊（3）：54-58.

马骏，2011. 治国与理财：公共预算与国家建设[M]. 北京：生活·读书·新知三联书店.

习近平，2014. 习近平谈治国理政[M]. 北京：外文出版社.

思政引领，科技赋能，多元创新

——"内部控制与风险管理"课程育人新篇章

会计学院　王清刚

本课程立足中国企事业单位的现状，以培育德才兼备的卓越管理人才为根本任务，确立了"价值塑造、知识传授、能力培养和智慧启迪"的育人理念。课程团队秉持"爱党爱国、专业素养、工匠精神和全面发展"的育人标准，从五个维度将思政教育融入专业课程建设和课堂教学全过程。一是明确课程目标，坚持思政引领，立德树人；二是坚持育人为本，深耕课堂，以价值塑造引领专业课程教学；三是以建设一流课程为核心，打造优质丰富的课程资源；四是基于"MOOC+SPOC+翻转课堂"模式，创新专业课程教学；五是理论联系实践，不断丰富第二课堂，全面落实三全育人。以价值引领努力将学生培养成为德才兼备的高级专门人才。

一、基本信息

课程名称：内部控制与风险管理

授课对象：会计学、财务管理学、审计学等专业三、四年级学生

使用教材：《内部控制与风险管理：理论、实践与案例》，王清刚，高等教育出版社

学习内容：风险评估

教学课时：4课时

二、课程思政教学整体设计思路

1. 坚持育人为本，持续深耕课堂，以价值塑造引领专业课程教学

课程团队积极挖掘课程中的思政元素和价值资源，将其自然融入课堂教学，达到润物无声的效果。教师切记不能生硬地在课程中植入"思政"，不能简单地宣讲和灌输。例如，在讲授内部控制与风险管理的起源时，教师会引入中华文明在这一方面的贡献，以增强学生的文化自信和民族自信。

2. 以建设一流专业课程为核心，打造优质丰富的教学资源

课程建设是培育人才的资源基础，课程资源的丰富程度和优秀程度是确保育人育才成功的关键。课程团队长期坚持在教学和科研一线，致力于打造优质丰富的课程资源，努力建设国内领先、国际一流的专业课程。以"风险评估"内容为例，课程团队打造的教学资源包括：9个授课视频（内含互动提问，学生需要参加互动才能继续观看视频）、导入案例、重难点分析、作业、案例讨论与分析、本章小结、即测即评练习题、思考题等。课程建设没有终点，永远在路上，需要精益求精。为持续优化课程资源，团队成员经常集体备课，开展教学研讨，交流教学体会，会诊教学难题。

3. 基于"MOOC+SPOC+翻转课堂"模式，创新专业课程教学方式

由于现代信息技术快速发展，手机、电脑可以存储几乎所有的知识，因此课堂教学的重点应放在训练学生的知识应用能力、专业判断能力、逻辑思维能力和培养学生的职业价值观等方面。传统课堂上，教师不得不花大量时间讲授基础知识，对于高阶性和前沿性内容往往无暇顾及。而线上线下混合式教学能够有效缓解课程知识普及与拔高性教学之间的冲突。课程团队依托MOOC线上资源，以学生自主学习为核心，采用"MOOC+SPOC+翻转课堂"模式进行混合式教学探索，部分课时由学生在线学习，部分课时由教师现场授课。知识学习主要由学生在线自主完成，现场教学的重点是通过案例分析、研讨展示、生讲生评、生讲师评等方式开展拔高性教学，讲授线上资源没有覆盖的内容。现场教学还会通过梳理知识点、答疑、作业和测试等教学活动，检查学生线上学习情况。

4. 理论联系实践，不断丰富第二课堂，全面落实三全育人

第二课堂蕴含丰富的思政资源，是提高学生实践和创新能力的重要渠道。课程团队通过企业导师、社会调研、专业实习、学科竞赛、产学研合作、虚拟仿真平台等渠道，不断丰富第二课堂。通过带领学生深入企事业单位调研，积极开展实践教学，增强学生理论联系实际的能力，提升学生对国家、社会和单位的责任感与使命感。通过这些课外活动，一方面可以使学生加深对课程知识和实践技能的理解与掌握，另一方面可以提升学生的专业素养和创新能力。

三、教学目标

1. 课程教学目标

本课程以系统论、控制论和信息论为指导，以"理论—实践—案例"为主线，按照"目标—风险—控制"的逻辑，通过多种教学方式，为学生构建"内部控制与风险管理"的知识结构框架，使学生系统掌握"内部控制与风险管理"的基本理论、先进工具和实践技能，熟悉内部控制设计和运行的原理及方法，并能够熟练地对企事业单位的内部控制与风险管理做出分析和评价，培养学生"提出问题—分析问题—解决问题"的专业素养和实践能力。

2. 思政育人目标

立足中国企事业单位的现状，以培育德才兼备的卓越管理人才为根本任务，以"价值塑造、知识传授、能力培养和智慧启迪"为育人理念，将习近平新时代中国特色社会主义思想和"四个自信"等思政内容自然融入课程内容，通过价值引领，努力引导学生树立正确的世界观、人生观和价值观。

四、教学实施过程

下面以第三章"风险评估"教学内容为例，介绍将课程思政元素融入专业内容的具体做法。

1. 回顾上一章的主要内容

内部环境的构成要素及其主要内容、企业组织架构设计与运行中的主要风险及其控制、企业发展战略规划与实施中的主要风险及其控制、企业人力资源政策与实践中的主要风险及其控制、企业履行和管理社会责任中的主要风险及其控制、企业文化建设过程中的主要风险及其控制。

2. 提出教学目标

理解和掌握风险的概念、特征及类别；熟悉风险的组成要素及其作用原理；掌握并能熟练应用风险识别的方法和技术；了解企业整体层面的风险识别；熟悉业务和流程层面的风险识别；掌握并能熟练应用风险分析技术；理解和掌握固有风险和剩余风险概念；理解并能熟练应用风险应对策略及其控制措施。

3. 案例导入

播放本章导入视频：习近平总书记在省部级主要领导干部坚持底线思维着力防范化解重大风险专题研讨班开班式上的讲话。通过案例导入，介绍风险识别、分析和应对的重要性。

4. 专业内容教学

（1）在讲授"风险"一词的由来时，引入中华文明在这一方面的贡献。"风险"一词是由我国渔民创造并使用的。以前的渔民在每次出海前都要祈求神灵保佑自己能够平安归来。长期以来，渔民深刻体会到"风"会给他们带来未知的危险，一刮风就很危险，"风"即意味着"险"，于是"风险"一词便产生了。

（2）在讲授重大风险的分析与应对时，立足全球视野讲解应如何防范和化解国家政治、经济、科技、社会等领域的重大风险问题，培养学生的忧患意识。

（3）在讲授小概率、大破坏的黑天鹅风险事件时，以新冠肺炎疫情为例，展示抗疫中的感人事迹和丰富素材，深入挖掘素材中蕴含的教育价值，使学生充分认识到中国特色社会主义制度的优越性，培养学生坚定"四个自信"。

5. 教学内容小结

梳理和总结本章主要知识点，进一步强化课程思政育人目标。

6. 教学效果测评

（1）让学生在教材上的即测即评练习题处，扫码参加即测即评练习，以此检测学生的学习效果和对知识的掌握程度。

（2）播放视频案例，教师先让学生分析和讨论，再通过课堂提问，测评学生对本章内容的掌握程度。

7. 讨论与思考

为进一步深入推进课程思政育人目标的实现，教师提出两个思考题让学生课后讨论与思考。①在风险管理理论与实践发展的历史长河中，中华文明有哪些突出的贡献？②以新冠肺炎疫情为例，在重大公共卫生危机事件的处理和应对中，相对资本主义制度，中国特色社会主义制度有哪些优越性？

五、案例反思

（1）育人为本是高等教育的核心议题，专业课程教师不能只教书，更要育人。教师应从意识形态和国家战略高度提高站位，正确认识课程思政和三全育人的重大意义。教师应通过学习和培训，从转变教学理念、培养育人情怀、增强思政素养、提高思政技能等方面，努力提升课程育人能力。

（2）教师在课程建设和课堂教学中首先需要明确课程育人目标，坚持立德树人，将思政教育融入课程建设和课堂教学全过程，坚持知识传授、能力培养和素质提升三者协调发展。

（3）专业课程思政建设的难点是如何将专业内容与课程思政自然地融合。教师应深入挖掘专业内容中的思政元素，提炼升华其中的教育价值，并将其自然融入专业课程内容，渗透到教材、教学大纲、教案和课件中，从而将知识传授、能力培养和价值塑造融为一体。

（4）第二课堂蕴含丰富的思政资源，是提升学生实践和创新能力的重要渠道。但受资源限制，无法满足所有学生的参加诉求，希望未来能够进一步扩大和丰富第二课堂教学资源，使更多的学生能够参与实践。

六、教学效果

（1）本课程校内选课率高，深受学生的喜爱和好评。

（2）本课程服务社会和示范效应显著。截至 2021 年年底，本课程累计受益人次超过百万。在学习强国平台上，部分视频观看量超过 400 万人次。200 多所大学基于本课程开设了 SPOC 课堂。100 多所大学选用了本课程团队编写的教材。本课程不仅得到在校学生和线上学员的喜爱，还通过管理咨询、课题研究、职业培训等多种途径，在社会上产生了深刻影响。湖北教育电视台、楚天金报等多家媒体对本课程的教学效果进行了报道。

（3）荣获多项奖励和荣誉。本课程先后获得首批湖北省高校精品在线开放课程、国家级线上一流课程、国家级线上线下混合式一流课程、国家级课程思政示范课程等荣誉，课程团队荣获了国家级课程思政教学名师和教学团队等荣誉。

读懂中国秦简中的会计,树立会计制度和文化自信

会计学院 宋丽梦

 案例概述

会计信息是经济社会控制与决策的基础,会计的历史涉及文字、数字与算术、时间、度量衡、货币等的发展演化。由于现代会计学主要建立在西方会计理论基础之上,缺乏对中国固有会计发展演化的阐述与讨论,因此学习"中国会计文明史"有助于学生思考在中国的政治经济发展历程中,会计与经济环境之间的相互作用关系,了解中国辉煌灿烂的会计文明及其在世界会计之林中独树一帜的地位,提高对经济社会发展规律的认识。本课程具有以下特色。第一,坚定学生理想信念。通过追古溯今,加强中华优秀传统文化教育,增强学生的政治认同和家国情怀。第二,树立会计制度自信和文化自信。通过引导学生了解中国光辉灿烂的会计文化和历史及其在世界会计发展历史中的地位和作用,帮助学生树立对我国会计制度和文化的自信。第三,立足于科学发展必然趋势下的学科交叉与跨界融合性研究,将经济学、管理学、法学与会计学等多方面内容结合起来加以研究,引导学生全面、系统、批判性地分析和看待会计的发展演化。第四,注重培养学生系统性、批判性和创新性的思考能力,引导学生学会识别和评判会计演化中有冲突的不同解释,从而使学生获得批判性的思考能力,以及处理和评估各种证据并进行连贯论证的能力。第五,利用翻转课堂进行案例讨论和课堂辩论,形成以学生为主体,教师为引导的教学模式。

一、基本信息

课程名称:中国会计文明史

授课对象:全校本科生

使用教材：《会计史研究：历史·现实·未来》（第二卷），郭道扬，中国财政经济出版社

学习内容：秦会计法律和官厅会计系统

教学课时：2课时

二、课程思政教学整体设计思路

本课程主要讲授云梦睡虎地秦简和里耶秦简中所见的会计法律和官厅会计系统。通过回顾春秋战国时期列强竞胜的历史，以及介绍秦孝公、商鞅、韩非和吕不韦所推行的政治经济改革，引出两个历史学中的重要问题：①为什么在战国七雄的竞争中秦最终能取胜？为什么是秦而不是其他国家完成了统一？②秦采用了和战国诸侯不同的发展模式和道路，实现了从封建制到郡县制的变革，奠定了中国延续两千年的帝国制度，那么秦是如何实现高度集权管理的呢？

基于上述问题向学生展示和解读云梦睡虎地秦简《仓律》和《金布律》中关于会计计量的相关法律，以及里耶秦简中洞庭郡体系完善的官厅会计账簿体系和详尽的、高度标准化的会计记录，使学生能够了解完善的、领先于世界的秦会计法律、会计账簿体系和会计记录，并进一步思考如何通过缜密的会计系统来实现中央集权政治制度和财政体制，以及如此先进的会计体系所需要的精密时间系统、统一的文字、标准化的度量衡、完善的数字与算术等又是如何演化发展而来的。在此基础之上，使学生对会计系统在社会经济管理中的基础性作用有所理解和思考，让学生了解中国历史中独特的政治、经济、法律制度和辉煌灿烂的会计文明，从而坚定对中国会计制度和文化的自信。

本课程采用翻转课堂、讲授与讨论相结合的教学方式，首先让学生学习慕课课程"会计简史"中的"强秦与会计""云梦睡虎地秦简中的会计""里耶秦简中的会计"等内容，然后提出相应的问题：为什么秦在战国七雄的竞争中能够胜出？如何实现高度中央集权的社会经济管理？并组织学生进行相应的讨论。最后，进行总结和升华，强调秦会计制度对中国会计制度和文化发展的重要影响，突出其在世界历史上的先进性。

三、教学目标

1. 课程教学目标

本课程主要基于云梦睡虎地秦简和里耶秦简中所见的会计法律和官厅会计系统，向学生讲授以下四个方面的内容。

（1）秦的政治经济和法律制度背景。秦采用了和战国诸侯不同的发展模式和道路，实现了从封建制到郡县制的政治体制变革，商鞅变法推动了土地、盐、铁、商业、手工业、畜牧业、娱乐业、副业等领域的官有化运动，改变了秦的经济管理模式。政治经济体制的变化，对于会计的发展有着决定性的影响，同时完善先进的会计体系又实现并强化了中央集权的政治经济体制。

（2）云梦睡虎地秦简中所见的会计法律。云梦睡虎地秦简中涉及会计分期和跨期记录的相关法律，是中国最早的关于会计计量的法律，也是最早的关于会计分期的会计法律。

（3）里耶秦简中所见的官厅会计系统。里耶秦简文书体量巨大，种类丰富，形式繁多，包含完善的，具有不同特征、记录不同对象和承担不同管理职能的秦官厅会计账簿体系。里耶秦简中的会计记录，在时间上实现了纪年、纪月、纪日和纪时的唯一性和统一性，文字统一，用语标准化程度高，度量衡精准统一，责任人、经手人明确，十进制计数系统完善，体现了当时非常先进的会计要素发展水平。通过完善、系统的会计账簿体系，秦实现了对县级地域人、财、物的全面控制，奠定了其中央集权政治制度和财政体制的基础。

总之，本课程的教学目标在于培养学生全面认识会计在中国不同时代的发展。培养学生的批判性思考能力。通过介绍会计是如何发展演化的，使学生学会评判对同一问题的不同解释。培养学生评估证据并对其进行论证的能力。在对会计相关历史的研究中，帮助学生积累处理和评估各种证据的经验，培养学生基于各种证据做出连贯论证的能力。还要注意培养学生评判会计变革范例的能力。评判会计历史变革范例的经验对于理解当今社会会计和经济的变化至关重要，通过识别连续的、剧烈变化的现实条件，可以预测会计的未来发展趋势。

2. 思政育人目标

（1）坚定学生的理想信念。通过追古溯今，加强中华优秀传统文化教育，增强学生的政治认同和家国情怀。

（2）培养学生树立会计制度和文化自信。通过引导学生了解中国光辉灿烂的会计文化和历史，及其在世界会计发展历史中的地位和作用，帮助学生树立会计制度和文化自信。

（3）加强会计职业道德教育。教育引导学生深刻理解会计行业的职业精神和职业规范，增强学生的职业责任感，培养学生养成诚实守信的会计职业品格和行为习惯。

四、教学实施过程

本课程教学采用问题驱动教学法（基于问题的学习方法）、案例分析、翻转课堂、沉浸式学习等方法，在教学过程中全面融入思政元素，以"润物细无声"的方式实现教学目标和思政目标。

首先，采用问答、学习汇报等形式检验学生的课前自主学习成果，希望学生通过对"强秦与会计""云梦睡虎地秦简中的会计""里耶秦简中的会计"的学习，加深对秦的政治经济和法律制度背景的理解。此部分重点讨论秦所采用的与战国诸侯不同的发展模式，即政治体制方面的高度中央集权制及郡县制等，以及经济领域的官有化运动等。

通过将"秦是如何实现高度中央集权的社会经济管理的"这一问题与会计相联系，引导学生围绕"会计系统在社会经济管理中的作用"这一主题进行分析和讨论。

其次，对云梦睡虎地秦简中的会计法律进行讲授，强调云梦睡虎地秦简中的会计法律的先进性。从云梦睡虎地秦简的"秦律十八种"的相关规定来看，秦律细致而严苛，特别是在涉及财物的定额、费用开支标准、财物盘点清查控制、会计记录时间点的确认等内容和环节时，数、量、财物种类及时间点都非常清晰明确，符合会计需要精确计量的本质要求。

教师带领学生重点讨论云梦睡虎地秦简中与会计分期及跨期记录相关的法律，即：《金布律》简70、71，《金布律》简90和《仓律》简35、36。其中，《金布律》简70、71涉及在途货物的跨期记录问题，由于秦以十月为岁首，九月为岁末，八、九月运输的货物有可能跨越会计年度，因此规定了相关的记录方法。《金布律》简 90 实质上是会计分期基础之上的应计制的体现，即九月发放的冬衣应记录并计算在下一年。《仓律》简 35、36 规定的"稻后禾熟，计稻后年"极为特殊，它与秦代历法、土地所有制、赋税制度、上计制度和农业发展都存在密切的联系，需要进行深入的讨论。

再次，讲授和讨论里耶秦简中所见的官厅会计系统。里耶秦简自发现以来，因其数量大，且提供了有关秦代行政制度最为全面、细致的材料而受到极大关注。教师可以比照现代会计账簿体系对里耶秦简经济文书进行梳理，系统阐述秦代官厅账簿体系的构成，并分析其账簿体系的实际运行状况，引导学生探讨严密细致的会计制度对于促进经济和社会发展的重要作用。

在此环节，可以重点讨论"刻齿简"在内部牵制中的作用，以及里耶秦简中所见的庞大细致的会计账簿体系在社会经济管理中的作用。在讨论时将明细账簿分为物资管理、人力管理和经济管理三大类，引导学生分别讨论各类管理所针对的管理对象、要实现的管理目标及相应的管理手段等内容。例如，经济管理类还可以细分为土地管理类、商业管理类和债务类。土地管理类包括田提封计和田官计。田提封计应是关于迁陵县不可垦、可垦不垦及垦田的统计文书。田官计则是关于田官当年所掌管的土地税收状况的统计文书。商业管理类主要指租质计，是关于迁陵县市场租税状况的统计文书，租是租税，质则是官府为大型交易提供券书服务所收取的税金。债务类可细分为赀责计、赎计和贷记。"赀"是一种财产刑，是罪罚的一种。"赎"则是一种替代刑，即犯罪后用缴纳金钱的方式赎免。贷记则主要是关于官府向官吏、戍卒和居作者出借粮食状况的统计文书。

最后，将云梦睡虎地秦简中的会计法律和里耶秦简中的官厅会计系统结合起来，引导学生分析讨论秦会计法律和会计账簿体系的特点和先进性，即二者所体现的会计思想、会计制度和会计要素的发展水平，进而围绕"秦如何通过缜密的会计系统来实现中央集权政治制度和财政体制"进行分析讨论，使学生认识到秦通过将会计法律和完善的会计系统有机结合起来，实现了对县级地域人、财、物的全面控制，从而奠定了其中央集权政治制度和财政体制的基础。

在课程结束前，教师提出以下三个承上启下的问题。

（1）秦制对中国社会发展的影响体现在哪些方面？

（2）封建制和中央集权制对于会计的要求有什么不同？

（3）秦简中所见的会计法律和会计账簿体系对于中国社会政治、经济的发展有什么促进作用？

五、案例反思

1. 丰富教学内容

会计史内容丰富，本课程将按照为党育人、为国育才，培养学生坚定中国会计制度与文化自信这两个目标，持续丰富"中国会计文明史"的教学内容，并增加审计、财务管理、成本会计、管理会计、政府会计等方面的相关内容。

2. 持续收集整理相关历史文献，为课程提供坚实的史料和文献基础

本课程将依托本校的会计史研究和中国会计史文博馆的建设，在丰富课程内容的同时，持续收集和整理相关历史文献资料，因为坚实的史料和文献基础是"中国会计文明史"课程建设的重要基石。

3. 不断改进教学方法与教学环节设计

"中国会计文明史"课程要求理论与实践并重，突出体现课程思政元素。在深度上，教师不仅要对中国会计发展演进历程和发展历史进行理念拓展，还要对学生进行会计职业价值观和职业道德方面的培养；在广度上，要覆盖不同专业、不同层次、不同需求的学生，为学生提供多维的课程内容。

强化问题导向，以学生为主体，引导学生围绕会计专业领域内的各种问题进行讨论并寻求解决方案。教师要在此过程中当好问题的提出者、课程的设计者，以及结果的评估者。

尽快实现中国会计史文博馆沉浸式教学。通过组织学生到中国会计史文博馆近距离接触中国不同历史阶段的会计相关文物文献，让学生通过观察、聆听、触摸、扮演、制作等体验方式，深入了解相关主题内容。

六、教学效果

"中国会计文明史"使用翻转课堂、案例教学、问题导向学习等教学方法,在教学过程中有机融入思政元素,取得了良好的教学效果。

1. 使学生深刻感受到中国会计文明悠久辉煌的历史

通过案例教学使学生了解了中国会计文明的悠久历史,从而增强了学生的民族自豪感。

2. 培养学生树立了中国会计制度和文化自信

通过对秦代会计法律和制度等案例的学习,学生认识到中国的会计制度在秦汉时代就已经非常完备了,中国的会计文化在历史上是非常先进的。

3. 树立正确的会计职业价值观与职业道德观

通过本课程的学习,学生认识到,树立正确的会计职业价值观与职业道德观不仅是对财经从业人员的个人要求,更是关系到国家和企业命运的关键因素。

参考文献

郭道扬,1982. 中国会计史稿:上册[M]. 北京:中国财政经济出版社.
郭道扬,1984. 会计发展史纲[M]. 北京:中央广播电视大学出版社.

用正确的价值观引领大学生规划职业生涯

公共管理学院　周红云

 案例概述

职业生涯规划对于大学生尤其是一年级学生而言，具有重要的引领作用，有助于其明确大学目标和未来的职业发展方向，并据此制订行动计划。在讲授"管理学原理"课程中的"决策"内容时，教师围绕"大学生职业生涯规划"这一主题，采用课堂讲授、案例分析、视频播放、心理测试、小组研讨等教学方法，将思想政治元素以"润物无声"的方式融入专业教学中，系统地讲授职业生涯规划的相关知识和理论，并组织开展大学生职业生涯规划实践活动。通过本章的教学，使学生树立起正确的职业价值观，认识到职业没有高低贵贱之分；引导学生胸怀祖国，将个人职业发展融入国家需求中，使个人理想与国家发展同频共振；培养学生养成良好的职业素养，能够立大志、明大德、成大才、担大任；引导学生选择适合自己的职业，从而人职匹配，事得其人，人尽其才，才尽其用。

一、基本信息

课程名称：管理学原理

授课对象：公共管理类一年级学生

使用教材：《管理学》，《管理学》编写组，高等教育出版社

学习内容：决策

教学课时：2课时

二、课程思政教学整体设计思路

本章按照以下六个步骤,采用课堂讲授、案例分析、视频播放、心理测试、小组研讨等教学方法,将思想政治元素融入专业教学。

第一步,提出问题。组织学生讨论"你希望自己将来从事什么职业?""你对自己的大学生涯有何规划?"从而了解大学生职业规划的现状,诊断职业迷茫的现实问题。

第二步,分析职业的类型。比较不同职业,找出它们的共性和差异,引导学生树立正确的职业价值观,认识到职业没有高低贵贱之分。

第三步,讲授帕森斯的人职匹配理论。明确个人特质和职业素质要求应相互匹配,个人选择的不应是最好的职业,而应是最适合自己的职业。

第四步,从微观层面,分析个人适合从事什么职业。讲授霍兰德的职业兴趣理论,比较现实型、研究型、艺术型、社会型、企业型、常规型六种职业的特点和素质要求。

第五步,从宏观层面,分析国家需要我们做什么。开展"中国梦"主题教育,以张桂梅、张定宇等人的事迹为例,厚植学生的家国情怀,引导学生传承中华民族的爱国主义优良传统,关心国家和社会的需求,使个人理想与国家发展同频共振。

第六步,组织开展大学生职业生涯规划实践。在微观个体层面,进行 SWOT 分析;在宏观国家层面,进行 PEST 分析。最后教师指导学生将微观和宏观分析相结合,规划自己的职业生涯并制订大学计划。

三、教学目标

1. 课程教学目标

"管理学原理"课程的授课对象是一年级学生,该课程也是这些学生学习的第一门专业课。课程以立德树人,讲好中国管理故事,解读中国管理方案,传播中国管理经验,实现价值塑造、知识传授和能力培养三者有机融合为目标。本章以"决策"为教学内容,围绕"大学生职业生涯规划"主题,系统讲授职业的类型、职业生涯规划的理论基础、微观个人层面和宏观国家层面所考虑的要素,指导学生用正确的价值观进行职业生涯规划。通过本章的教学，使学生形成正确的职业价值观，掌握职业规划的知识和理论，提升综合素质和能力。

2. 思政育人目标

教师充分挖掘每个章节的思想政治元素，以"润物无声"的方式将其融入"管理学原理"课程的教学全过程，发挥课程思政育人作用。就本章而言，将达到以下目标。

第一，引导学生树立正确的职业价值观。认识到职业没有高低贵贱之分，任何一种职业都应该受到尊重。无论未来从事什么职业，都要干一行、爱一行、专一行、精一行，努力在平凡的岗位上做出不平凡的贡献。

第二，引导学生胸怀祖国，将个人职业发展融入国家需求中，使个人理想与国家发展同频共振，树立起实现中华民族伟大复兴的使命感和责任感。勉励学生珍惜大学时光，掌握专业知识，练就过硬本领，提升综合能力。

第三，培养学生良好的职业素养。激励学生立大志、明大德、成大才、担大任，成为社会主义事业合格建设者和可靠接班人。

第四，引导学生选择适合自己的职业。指导学生在进行职业规划和决策时，不要攀比和盲目从众，而应该充分考虑个人特质与职业素质要求的匹配。

四、教学实施过程

1. 问题的提出

决策的关键环节是计划，凡事预则立，不预则废。政府、企业、非营利组织等任何组织都需要做计划。对于个人而言，同样要做计划，大学生职业生涯规划就是大学生对自己未来职业生涯发展的计划。教师先提出"你希望自己将来从事什么职业？""你对自己的大学生涯有何规划？"等问题，引发学生的兴趣，再组织学生以小组的形式展开热烈讨论。从讨论的情况来看，学生热情度高，对未来充满期待。有的想当企业家，有的想考公务员，有的想成为大学教师，还有的想读研究生或出国深造，等等。但也有一些学生对自己未来的职业发展感到迷茫，不知道应该如何选择未来的职业，不知道应该如何有效地度过大学四年。具体表现如下：①职业发展方向迷茫，不知道将来干什么；

②缺乏主见，一切听从父母的安排，如有的学生说："父母希望我从事这个职业，我自己没有想法"；③目标是读研究生，至于为什么要读，学生说不知道，"反正别人读我就读"；④只求分数，考第一就是目标，要用分数报答父母；⑤追逐金钱或者地位，"听说这个职业比较有钱或者有地位"；等等。对于刚刚进入大学的学生而言，他们在高中时主要以考大学为目标，没有接受过相关职业指导，感到职业迷茫是比较正常的现象。进行职业规划是大学生涯的起点，特别是一年级学生正处于高中到大学的过渡期，心智逐渐健全，思维进入最活跃的状态，需要以正确的价值观引领他们进行职业生涯规划。

2. 职业的类型

分析职业有哪些类型，具体包括"国家机关、党群组织、企事业单位负责人""各类专业技术人员""办事人员及有关人员""商业及服务业人员""农、林、牧、渔、水利业生产人员""生产、运输人员及有关人员""军人""不便分类的其他人员"等。

组织学生讨论这些职业的共性和差异，引导学生树立正确的职业价值观，认识到任何一种职业都应该受到尊重，未来无论从事什么职业，在什么岗位上，都要做到诚实守信、爱岗敬业、无私奉献、踏实奋进、追求卓越。

播放 2022 年习近平总书记在中央党校（国家行政学院）中青年干部培训班开班式上的讲话视频，鼓励学生牢记习近平总书记的殷殷嘱托，做到信念坚定、对党忠诚、实事求是、担当作为，将来努力成为可堪大用、能担重任的栋梁之材。

3. 职业生涯规划的理论基础

关于职业生涯规划的理论主要有帕森斯的人职匹配理论。人是指个人特质，职是指职业的素质要求，人职匹配是指个人特质与职业素质要求相匹配。只有当个人特质与职业素质要求相匹配时，个人才能较好地发挥个人专长、创造良好的工作业绩。个人不应选择最好的职业，而应选择最适合自己的职业。同样，任何组织在招聘员工时，其目标也不是招聘最优秀的员工，而是招聘最适合这个岗位的员工。因此，个人在进行职业规划和决策时，不要攀比和盲目从众，而应该充分考虑人和职的匹配。

大学生职业生涯规划的具体步骤如下：第一，应清楚地了解自己的职业价值观、能力、兴趣、动机等个人特质；第二，应清楚地了解职业成功的条件，即从事该职业所需具备的知识、技能、个性等素质要求；第三，实现以上两者的平衡。由于每个人都是独特的、差异化的个体，每个人的职业价值观、能力、兴趣、动机等个人特质均不相同，所适合的职业也不相同，因此，在微观的个体层面，学生应在充分了解自己特质的基础上进行职业规划，从而实现人职匹配，事得其人，人尽其才，才尽其用。为了便于学生了解自己的职业兴趣，接下来将进行一项职业兴趣测评。

4. 微观层面：个人适合从事什么职业

【职业兴趣测评：我的岛屿计划】

请想象在长年紧张工作和学习之后，你现在要给自己放一个长假，换个环境，到远方的一个岛屿上度过一年的时光。度假地点可以在以下6个岛屿中选择，你希望选择哪一个？这些岛屿相对封闭和遥远，一旦到达，就很少有机会与外界联系，更换岛屿度假更是不可能的。请按一、二、三的顺序挑出3个岛屿。

R：自然、原始的岛屿。岛上自然生态保持得很好，有各种野生动物。居民以手工见长，自己种植花果蔬菜、修缮房屋、打造器物、制作工具，喜欢户外运动。

I：深思冥想的岛屿。有多处天文馆、科技博览馆及图书馆。居民喜好观察、学习，崇尚和追求真知，常有机会和来自各地的哲学家、科学家、心理学家等交换心得。

A：美丽、浪漫的岛屿。充满了美术馆、音乐厅、街头雕塑和街边艺人，弥漫着浓厚的艺术文化气息。这里保留了传统的舞蹈、音乐与绘画，许多文艺界的朋友都喜欢来这里寻找灵感。

S：友善、亲切的岛屿。居民个性温和、友善、乐于助人，社区均自成一个密切互动的服务网络，人们重视互助合作，重视教育，关怀他人，充满人文气息。

E：显赫、富庶的岛屿。居民擅长企业经营和贸易，能言善道。经济高度发展，处处是高级饭店、俱乐部、高尔夫球场，来往者多是企业家、经理人、政治家、律师等。

C：现代、井然的岛屿。岛上建筑十分现代化，体现出进步的都市形态，以完善的户政管理、地政管理、金融管理见长。居民个性冷静保守，处事有条不紊，善于组织规划，细心高效。

根据学生的选择，教师帮其分析适合的职业。学生很好奇，为什么不同的选项会适合不同的职业？其依据是什么？此时，教师讲授霍兰德的职业兴趣理论，该理论包含现实型、研究型、艺术型、社会型、企业型、常规型六种职业，比较这六种职业的特点和素质要求的差异。

5. 宏观层面：国家需要我们做什么

青年大学生是国家宝贵的人才资源，是实现"中国梦"的生力军。大学生选择职业，不应局限于找到一份工作，解决个人的温饱问题，而应该以实现"中国梦"为使命，关心国家和社会的需求，树立"强国有我"的责任感，使个人理想与国家发展同频共振，与人民同心、与国家同向、与时代同行。

2013年5月4日，习近平总书记在同各界优秀青年代表座谈时指出，历史和现实都告诉我们，青年一代有理想、有担当，国家就有前途，民族就有希望，实现我们的发展目标就有源源不断的强大力量。2021年4月19日，他在清华大学考察时强调，广大青年要肩负历史使命，坚定前进信心，立大志、明大德、成大才、担大任，努力成为堪当民族复兴重任的时代新人，让青春在为祖国、为民族、为人民、为人类的不懈奋斗中绽放绚丽之花。

组织学生分组学习习近平总书记关于青年工作的重要论述。通过学习和讨论，学生深刻认识到：青年兴则国家兴，青年强则国家强，广大青年要勇敢肩负起时代赋予的重任，志存高远，脚踏实地，以民族复兴为己任，应时代之召，担历史使命。

以张桂梅、张定宇等人的事迹为例，讲述不同职业的杰出人物的事迹，厚植家国情怀，鼓励学生传承中华民族爱国主义优良传统，将个人职业发展融入国家需求中，未来肩负起实现中华民族伟大复兴的历史重任。

张桂梅是云南丽江华坪女子高级中学校长。她看到很多农村贫困家庭的不幸后，希望创办一所免费女子高中，解决贫困山区的教育问题。2008年，华坪女子高级中学成立，这所学校专门供贫困家庭的女孩免费读书，帮助上千名贫困女孩圆了大学梦，用知识改变了命运。

张定宇是武汉市金银潭医院原院长。金银潭医院是最早接诊新冠肺炎病毒感染者的定点医院，站在了抗击疫情的最前沿，收治的病人全部都是重症和危重症患者。张定宇患有渐冻症，但在新冠肺炎疫情发生时，他隐瞒了自己的病情，顾不上已感染新型冠状病毒的妻子，一直坚守在抗疫一线，带领全体医护人员，为抗击疫情做出重要贡献。

6. 职业生涯规划实践

指导学生将微观个体层面和宏观国家层面的分析结合起来进行职业生涯规划。在微观个体层面，进行 SWOT 分析，分析自身的优势和劣势，面临的机会和威胁；在宏观国家层面，进行 PEST 分析，即政治、经济、社会和技术四大环境因素的分析。

在课程结束前，布置课后作业：请学生根据课堂上所学内容，结合自身实际，撰写大学生职业生涯规划，并制作 PPT，于下节课在课堂上展示。

五、案例反思

1. 以赛促学，将理论更好地应用于实践

在讲授职业规划和决策时，教师主要采用的是理论教学的方法，但实际上，这部分内容的应用性很强，需要加大实践教学力度。具体来说，可以在课堂上开展职业生涯规划比赛，或者与学生办公室及学生会合作，组织开展大学生职业生涯规划大赛，以赛促学，帮助学生在职业生涯规划实践中领悟相关知识和理论，并运用所学的理论来指导实践，从而提高学生的动手操作能力、组织能力、沟通能力及团队合作能力。

2. 创新教学方式，提升课程思政育人效果

改革教学模式，通过"走出去"和"引进来"，增强大学生职业生涯规划的价值塑造成效。一是"走出去"，通过参观历史博物馆、红色教育基地等"沉浸式"教学方式，将课堂搬到现场，让学生深刻了解我国古今杰出人物的事迹，学习其职业价值取向。二是"引进来"，邀请科学家、教师、医生、公务员、社区工作者、工人、农民等各行各业的杰出代表走进课堂开展讲座，培养学生树立正确的职业价值观，提升学生的职业素养。

六、教学效果

1. 价值塑造方面

通过本章的学习，学生树立了正确的职业价值观，将个人理想融入国家发展需求中，

立志在各行各业为"中国梦"的实现贡献自己的力量。从学生提交的职业生涯规划来看，有的学生立志成为大学老师，肩负起"为党育人、为国育才"的使命；有的学生立志考公务员，成为忠诚、清廉、有担当的人民公仆；有的学生立志毕业后参军入伍，驻守祖国边疆，保卫国家安宁；等等。

2. 专业知识方面

学生掌握了职业生涯规划的理论，了解了职业的类型，以及现实型、研究型、艺术型、社会型、企业型、常规型六种职业的特点和素质要求的差异，并能够运用帕森斯的人职匹配理论指导实践。

3. 综合能力方面

通过职业兴趣测评，提升了学生的自我认知能力，帮助学生掌握了 SWOT 分析和 PEST 分析技术，提升了分析问题的能力；通过个人职业生涯规划实践活动，提高了学生的战略分析能力、宏观思维能力、沟通表达能力及理论应用于实践的能力。

参考文献

王沛，2007. 大学生职业决策与职业生涯规划[M]. 北京：科学出版社.
宗敏，夏翠翠，2019. 大学生职业生涯规划[M]. 北京：人民邮电出版社.

医疗保险：保障人民生命健康的重大制度安排

公共管理学院　薛新东

 案例概述

医疗保险是我国建立的针对民众医疗费用进行补偿的制度，是社会保障制度的重要组成部分。学习"医疗保险"相关内容对劳动与社会保障专业学生深入了解医疗保险制度建设的发展历程和重要成就，增强对我国社会保障制度的认同感和信心有重要作用。教师围绕"医疗保险"主题，采用课堂讲授、案例分析、视频播放、小组研讨等教学方法，在教学中将思政教育与"鲜活"的医保案例相结合，系统地讲授医疗保险的理论和知识。在该过程中，通过对健康的内涵和疾病风险的讲解，引起学生对健康的重视，使学生建立起对医疗保险的正确认识；通过具体的案例分析，引导学生理解社会共同承担责任的必要性；通过医保改革相关理论和视频，促使学生认识到党和政府为了保障人民平等享有健康权利、增进人民群众健康福祉所做出的巨大努力，引发学生共鸣，激发学生为我国医疗健康事业努力奋斗的热情。

一、基本信息

课程名称：社会保障学

授课对象：劳动与社会保障专业二年级学生

使用教材：《社会保障概论》，《社会保障概论》编写组，高等教育出版社

学习内容：医疗保险

教学课时：2课时

二、课程思政教学整体设计思路

本节按照以下四个步骤,通过课堂讲授、案例分析、视频播放、小组研讨等教学方法,启发学生思维,达到育人目的。

第一步,案例引入,提出问题。通过引入"医保在新冠肺炎疫情中的举措"案例,从宏观上帮助学生对医疗保险制度做出正确的价值判断,并进一步引出本节的主要内容。

第二步,讲授医疗保险的定义、功能与目标。通过讲解医疗保险对维护健康的意义及医疗保险的功能,引起学生对健康的重视,使学生认识到医疗保险在国家和个人发展中的作用,从而端正对医疗保险的态度。

第三步,讲授医疗保险的制度安排。基于医疗保险机构、参保者和医疗服务提供者三方的博弈,比较国内外不同类型的医疗保险制度在覆盖对象、资金筹集方式、基本医疗服务规范和支付方式等方面的异同。在开阔学生理论分析视野的同时,突出展现我国医疗保险制度的特色,培养学生坚定"四个自信"。

第四步,讲授我国的医疗保险改革过程。通过案例、视频等方式,展现我国医保事业的发展状态,分析国家对学生的要求与期望,鼓励学生关心国家和社会的需求,将个人理想与国家发展紧密结合。

三、教学目标

1. 课程教学目标

"社会保障学"课程是劳动与社会保障专业学生的必修课。教师要落实立德树人根本任务,带领学生读懂中国医疗保险制度、理解医疗保障"中国模式"、阐释医疗保障"中国道路"、讲好医疗保障"中国故事",实现价值塑造、知识传授和能力培养的有机融合。本节围绕"医疗保险"这一主题,系统讲授医疗保险的定义、功能与目标,医疗保险的制度安排与发展改革方向。通过本节的教学习,引导学生认识到社会共同承担责任的必要性,关注政府部门为保障人民平等享有健康权利和推进医疗卫生事业发展所做出的巨大努力，增强学生的认同和理解，激励学生为我国医疗健康事业而努力，成为德才兼备的医疗保险专业人才。

2. 思政育人目标

教师充分挖掘思想政治元素，在教学中将课程思政教育与"鲜活"的医保案例结合起来，系统地讲授医疗保险的理论和知识，发挥课程的思政育人作用。具体来说，本节将实现以下几个目标。

第一，引导学生深刻认识"以人为本"的理念。按照以人民为中心→以人民健康为中心→人民健康权益→生命至上→人民健康保障的分析思路，把"以人为本"的核心理念融入对医疗保险基本理论和知识的教学中，用客观事实和科学依据，让学生正确理解"以人为本"的深刻内涵。

第二，对学生进行思政教育。鼓励学生继承和发扬我国"出入相友，守望相助""老吾老以及人之老，幼吾幼以及人之幼""扶危济困"等体现公德意识和互助意识的优良传统，积极展现新时代学生的精神品质。

第三，培养学生坚定"四个自信"。通过本节教学，增强学生对我国在长期发展与变迁中所形成的具有中国特色的医疗保险制度的信心。培养学生树立正确的世界观、人生观、价值观，引导学生在今后的学习、择业和个人发展过程中为国家发展进步和社会保障事业作出自己的贡献。

四、教学实施过程

1. 案例引入，提出问题

首先，在讲授医疗保险制度的基本理论前，教师通过课堂互动，了解学生参加医疗保险的情况、对医疗保险的认识、对我国医疗保险改革的关注度，以及他们对医疗保险制度的主观认识和理解情况。总体而言，学生对医疗保险的态度是积极的。大部分学生及其家人参加了城乡居民医疗保险或城镇职工医疗保险或学生医疗保险，以及商业医疗保险，他们认为参加医疗保险可以减少自己和家人在面对重大医疗费用支出时的负担。少部分学生对近几年我国医疗保险事业在行政机构改革、医保药品价格谈判及医保支付方式改革等方面有一定关注。但同时教师发现学生对医疗保险的认识具有局限性，具体表现在如下方面：①参加医疗保险的动机比较盲目，主观认识不足；②认为医疗保险与其他类型的保险没什么区别，没有真正理解医疗保险的基本概念和理论机制，忽视了医疗保险领域的特殊性；③只注意到医疗保险对个人和家庭的好处，忽视了其对整个国家和民族发展的重要作用；等等。对于学生而言，他们由于长期的学习经历而缺少生活阅历和经验，也没有接受过医疗保险知识的相关指导。因此，对学生进行医疗保险相关理论知识的讲授，既是学业要求，又是帮助学生树立正确的世界观、人生观、价值观，为他们未来踏入社会积累经验的重要方式。

其次，引入"医保在新冠肺炎疫情中的举措"案例，引导学生从宏观上认识和思考医疗保险制度。

新冠肺炎疫情作为中华人民共和国成立以来传播速度最快的一次突发公共卫生事件，对人民的生命健康造成了巨大威胁。为了应对此次危机，党和政府始终坚持人民至上、生命至上的理念，不遗漏任何一个感染者、不放弃每一个生命，把人民生命安全和身体健康放在第一位，通过建立各项疫情防控机制，开展科学决策，统筹协调社会力量，创造了极短时间内有效控制新冠肺炎疫情的"中国奇迹"。

在与新冠肺炎疫情抗争的过程中，我国医疗保障体系发挥了巨大作用。具体来讲，国家医疗保障部门通过对新冠肺炎专项救治资金提前拨付、诊疗药品临时纳入医保目录、部分地区实现"医院记账、医保预付"等措施，确保患者不会因为费用问题影响疾病治疗，同时确保收治医院不会因为医保支付方式问题影响对患者的救治。这些办法的实施，极大地降低了患者的经济负担，增加了患者得到救治的机会，保障了人民群众的生命健康安全。

最后，基于上述案例提出以下问题：为什么维护人民群众的生命健康如此重要？什么是医疗保险？医疗保险与健康有什么关系？医疗保险制度发挥着哪些作用？医疗保险制度是如何运行的？进而引出本节将要探讨的主题——医疗保险。

2. 讲授医疗保险的定义、功能与目标

教师从上述问题出发，逐步引导学生进入课程主题。首先，介绍健康的重要性，即健康是人们从事各种活动的前提基础，也是国家经济增长的重要源泉。维护人民群众的生命健康安全是党和政府坚持"以人为本"，全心全意为人民服务的鲜明体现。然后，简要介绍当前我国为维护人民健康制定的健康中国发展战略。接着，从健康风险作为人们日常生活所面临的一种重要的不确定性因素及其产生的多方面危害，引出人们对医疗保险的需求；并补充讲解《"健康中国2030"规划纲要》中对健全医疗保障体系的要求，包括完善全民医保体系、健全医保管理服务体系和积极发展商业健康保险等。最后，以医疗保险的理论知识为基础对上述内容展开分析。

在介绍医疗保险的定义时，教师列举了国内外关于医疗保险的广义和狭义的概念。具体来看，我国医疗保险采用的是狭义的定义，即仅对疾病和意外伤害发生后，人们因接受治疗而产生的医疗费用进行补偿。通过中外对比，激发学生兴趣，拓宽学生的国际视野。进一步引导学生理解导致这种界定差异的具体背景和原因。

在学生理解了医疗保险定义的基础上，让学生简单分享他们对医疗保险功能的认识，教师结合生活实例，展开对医疗保险四大基本功能的介绍。一是保障功能。满足国民的基本医疗需求，为国民的生存权和基本健康权提供有效保障；保障了劳动力的再生产，消除社会不安定因素、稳定社会秩序。二是促进发展功能。医疗保险通过为参保者提供基本医疗保险待遇，促进参保者的健康改善，提高劳动生产率；同时推动医疗机构的发展，并合理补偿医务人员的劳动。三是调控功能。医疗保险制度通过各种制度设计来保障参保人的权益，并实现对医疗资源的合理分配。四是再分配功能。医疗保险意味着社会财富在不同参保者之间进行了再分配。接下来，教师提出"医疗保险与其他社会保险相比具备哪些特殊功能"这一问题，并组织学生展开讨论，使学生理解医疗保险在我国目前医疗卫生领域的重要地位。在这一部分的结尾，教师引入健康扶贫的案例，进一步强调医疗保险的健康保障功能。

梳理我国医疗保险发展历程并结合我国经济社会发展的背景，讲授我国医疗保险的宏伟目标，即通过享有合理的基本医疗服务来改善国民的健康状况。

通过组织学生讨论上述内容并解答疑难问题，使学生正确认识国内外医疗保险的差异，了解医疗保险在我国经济社会发展与稳定中所扮演的重要角色；让学生理解党和政府健全医疗保障体制，坚定不移地维护人民健康，把保障人民健康放在优先发展的战略位置上，就是坚持以人民为中心的发展思想，就是坚持全心全意为人民服务，实现好、维护好、发展好人民群众的根本利益。鼓励学生加强对医疗保障等专业领域科学文化知识的学习，提高自己的综合能力，掌握为人民服务的本领，践行全心全意为人民服务的宗旨。

3. 讲授医疗保险的制度安排

在讲解医疗保险制度的运行时，教师可以从医疗保险的覆盖对象、资金筹集方式、基本医疗服务规范和支付方式等内容出发，比较不同的医疗保险模式，分析不同医疗保险模式产生的具体经济、政治、社会和文化背景，厘清不同模式的优缺点。在讲解上述内容的基础上，组织学生针对医疗保险核心主体（医疗保险机构、参保者和医疗服务提供者）进行分小组角色扮演，展开利益博弈辩论，从而提升学生的思辨能力和处理实际问题的能力。最后带领学生学习习近平总书记关于医疗保险的重要讲话。

通过对国内外不同医保模式的分析，增强学生对我国医疗保险制度的自信，提升学生识别各种"声音"的能力，培养学生树立正确的人生目标。

4. 讲授我国的医疗保险改革

通过视频、文件学习等展现我国目前医疗保障体系发展中存在的热点问题、政府做出的努力及未来的发展方向。

展示医保热点问题：罕见病治疗纳入医保。

播放视频：国家医保局谈判——张劲妮"灵魂砍价"。

组织学生分小组讨论以下问题：①结合前面的理论知识，分析为什么罕见病治疗纳入医保十分困难。②为什么国家医保局要坚持推进罕见病纳入医保这项工作，这体现了我国政府的哪些理念？③你认为我国未来应如何推进医疗保险改革？

教师点评学生讨论结果并进行总结。受经济社会发展水平和具体国情的影响，目前我国的医疗保障水平仍然不高，医保基金运行压力比较大，而罕见病覆盖人群较小、诊断和治疗要求较高、药物价格高昂且大部分依赖进口，因此将罕见病纳入医保会增加制度运行的成本和负担。然而，党和政府仍然努力推进这项工作，这是党和政府坚持以人民为中心，全心全意为人民服务的有力诠释，体现了我们的党和政府是负责任的，是敢于迎难而上的。未来，我国医疗保障体系将主要围绕完善公平适度的待遇保障机制、健全稳健可持续的筹资运行机制、建立管用高效的医保支付机制、健全严密有力的基金监管机制等进行深度改革。

通过开展上述教学活动，引导学生深刻认识当前我国医疗保险发展所面临的严峻问题及党和政府为改革所付出的艰辛努力，鼓励学生将个人目标与国家使命紧密结合，树立起强烈的社会使命感和责任感。新时代劳动与社会保障专业的学生应该时刻关注我国在社会保障、医疗保险等方面的发展需求，将专业理论知识学习、职业发展规划与国家发展、人民利益需求结合起来；要勤奋学习、勇于拼搏、迎难而上，运用所学知识使自己成为未来医疗保险领域独当一面的人才，在国家医保待遇保障机制、筹资运行机制、医保支付机制等诸多改革中贡献自己的力量，在服务人民的过程中实现自己的人生价值。

五、案例反思

"社会保障学"课程每学年至少开设一次，未来教师要继续加强以下几个方面的工作。

1. 完善和创新现有的教学模式

"社会保障学"是一门系统研究社会保障制度理论知识及具体实践的课程，教师既要引导学生从宏观上把握社会保障学发展的主线，又要指导学生用历史的、发展的眼光看待不同时期和不同国家的社会保障模式及经验。理论来源于实践，教师要将社会保障、医疗保险基本理论与社会实际案例相结合，使学生更好地理解社会保障的内容；要充分利用问题教学法、分组讨论法、角色换位法等教学方式提高学生的积极性，引导学生主动发现问题、解决问题，培养学生独立思考的能力；还要进一步运用智能化网络教学平台，丰富教学内容和提高教学的趣味性，进而提升课程教学效果。

2. 实践出真知

教师要让学生走出课堂，深入社会，了解我国经济和社会发展状况，了解社会保障理论和模式在我国的实践效应，从而让学生进一步感受社会保障学的魅力，增强对具有中国特色的社会保障制度的自信，使学生能自觉运用社会保障理论知识和方法分析及解决现实生活中的问题。

六、教学效果

1. 价值塑造方面

通过学习，学生充分认识到中国特色社会主义制度的优越性，坚定了"四个自信"；认识到党和政府始终坚持以人民为中心，维护人民根本利益，促进全体人民共享改革发展成果、实现共同富裕的决心。专业知识与思想政治教育的融合，使学生树立起崇高的理想信念，并能将个人的职业规划与社会保障、医疗保险等国计民生领域急需的岗位挂钩。

2. 知识学习与能力培养方面

通过学习，学生认识到健康的重要性，厘清了健康与医疗保险之间的内在联系，在具体的案例讨论过程中，能够运用医疗保险制度的基本理论知识进行科学分析；通过国内外医保制度的比较学习，学生提高了思辨能力和创新意识，针对我国医疗保险制度在保障范围、医保目录调整、报销比例、支付方式等方面存在的问题，他们能够借鉴不同国家的改革经验和不同研究领域的思维方式，提出新颖的解决办法；通过问题讨论，学生增强了提高自身实践能力的意识，还认识到对医疗保险理论知识的学习要立足于我国的具体国情，要着眼于满足人民群众对健康、对美好生活的需要。

参考文献

王绍光，樊鹏，2013. 中国式共识型决策："开门"与"磨合"[M]. 北京：中国人民大学出版社.
张邦辉，2020. 社会保障[M]. 重庆：重庆大学出版社.
赵曼，2010. 社会保障学[M]. 北京：高等教育出版社.

抗击新冠肺炎疫情中的政府责任与担当

公共管理学院　李明强　王军鹏

 案例概述

"政府职能"是"行政管理学"课程中的重要内容。本章以抗击新冠肺炎疫情中的政府担当和行动为切入点，介绍我国各级政府坚持以人民为中心、加快构建服务型政府的举措，这些举措在抗击疫情和疫后重振过程中发挥着重要作用。本课程围绕政府职能的基本内涵、职能分类、政府治理工具及职能转变趋势等内容展开，引导学生充分认识中国特色社会主义制度的优势，更好地理解政府在实现治理能力现代化过程中的角色和定位，激发学生的责任意识和使命担当。本章通过案例与理论知识的有机结合，实现知识传授、能力培养和价值塑造三位一体，切实提高人才培养质量。

一、基本信息

课程名称：行政管理学

授课对象：行政管理专业二年级学生

使用教材：《行政管理学》（第 3 版），徐双敏，科学出版社

学习内容：政府职能

教学课时：8 课时

二、课程思政教学整体设计思路

本章利用中国大学 MOOC（慕课）国家精品课程在线学习平台的相关教学资源，实施线上线下混合式教学。采用问题导向式教学方法，提前安排学生学习相关内容，并布

置思考题"在抗击新冠肺炎疫情的过程中,政府应该做什么,以及做了什么?"在课堂讲授过程中,引导学生感受党和国家坚持人民至上的理念,积极思考我国各级政府在抗击新冠肺炎疫情过程中采取的各项举措体现出了哪些政府职能,组织学生对此开展全方位交流,从而实现课程教学和思政育人的双重目标。另外,组织学生参观"人民至上 生命至上——抗击新冠肺炎疫情专题展览",使学生更加直观、形象、鲜活地感受我国政府在抗击新冠肺炎疫情的过程中所付出的艰辛努力和重要成就,加深学生对政府职能相关知识的感性认识,激发学生的爱国情怀和民族自豪感,使学生进一步坚定"四个自信",树立投身新时代中国特色社会主义社会建设的远大理想。

三、教学目标

1. 课程教学目标

通过教学活动,加深学生对政府职能基础知识的理解,使学生了解在实际生活中政府应如何履行各项职能,熟悉政府职能转变的方向和趋势,增强对政府运行过程的认识,能够运用所学知识对政府行为和重大方针政策进行科学分析。结合我国政府在抗击新冠肺炎疫情过程中的重要举措和成就,将有关政府职能的理论知识与现实背景相结合,加深学生对国情、党情、社情的认识,切实提高学生的专业能力和知识水平,为培养高水平、专业化的现代化治理人才奠定基础。

2. 思政育人目标

秉持立德树人理念,坚持不懈地用习近平新时代中国特色社会主义思想铸魂育人,引导学生坚定"四个自信";注重在知识传播中强调价值引领,在价值传播中凝聚知识底蕴,从而增强学生对国家和民族的认同感和自豪感,提高学生的政治素质;全面提高学生的专业思维、专业知识水平和专业能力,使学生具备与改革同步、回应国家治理和政府改革需要的战略思维、综合素质和专业素养。

四、教学实施过程

本章以政府职能为核心内容,以抗击新冠肺炎疫情中的政府责任与担当为案例,采用问题导向式教学方法,引入政府职能的内涵、分类、政府治理工具、职能转变等知识点。在线上线下混合式教学模式下,共设计了五个教学环节。具体实施过程如下。

1. 引入教学内容

采用线上与线下混合式教学模式,课前为学生布置阅读部分的文字材料并要求学生观看"行政管理学"慕课视频资料,对政府职能的基础性知识进行学习。通过前置性学习,教师可以将更多课堂上的时间留给学生交流讨论,有利于加深学生对政府职能知识的理解。

将"抗击新冠肺炎疫情中的政府责任与担当"作为思考题,鼓励学生自主搜集资料,为课堂讨论提供素材,这有利于培养和锻炼学生的自主思考能力和学习能力。展示抗击新冠肺炎疫情的相关新闻图片和报道,引导学生深入分析案例,并安排学生分小组介绍他们对抗击新冠肺炎疫情过程中所体现的政府职能的认识和理解。

2. 讲解政府职能

基于对"抗击新冠肺炎疫情中的政府责任与担当"的分析和讨论,引入"政府职能"概念,使学生切实感受我国人民政府的性质,深刻理解为人民服务是对各级政府的本质要求。在思想引领的基础上,进一步开展相关教学活动,具体内容如下。

第一,介绍政府职能的内涵和特点,厘清政府职能体系,讲解政治、经济、社会等政府基本职能和决策、组织、协调、控制等政府运行职能,以及基本职能与运行职能之间的关系。

第二,讲解政府职能的履行所涉及的政府职能方式、机构设置、流程再造、问责监督等重要问题,重点讲解政府治理工具的分类、政府职能市场化和社会化的内涵与方式。

第三,厘清政府能力与政府职能的异同,使学生认识到政府能力与政府职能互为条件、相互依存、缺一不可。

第四,讲解政府职能转变的必要性,国外政府职能转变的趋势及经验教训,梳理我国政府职能转变的历史沿革,探讨在职能转变过程中应如何处理好政府与市场之间的关系,分析未来的改革方向。

3. 互动讨论交流

基于前面讲授的政府职能相关理论知识，引导学生重新思考"抗击新冠肺炎疫情中的政府责任与担当"问题，鼓励学生运用所学知识分析在抗击新冠肺炎疫情过程中所体现出的政府职能。

鼓励各小组选取不同的角度进行切入并表述观点，其他小组进行点评，激发学生上课的积极性。从不同的角度进行分析还可以达到查漏补缺的目的，有利于学生更全面地理解"政府职能"章节的知识要点，锻炼学生运用理论知识分析现实问题的能力及团队协作能力，使学生能够直观形象地将课本内容与国家发展、社会进步联系起来，进一步增强对专业的认同，坚定"四个自信"。

4. 参观专题展览

组织学生参观"人民至上 生命至上——抗击新冠肺炎疫情专题展览"，通过纪实影像资料和鲜活的物品，使学生切实感受到我国政府在抗击新冠肺炎疫情过程中所付出的艰辛努力和取得的伟大成就，引导学生将课堂知识与专题展览相结合，感受我国政府职能的履行和转变，进而坚定"四个自信"，认识到自己肩负的历史使命和责任担当。

5. 课堂总结点评

【教师总结】 政府职能是"行政管理学"的核心内容，主要回答了政府应该管什么、怎么管、发挥什么作用的问题。结合抗击新冠肺炎疫情中的政府担当和行动，学生查阅并整理了大量资料，进行了充分的准备工作，各小组在课堂上开展了深入的交流讨论并进行了精彩的展示，同时认真学习了政府职能的内涵、体系、工具、转变方向等核心内容，无论是专业知识水平还是综合能力都有很大进步。

五、案例反思

本章在线上线下混合式教学模式的辅助下，设计了课程思政特色鲜明的教学活动。通过将思政元素与教学内容有机结合起来，鼓励学生积极讨论、主动思考，锻炼了学生的学习能力，收到了良好的教学效果。

在开展课程思政教学时，教师必须深刻认识到每门课程都肩负着全方面培养人才的使命，必须最大限度地挖掘课程所蕴含的思政元素并以恰当的方式传递给学生。坚持"信而学"，在教学过程中摆道理、讲事实，深入浅出地对复杂抽象的概念进行精准的阐释，以真实案例为辅助，彰显专业特色和时代特色，让学生产生"身临其境"的感受，这不仅能够激发学生的学习热情，还能促进课程思政工作的顺利开展。针对"行政管理学"的教学活动，教师认为应从以下方面进一步改善教学效果。

1. 立德树人须体现时代特色

在推进高等教育高质量发展的进程中，需要为立德树人赋予新的时代内涵。新冠肺炎疫情自暴发以来，对全球社会、国家治理产生了多方面的影响，因此国家治理方式需要进行适应性调整。在人才培养过程中，教师应充分利用正在发生的实际案例，彰显时代特色，将思政元素贯穿于教学全过程，讲好中国故事，使学生坚定"四个自信"，引导学生树立正确的世界观、人生观和价值观。

2. 教学内容须彰显专业特色

"行政管理学"的教学内容覆盖面较广，涉及多个领域的知识，教师应在教学设计中彰显专业特色，提高与其他课程的区分度。结合行政管理研究领域的经典理论和研究前沿，将新观点、新现象、新方法引入课堂，注重新时代大学生的个性化特点，引导学生主动思考，加深学生对专业知识的理解及对学科前沿的掌握，切实提高学生的专业素养、科学思维认知和实践能力。

3. 教学方式须及时更新升级

在传统教学模式下，学生往往被动地参与到课堂活动中。因此，教师要结合新时代特点和信息技术，探索开展线上线下混合式教学，最大限度地利用互联网信息资源，采用问题导向式的教学方法，鼓励学生进行小组合作，积极打造含金量高、信息密度大、思辨活动多的课堂。在激发学生学习兴趣的基础上，积极创新教学方式，实现信息技术与思政教育同向并行，以便更好地在教学中融入思政元素，以学生喜闻乐见的方式开展课程思政教学活动。

六、教学效果

"行政管理学"是公共管理类专业的核心课程,本章是该课程的核心内容,是学生后续学习的前提和基础,对学生理解政府行为、国家治理能力现代化的实现路径具有重要意义。同时,本章也是培育学生价值观的重要环节。

本章采用线上线下混合式教学模式,以"抗击新冠肺炎疫情中的政府责任与担当"为切入点,引导学生思考我国政府是如何在抗击新冠肺炎疫情的过程中履行各项职能的,围绕政府职能的内涵、分类、政府治理工具、转变方向和趋势等内容展开授课活动,并组织学生参观专题展览,鼓励学生将理论知识应用于现实情境分析。

通过精心的教学活动设计,学生基本掌握了政府职能的相关知识,初步搭建起知识体系,对政府运作流程有了进一步了解,为日后的深入学习奠定了良好的基础。在能力锻炼方面,问题导向式的教学方法和基于实际案例的讨论极大地提高了学生团队合作、主动思考、总结展示的能力及运用理论知识分析实际问题的能力,促进了学生的全面发展。更重要的是,经过本章的学习,学生不仅增强了爱国情怀和民族自豪感,还切实感受到了中国特色社会主义制度的优势,进一步坚定了"四个自信"。

参考文献

习近平,2020. 习近平谈治国理政:第 3 卷[M]. 北京:外文出版社.

郁建兴,朱心怡,高翔,2020. 政府职能转变与市场监管治理体系构建的共同演进逻辑:基于疫苗监管治理体系及应对危机事件的案例研究[J]. 管理世界,36(2):7-16.

张电电,张红凤,范柏乃,2018. 地方政府职能转变绩效:概念界定、维度设计与实证测评[J]. 中国行政管理(5):33-39.

"绿水青山就是金山银山"的环境经济分析

信息与安全工程学院　屈志光

 案例概述

"环境经济学"是环境工程专业的选修课,主要是运用经济学的原理和方法,分析环境经济系统之间的关系,研究环境经济现象、问题、后果及相关环境经济政策。作为工科类而非经济学类专业,环境工程专业的学生对"绿水青山就是金山银山"的理解和认识有其特殊性。"环境经济学"遵循"因材施教"的教学原则,充分挖掘课程中的思政元素,以生态文明、爱国主义、科学精神为主线,将思政元素渗透到课程的方方面面,引导学生树立生态文明理念,增强学生的社会责任感,厚植爱国情怀,将习近平生态文明思想融入课程教学全过程,贯穿于"课前—课中—课后"三大环节,实现思想政治教育与知识体系教育的有机统一。

一、基本信息

课程名称:环境经济学

授课对象:环境工程专业三年级学生

使用教材:《人口、资源与环境经济学》,《人口、资源与环境经济学》编写组,高等教育出版社

学习内容:当代中国生态文明建设理论和实践探索

教学课时:1课时

二、课程思政教学整体设计思路

本节主要以"绿水青山就是金山银山"的环境经济分析为基础,讲授当代中国生态文明建设理论和探索实践。党的十八大以来,以习近平同志为核心的党中央提出了一系列关于生态文明的新理念、新思想和新战略,这些是新时代生态文明建设的根本遵循和行动指南。为什么解决环境问题需要经济学?哪些政策工具可以有效治理环境问题?"绿水青山就是金山银山"的理论基础是什么?评估方法有哪些?哪些环境问题会影响经济发展?针对上述问题,引导学生进行课堂讨论,陈述自己的观点,并吸收他人思想的精华。通过横向延伸至与本节基本知识点有关联的其他学科领域,纵向梳理出相关的学科历史、背景及相关的最新的政策等内容,拓展学生学习、思考的广度和深度,提高课程的"含金量"。

课堂上对现实问题的讨论将给学生提供很多在教科书上得不到的信息,拓展学生的视野。这种将理论与实际相结合的方法有助于解决环境工程专业学生思想和知识的双重困惑,培养学生的专业精神和职业道德,为学生适应社会需求提供有效途径。在教学过程中,教师注重强化育人功能,改变了传统的教学模式,通过巧妙的教学设计、灵活的教学方法,将思想政治教育有机融入教学的各个环节,将理论与实践相结合,引导学生走出课堂、走出校园开展调查研究,走上讲台展示所学、所见、所思、所感,确保学习"入脑、入心、入行",从而实现立德树人的教育目标。

三、教学目标

1. 课程教学目标

"环境经济学"课程的教学目标是使学生深刻领悟"绿水青山就是金山银山"的内涵,使学生了解马克思主义理论中所蕴含的环境经济协调发展思想,掌握环境经济学的主要研究内容、理论和研究方法,以及如何应用这些理论和方法解决环境保护中的环境经济问题,特别是利用环境经济理论和分析方法,科学评估相关的环境经济管理政策,实现环境与经济的协调发展。通过课程教学,培养学生在环境经济管理领域的创新精神和创新能力，使学生掌握解决环境经济关系问题所需的基本技能，并能从生态、政治、经济、社会、科技和教育等方面来进行环境经济评价。

2. 思政育人目标

以习近平新时代中国特色社会主义思想为指导，以"坚持以人为本，实现可持续发展"为主线，将价值塑造、知识传授和能力培养三者融为一体。通过讲述中华人民共和国成立以来环境经济学科在我国的发展，以及党和国家在环境治理上的不懈努力，引导学生为建设美丽中国献计献策，贡献自己的学术力量；使学生认识到生态文明建设的重要性，能够熟练运用环境经济学基本理论和研究方法，掌握实现绿色发展及构建美丽中国的知识和能力；使学生了解中国环境保护的经济思想，形成经济与环境的"和谐"伦理观，更加深刻地理解"绿水青山就是金山银山"理念。

四、教学实施过程

党的十八届五中全会首次提出"创新、协调、绿色、开放、共享"的发展理念，绿色发展成为关系我国发展全局的一个重要理念。为实现经济发展和环境保护的双重目标，必须坚持"绿水青山就是金山银山"的理念。本节将"绿水青山就是金山银山"理念贯穿于教学全过程，具体教学实施过程包括课程导入、课程内容分析、课程总结三个环节。

1. 课程导入

开篇从"绿水青山就是金山银山"理念提出的背景导入课程，引出人与自然的关系。2005年8月15日，习近平同志在浙江省安吉县天荒坪镇余村考察时，首次提出了"绿水青山就是金山银山"的理念。2005年8月24日，习近平同志在《浙江日报》发表评论指出："生态环境优势转化为生态农业、生态工业、生态旅游等生态经济的优势，那么绿水青山也就变成了金山银山。" 2013年9月7日，习近平同志在哈萨克斯坦纳扎尔巴耶夫大学发表演讲并回答学生提出的问题，在谈到环境保护问题时他指出："我们既要绿水青山，也要金山银山。宁要绿水青山，不要金山银山，而且绿水青山就是金山银山。" 习近平同志关于"绿水青山就是金山银山"的科学论断，以通俗形象的语言，揭示了马克思主义关于人与自然关系的时代变迁，揭示了从"经济人"到"理性经济人"的思想升华，揭示了绿水青山到金山银山的转化驱动。从环境经济学角度来看，"绿水青山就是金山银山"是一种发展理念，是一种由绿水青山到金山银山的转化，是可持续的发展方式和路径，是一种制度安排和发展的必然结果。

教师向学生提问："你们怎么看待人与自然的关系？"通过引导学生思考绿水青山如何转化成金山银山来切入思政育人点，培养学生树立正确的环境经济观念，使学生认识到人与自然组成了一个相互依存、相互联系的整体。

2. 课程内容分析

"绿水青山就是金山银山"理念，体现了我国发展理念和发展方式的深刻转变，引领中国朝向绿色经济转型。

生态经济体系是生态文明建设的物质基础，"绿水青山就是金山银山"，保护生态环境就是保护生产力，改善生态环境就是发展生产力。只有坚持正确的发展理念和发展方式，才可以实现百姓富、生态美的有机统一。增强生态产品的生产能力，就是提供更多优质的生态产品以满足人民日益增长的优美生态环境需要。建立健全生态产品价值实现机制，是贯彻落实习近平生态文明思想的重要举措，是践行"绿水青山就是金山银山"理念的关键路径。那么应当如何建立健全生态产品价值实现机制？如何建设以产业生态化和生态产业化为主体的生态经济体系？产业生态化指的是按照绿色、循环、低碳发展要求，利用先进生态技术，培育发展资源利用率高、能耗排放少、生态效益好的战略性新兴产业，改造传统产业，淘汰落后产能，促进绿色发展。其实质是在不同产业、企业之间建立循环经济生态链，减少废弃物排放，降低能耗、水耗，防止污染破坏，提高产业经济发展质量和效益，实现健康可持续发展。生态产业化是按照产业发展规律推动生态资源开发与建设，按照社会化大生产、市场化经营方式提供生态产品和服务，推动生态要素向生产要素、生态财富向物质财富转变，促进生态与经济良性循环发展。其实质是针对独特的生态资源禀赋和环境条件，建立良性循环的生态建设与经济发展机制，实现生态资源的保值增值，把绿水青山变成金山银山。

优质生态产品是最普惠的民生福祉，是维系人类生存发展的必需品。生态产品价值实现的过程,就是将生态产品所蕴含的内在价值转化为经济效益、社会效益和生态效益的过程。建立健全生态产品价值实现机制,既是贯彻落实习近平生态文明思想、践行"绿水青山就是金山银山"理念的重要举措,也是坚持生态优先、推动绿色发展、建设生态文明的必然要求。作为维系生态安全、保障生态调节功能、提供良好人居环境的自然要素,生态产品具有典型的公共物品特征,其价值实现的路径主要有三种:市场路径,主要表现为通过市场配置和市场交易,实现可直接交易类生态产品的价值;政府路径,依靠财政转移支付、政府购买服务等方式实现生态产品价值;政府与市场混合型路径,通过法律或政府行政管控、给予政策支持等方式,培育交易主体,促进市场交易,进而实现生态产品的价值。

教师提问:"生态产品价值实现存在哪些问题?"教师根据学生的讨论结果进行总结。①认识不统一,范围难界定。例如,生态资本(资源型、环境型、生态型)、自然资本的内涵分别是什么?②生态资本价值核算体系待完善。例如,如何对生态资本进行核算?核算数据应如何获取?不同的生态资源呈现出不同的特点,因而核算方法也有所不同。③政府主导,尚未充分发挥市场作用。自然资源的资本化和增值利用模式与政策手段仍有欠缺;林权、水权、排污权、用能权和碳排放权等产权交易市场相互割裂,尚未建立起成熟的生态资源产权制度;财政、税收、金融、价格等政策不到位,难以对从经济活动源头减少生态环保问题形成持续激励。④生态产品价值转化不充分。生态资本运营效率偏低,部分地区还需要先修复绿水青山,然后才能将其转化为金山银山。

3. 课程总结

"绿水青山就是金山银山"理念是习近平生态文明思想的重要组成部分,为实现生态环境高水平保护和经济高质量发展提供了理论依据和实践路径,具有鲜明的时代意义。党的十九大以来,我国确立了建设生态文明的千年大计。作为生态文明建设的生力军,环境工程专业学生的生态文明素养和能力决定着社会主义生态文明建设目标能否有效达成,"绿水青山就是金山银山"能否成为现实。要想把绿水青山变成金山银山,就需要把资源消耗、环境损害、生态效益纳入经济社会发展评价体系,建立体现生态文明要求的目标体系、考核办法、奖惩机制;建立国土空间开发保护制度,完善最严格的耕地保护制度、水资源管理制度、环境保护制度；深化资源性产品价格和税费改革，建立能反映市场供求和资源稀缺程度、体现生态价值和代际补偿的资源有偿使用制度和生态补偿制度；积极开展碳排放权、排污权、水权交易试点，建立资源环境领域的市场化机制；加强环境监管，健全生态环境保护责任追究制度和环境损害赔偿制度。

本节引导学生讨论了对"绿水青山就是金山银山"的认识，讲授了如何针对独特的生态资源禀赋和环境条件，建立良性循环的生态建设与经济发展机制，从而实现生态资源的保值增值，切实把绿水青山变成金山银山。尤其是着重讲授了生态产业化就是按照产业发展规律推动生态资源开发与建设，按照社会化大生产、市场化经营方式提供生态产品和服务，其目标是推动生态要素向生产要素、生态财富向物质财富转变，从而促进生态环境与经济社会良性循环发展。

总之，"绿水青山就是金山银山"是对生态文明建设理论的通俗化表达。这一重要理念既是我国发展理念和方式的深刻转变，也是执政理念和方式的重要变革。践行这一重要理念，归根结底是要推进以美丽中国为目标的生态文明建设。当前，我国生态文明建设从顶层设计到全面实践都在加快步伐，"绿水青山就是金山银山"正在中华大地上化为生动的现实。只要我们按照党中央、国务院关于生态文明建设的战略部署把生态文明建设落到实处，充分认识加快推进生态文明建设的极端重要性和紧迫性，切实增强责任感和使命感，以抓铁有痕、踏石留印的精神积极行动、久久为功，我们就一定能把蓝图变为现实，形成人与自然和谐发展的现代化建设新格局，不断取得生态文明建设的新成效。

五、案例反思

让学生产生情感上的触动是课程思政的起点，但远不是终点，只有做到知行合一，才能真正实现"立德树人"的目标。"环境经济学"课程除了注重理论知识的学习，还应强调实践能力的培养，鼓励学生走出去亲身体验，从而对"绿水青山就是金山银山"有进一步的思考。此外，课程思政并不是简单地将专业课程变成思想政治教育课程，而是在专业课课程教学中恰到好处地增加与专业知识相关的思政元素。因此，专业课教师不仅需要参透教学内容，还需要深知专业发展历史，在专业教学中注重对学生专业素养的培养，将思政教育自然地融入教学中，从而实现思政教育的培养目标。由于环境工程专业学生对于经济学知识储备相对不足，常会出现对环境经济学理论"用不好"的问题。因此，"绿水青山就是金山银山"的环境经济分析，应密切联系生态环境恢复、流域治理、绿色发展、绿色经济、美丽乡村建设与规划等重大制度政策改革和重大建设项目，丰富和强化专业课程内容，提升学生分析现实社会热点问题的能力。同时，教学还应充分利用网络教学平台，丰富教学手段，全方位、多维度地呈现课程内容，加深学生对课程内容的理解。在此基础上，引导学生分析案例材料，通过分组讨论发言的形式，增强师生之间的交流，避免单向的知识传授。基于"绿水青山就是金山银山"的环境经济分析，使学生了解课程所揭示的环境经济问题的本质，并将其与已经掌握的抽象理论相联系。这样，不仅能够深化学生对"绿水青山就是金山银山"知识点的理解，还能够激发学生去思考如何才能实现经济高质量绿色发展。

六、教学效果

"环境经济学"课程思政教学，以"立德树人"为根本，在传授课程知识、培养学科能力的同时，结合课程内容培养学生形成正确的世界观、人生观、价值观，牢牢把握住对学生的价值引领，提高了学生的专业能力，使学生形成了良好的专业思维。开展课程思政教学改革，不仅有助于解决环境工程专业学生思想和知识方面的双重困惑，培养学生的专业精神和职业道德，还为学生适应社会需求提供了有效途径；既提高了环境工程专业学生的学习主动性、主动发展适应性，活跃了课堂，也帮助学生提升了自身的综合素质。

参考文献

《人口、资源与环境经济学》编写组，2019. 人口、资源与环境经济学[M]. 北京：高等教育出版社.
中共中央文献研究室，2017. 习近平关于社会主义生态文明建设论述摘编[M]. 北京：中央文献出版社.

传统能源企业的能源数字化

——以新奥集团为案例

信息与安全工程学院　金大卫

案例概述

  本课程通过加强职业理想和职业道德教育，引导学生深刻理解并自觉践行专业领域的职业精神和职业道德规范，培养学生养成遵纪守法、爱岗敬业、诚实守信、开拓创新的职业品格和行为习惯。本课程具有以下特色。第一，将传统能源企业的能源数字化改革案例与课程思政元素结合起来，引导学生对案例进行分析与研究，使学生更为深刻地理解数字经济的重要性，理解职业理想与职业道德教育的重要性。第二，将传统能源企业的能源数字化改革与习近平新时代中国特色社会主义思想相结合，引导学生树立正确的职业观、择业观，为学生健康成长指明道路。第三，紧密联系学生的思想和生活实际，坚持学以致用、用以促学，将职业理想与职业道德教育贯穿到学生的大学生活及未来的择业、就业中，提高学生分析和解决问题的能力。第四，采用翻转课堂、案例分析、课堂辩论、课后讨论等教学模式，实现学生主体与教师主导的有机统一。

一、基本信息

课程名称：数字经济与中国实践

授课对象：全校本科生

使用教材：《大数据分析导论》，金大卫，清华大学出版社

学习内容：数字经济时代的中国制造

教学课时：1课时

二、课程思政教学整体设计思路

本课程主要以新奥集团为例讲授传统能源企业的能源数字化，将传统能源企业的能源数字化改革与企业领导人和工人的先进性、爱岗敬业、社会责任感等思政元素结合起来，形成思政案例。通过引导学生对思政案例进行分析和讨论，深化学生的职业理想和职业道德教育。

课程内容主要包括传统能源企业转型的背景、相关概念及新奥集团能源数字化改革三部分。前两部分侧重于背景了解和概念理解，目的是使学生了解传统能源企业为什么要进行改革，并引申出相关的思政教学内容。最后一部分侧重于理论联系实际，主要是讲解传统能源企业的数字化改革，使学生认识到企业改革离不开企业领导人和员工的先进性、爱岗敬业、社会责任感、中国特色社会主义等精神。本课程主要采取文本导读的方式，结合问题教学法、案例分析法、小组讨论法开展课堂教学，使学生理解职业理想和职业道德教育在学生择业时所起到的重要作用。

三、教学目标

1. 课程教学目标

本课程以新奥集团为例向学生讲授传统能源企业的能源数字化，主要使学生掌握以下三个方面的内容。

（1）传统能源企业转型的背景。2020年年底，碳达峰（2030）、碳中和（2060）（以下简称"双碳"）正式成为国家战略目标，首先面临挑战的就是排碳大户——能源行业。技术创新发展是实现碳减排的关键因素，只有在科技水平达到一定程度，且经济形势趋于稳定后，才能通过碳交易实现碳减排和经济增长共同发展。

（2）相关概念。这部分主要讲解两个重要概念，一是能源数字化，通过这一概念帮助学生认识到企业的发展、改革与当代强大的科技力量密切相关，只有顺应时代潮流,企业的发展才能逐步向好;二是"双碳",主要通过介绍目前"双碳"在国家发展中的重要地位及"双碳"目标的实现离不开数字技术的支持,使学生深刻认识到数字技术对实现"双碳"目标的重要意义。通过这两个概念,引导学生认识国家科技力量的强大。

(3)新奥集团能源数字化改革。这部分主要以新奥集团为例,向学生讲述传统能源企业的能源数字化改革。新奥集团自 2014 年开始实施数字化发展战略,当时的企业管理层认为未来 10 年甚至不到 10 年,就只有两种企业能发展得好:一是生产产业智能的企业,二是靠着产业智能生产的企业。新奥集团希望成为第一类企业。第一类企业要求全产业链、全场景。因此,搭建一个覆盖能源全场景的企业很有必要,而在能源全场景的搭建过程中,数字化是重要动力。

总之,本课程的教学目标是使理论教学与真实案例紧密结合起来。一方面,立足文本的讲授方式,使学生改变以往对数字经济的简单理解,从更高的层面把握其本来面目和精神实质,使学生切实感受到中国实践的创新魅力,提升他们对数字经济的中国实践的认同感,由此更加坚定职业理想,为未来的就业打下良好的基础;另一方面,使学生从数字经济的理论学习中获取科学的世界观和方法论,并能用其来分析和解决现实生活中出现的问题。

2. 思政育人目标

在高等教育阶段的尾声,每位学生都要面临择业的问题,因此,帮助学生树立正确的择业观尤为重要。本课程通过将传统能源企业的能源数字化改革与企业领导人和工人的先进性、爱岗敬业、社会责任感等思政元素相结合,深化对学生的职业理想和职业道德教育,使学生能够提前为未来的就业做好充足准备,坚定数字经济能够发展社会的信心,引导学生将个人的理想追求与中国特色社会主义共同理想有机统一起来。

四、教学实施过程

为了让学生深刻理解传统能源企业的能源数字化改革,本课程以新奥集团为案例进行讲解,按照背景介绍、概念理解、案例分析和总结并导出新课四个环节逐步展开。

1. 背景介绍

向学生详细地介绍传统能源企业进行能源数字化改革的背景。《中华人民共和国国民经济和社会发展第十四个五年规划和 2035 年远景目标纲要》明确提出要加速推进中国经济全面绿色转型，2030 年前实现碳达峰，2060 年前实现碳中和。技术创新发展是实现碳减排的关键因素，只有科技水平达到一定程度，且在经济形势趋于稳定后，才能通过碳交易实现碳减排和经济增长的共同发展。因此，充分发挥科技创新对绿色发展的支撑作用，建立稳健的能源发展战略，特别是可再生清洁能源部署同传统煤电减排之间的平衡，通过能源数字化带动传统能源行业转型升级对于实现经济绿色转型具有重要作用。实现"双碳"目标离不开数字化，大数据、人工智能等数字化技术改变了能源的消费方式，降低了能源需求，推动了能源消费新理念的形成。能源数字化是实现传统能源行业可持续发展、高质量发展，经济全面绿色转型的必经之路。本课程通过介绍能源数字化对传统能源企业的重要作用，引导学生对相关的概念进行思考，借助智慧教学小组讨论、举手发言等功能吸引学生参与以下问题的讨论：能源数字化具体指什么？传统能源企业为什么要进行能源数字化改革？谈谈你对"双碳"的认识和了解。

2. 概念理解

对能源数字化和"双碳"两个关键词做详细介绍。能源数字化是指通过利用人工智能、区块链、云计算、大数据等数字技术，建立更绿色、清洁、高效、经济的能源体系，增强能源的可持续性，提高能源的生产率，扩大能源的可及性。通过数据、分析、传导、平台等将能源产业链和各个领域结合起来，从而能够更为精准地判断能源的供给对象、时间、地点、成本、模式，形成新的能源商业模式。"双碳"是指 2030 年前实现碳达峰，2060 年前实现碳中和。碳是指二氧化碳，中和是指收支相抵。碳中和的实质就是节能减排，通过植树造林、节能减排等手段，直接或间接地抵消二氧化碳的排放，从而实现二氧化碳的"零排放"。碳达峰是指在某一个时点，二氧化碳的排放不再增长达到峰值，之后逐步回落。"双碳"目标的实现，第一，要以需求为牵引，挖掘需求侧的潜力，提高能效；第二，要依靠数字技术，因为碳达峰、碳中和的实现都需要有数值测算，若靠传统计划经济的模式去分配减碳指标，会事倍功半；第三，要掌握碳足迹，碳足迹应该是一个完整的算法，加入时间因素，基于数字留痕去计算。对能源数字化和"双碳"的详细介绍可以加深学生对相关知识的认识和理解。为了使学生进一步理解传统能源企业的能源数字化改革，接下来引入新奥集团案例进行分析。

3. 案例分析

以新奥集团为例来讲授传统能源企业的能源数字化改革。2020年年底，碳达峰（2030）、碳中和（2060）正式成为国家战略目标，首先面临挑战的就是排碳大户——能源行业。新奥集团以"创建现代能源体系、提高人民生活品质，成为受人尊敬的创新型智慧企业"为使命愿景，形成了贯通下游分销、中游贸易储运、上游生产的清洁能源产业链，是一家涵盖健康、文化、旅游、置业等业务的企业，是中国天然气分销行业的龙头。

众所周知，销售天然气依赖管网，而管网具有自然垄断属性，一座城市很难建设若干张气网。因此，居民端的供气实行特许经营，由市政府授权一家城市燃气公司提供服务，一般是30年，气价由政府制定。而在工业端，竞争是有限展开的，价格有差别但差别不大，气源和管网是决定性因素。天然气是一种刚需产品，居民生活和工业生产都离不开它。由于国内天然气产量严重不足，超过四成用气须依赖进口，因此过去天然气行业整体盈利较好，处于舒适圈。2020年，以"三桶油"管网资产组建的国家油气管网公司向行业开放，标志着以"管住中间、放开两头"为宗旨的油气体制改革基本完成。这一市场化改革破除了天然气产业上游和中游的垄断，身处下游的城市燃气公司由此获得更大的发展空间，一城一气相安无事的行业格局被打破。在煤油气这三大化石能源中，天然气的碳排放量最低，是石油的三分之二，不到煤的一半。但是相比风能、太阳能等零碳能源，天然气仍然是高排放能源。因此，节能、减碳迫在眉睫。减碳不仅要求转换用能结构，也要求革新用能观念，更需要技术支持，因而能源数字化成为传统能源行业关注的重点。新奥集团作为传统的能源企业决定率先进行能源数字化改革。通过对改革背景进行介绍，帮助学生更好地理解传统能源企业为什么要进行能源数字化改革。

新奥集团的改革主要包含三个方面。第一，企业重组。新奥集团将旗下的几块天然气业务连通起来，组成了一个一体化、全场景、全生命周期的综合服务公司，从而发挥出"1+1＞2"的作用。第二，建设全场景智能化业态。全场景的第一个含义是对主线的智慧规划。新奥集团的主线是能源工程建设，覆盖项目规划、设计、建造、运营、检修的全过程。与传统规划不同，智慧规划需要先搜集整理数据，再用数字系统做仿真模拟，从而做出一个立体的、基于未来运营的长远规划。在建造过程中就可以达到智能建造、智能运维，从安全到整个的物料平衡，等等，从而将上下游联结起来。全场景的第二个含义是对能源系统的整体规划。一个全场景的能源系统，是指在规划阶段就用智能化手段去进行综合评估。在做规划的同时，把所有的点实施数字物联，将物理信号变成数字信号，如计算出什么时候能生产，什么时候不能生产，需输入多少能源，等等。在规划期间就会形成运行期间的相关数据，实现预测式运维。这克服了原来的竖井式能源规划下各自为政的弊端，做到了对电、气、热等相关能源产品的系统性、精细化的管理。对于上中下游的不同用户，新奥集团能分别为其提供对应服务。对于下游用户，新奥集团会为其提供综合能源管理，而不是仅提供单一的燃气产品。在中游，新奥集团具有管道、非管道、码头、槽车运输等各种业态。在上游，新奥集团在煤制气、常规气等方面具有完整的、全场景业务链。新奥集团在做全场景产业时，还能吸引不同的合作者，共同培育产业智能。在未来，每一个工厂、每一个地方的企业都会形成一个数据链，从而形成智能产业链，并且相互分享。第三，系统性、全生命周期的数字化。过去，在建造阶段只会考虑建造阶段的问题，而改革后，在做规划时就已经做了物联埋点，以获取数据信息。新奥集团把数据集中起来，在不侵犯他人数据主权的前提下，获取其产生的信息反馈。有了信息反馈以后，新奥集团就能够平衡设施的利用效率，实现成本最低、效率最高的目标，当然这也很好地解决了用户的能源安全问题。

4. 总结并导出新课

教师进行总结并引出职业理想和职业道德教育。通过将传统能源企业的能源数字化改革和发展与企业领导人和工人的先进性、爱岗敬业、社会责任感等思政元素紧密结合，加强对学生的职业理想和职业道德教育。

课程结束前,教师通过两个问题引导学生总结课堂所讲内容并导出新课。

(1)传统能源企业的能源数字化改革有哪些值得借鉴的经验?

(2)思考自己未来的职业选择和长短期职业规划。

五、案例反思

(1)丰富教学内容,提升教学质量。"数字经济与中国实践"属于"读懂中国"系列通识课,通过本课程的学习,学生可以了解改革开放后中国信息化建设的发展历程;了解中国社会信息化的主要进展;理解中国特色的网络文化;理解日常生活中的信息化成果;理解"宽带中国""感知中国""中国制造"等国家战略的技术内涵;了解中国信息化发展的最新成果。在教学过程中,教师要始终坚持理论与实际相结合的原则,既要讲通、讲透课程理论知识,又要将课程思政案例自然地融入学生的学习中,充分调动学生学习思考的积极性。

(2)完善教学方式,创新教学方法。在本课程教学中,教师要不断完善现有的教学方式,从学生最关注、最感兴趣的内容入手,使教学方式能够始终吸引学生,让学生从内心深处想去了解课程需要掌握的知识内容。同时,在目前已有的教学方法上,教师应当灵活地对方法进行适当的创新,将新型的教学方法与课程内容相结合。全方位、多维度地引导学生理解信息技术在中国经济、社会发展中所起的重要作用,帮助学生了解中国信息产业的关键技术及其应用,拓宽学生的知识面和视野,增强他们的逻辑思维与判断能力,厚植家国情怀,激发学生的使命担当,为他们今后能够在各自领域开拓高水平的信息化应用奠定基础。

(3)重视技能学习,加强实践锻炼。教师应当带领学生走出教室,深入社会实践,还原课程本质。帮助学生从实习实践中深入了解中国经济与社会发展状况,将书本上的理论知识带到实践中,让课堂的学习效果在现实生活中发挥到最大化,从而让学生进一步感受课程思政教学效果,更加坚定理想信念。

六、教学效果

本课程思政教学，加强了科学思维方法训练和科学伦理教育，培养了学生探索未知、追求真理、勇攀科学高峰的科学精神和使命感，激发了学生科技报国的情怀和使命担当。

本课程评价体系的构建，遵循了学科的专业特色。课程评价体系的特点是动态性、发展性及全过程，在课程评价过程中注重理工科专业的自然属性，将科学思维方法的训练和科学伦理的教育作为本课程推行课程思政建设的着力点。具体评价内容体现在学校各专业学生的体验性、专业学习的主动性、专业知识获取的完整性和系统性、过程学习中的合作性等方面。这种评价体系使学生在"做中学"和"学中悟"中提高了正确认识、分析和解决问题的能力，培养学生树立了正确的价值观。

参考文献

戈晶晶，2021. 徐锭明："十四五"智慧能源要先数字化转型[J]. 中国信息界（1）：47-50.
刘素蔚，于灏，2019. 能源企业数字化转型五大趋势[J]. 国家电网（4）：59-61.
吴张建，2021. 面向碳中和的未来能源发展数字化转型思考[J]. 能源（2）：54-57.

国际金融危机中的"中国答卷"：
防范风险，胸怀未来

文澜学院　王文晓

案例概述

"国际金融学"主要探讨国家间金融、货币和宏观经济的联系，通过金融制度的国际比较，可以明晰我国金融制度的优越性。"国际金融学"课程坚持以马克思主义为指导，科学合理地拓展国际金融研究的广度和深度。通过广泛采用案例教学、实证教学、体验式教学等教学方法，从世界货币发展史、汇率制度、国际资本市场、金融危机成因及教训等角度，引导学生了解中国在国际金融市场中的地位和面临的挑战，培养学生树立经世济民、诚信服务、德法兼修的价值观。

一、基本信息

课程名称：国际金融学

授课对象：经济与金融（第二学位）本科生、文澜学院经济与管理专业本科生

使用教材：《国际金融》（第11版），克鲁格曼、奥伯斯法尔德、梅里兹，中国人民大学出版社

学习内容：全球金融危机发生的原因、机制以及影响

教学课时：2课时

二、课程思政教学整体设计思路

本节主要讲授金融危机发生的原因、机制、影响及其治理措施。通过对比分析亚洲

金融危机、全球金融危机、欧债危机三种危机发生的背景、原因和作用机制，引导学生挖掘开放性国际宏观经济政策背后的金融逻辑和资本市场运作原理，从而使学生对国际金融市场的风险控制形成初步认识；引导学生分析现代汇率制度下应如何减小金融市场风险，如何选择宏观审慎经济调控手段。

本节主要基于全球化的视角，讲授"金融危机概念和基本形式""金融危机案例剖析""金融危机的应对及未来"三部分内容。其中，第一部分侧重理论分析，目的是使学生理解金融危机的定义，区分金融危机的类型，掌握不同类型金融危机的起因、作用机制及可能导致的后果。第二部分为案例分析，让学生以小组为单位，对不同类型的金融危机案例进行讨论、分析和总结，引导学生分析金融风险的表现形式、基本特征与产生的根源，强调在全球经济金融一体化背景下"人类是命运共同体"这一观点。第三部分为政策分析，在继承与发展马克思主义理论的基础上，立足于经济全球化的时代背景，紧扣金融制度作为经济社会发展中的重要基础性制度的定位，深入分析金融风险的表现形式、基本特征与产生根源，使学生对健全货币政策和宏观审慎政策双支柱调控框架形成科学的认识。

"国际金融学"课程主要采用小组讨论和案例分析的教学方式，结合问题教学法、多媒体互动、问卷调查等方法，向学生讲授金融危机发生的原因、机制、影响及其治理措施。在教学实践中，具体包含"课程导读""案例分析""小组讨论""课程总结"四个环节。

三、教学目标

1. 课程教学目标

"国际金融学"课程的设置，旨在与国际接轨，培养既立足于国情，又具有全球视野和创新精神，了解国际经济环境，熟悉国际金融产品设计和交易管理的规则、法律与惯例，掌握现代金融管理理论、基本知识与基本技能，掌握现代金融决策分析理论、工具和方法，能够在以英语为工作语言的环境下进行跨文化沟通、协调和管理的人才。

通过学习，学生应该掌握国际金融的相关理论和实证方法，熟悉国际金融的相关文献，了解国际资本市场运作的基本原理，熟悉国际货币体系，能够运用所学到的相关知识，对国内、区域和全球的国际金融问题进行分析，并基于相关数据进行实证检验。具体教学要求如下。

（1）掌握国际金融的相关理论和实证方法。

（2）熟悉国际金融专题的相关前沿文献。

（3）能运用所学知识，对现实的国际金融问题进行分析。

（4）掌握一定实证方法，能对相关的国际金融问题进行科学研究。

2. 思政育人目标

（1）围绕全面提高人才培养能力这个核心点，深度挖掘开放性国际宏观经济政策背后的金融逻辑和资本市场运作原理，比较分析中国特色社会主义金融和经济系统的优势和先进性，增强学生对中国特色金融和经济体系的认同，增强学生对中国经济制度的政治认同和家国情怀。

（2）提炼国际金融知识体系中所蕴含的思想价值和精神内涵，将爱党、爱国、爱社会主义等主线纳入教学内容当中，增加学生对我国金融制度的认同感。

（3）将教学内容与政治经济学、宏观经济学、心理学等学科进行跨学科交叉，合理拓展"国际金融学"课程的广度和深度，从课程涉及的金融、经济、国家、国际、文化、历史等角度，增强课程的知识性和人文性，激发学生的学习兴趣。通过案例分析、小组讨论、模拟实践等环节，增强学生对课程内容及课程体系中所蕴含的思想价值和精神内涵的理解，提升课程的时代性、国际性和开放性。

（4）采用新的教学方式，如线上平台、学习通及多媒体等，丰富"国际金融学"课程的教学内容，通过相关视频展示、小组作业及线上讨论等，向学生展示国际金融领域的最新资讯，帮助学生了解相关的国家战略、政策方向及法律法规，为培养具有国际视野和专业知识的国际金融领域人才奠定基础。

四、教学实施过程

本节包含"课程导读""案例分析""小组讨论""课程总结"四个环节。

首先,在"课程导读"环节,介绍金融危机的概念及具体类型(金融危机分为债务危机、国际收支危机和国际银行危机三种类型)。重点介绍以下内容。

(1)在介绍金融危机的起源时,回顾之前章节中讲过的固定汇率制度,分析固定汇率制度的优势、劣势,以及中央银行的调控手段。同时,介绍中国从固定汇率制度到有管理的浮动汇率制度的演进历程,阐述中国历次汇率制度改革的背景、原因、与金融危机的联系、具体措施及影响,加深学生对中国汇率制度改革的理解,增强学生对我国经济和金融制度的认同感和自信心。

(2)进一步回顾蒙代尔不可能三角理论,强调固定汇率制度下货币政策调节的局限性。结合现实,分析中国资本市场逐渐开放的原因及面临的挑战,加深学生对中国特色社会主义制度下防范金融危机的具体举措的理解。

(3)回顾前几章学过的"预期自实现效应",让学生讨论"预期自实现效应"在三种类型的危机中分别扮演什么角色,再次强调"信誉"对于个人、企业、国家的作用,引导学生关注现实问题,从而培育学生经世济民、诚信服务的职业素养。

(4)结合之前章节的内容,分别探讨债务违约、国际收支不均衡、银行违约对金融系统的冲击及其在金融危机中的作用,分析不同类型金融危机的作用机制及影响。

其次,在"案例分析"环节,以亚洲金融危机为例,详细探讨金融危机的成因、作用机制、影响及政策干预方式。具体内容如下。

(1)介绍亚洲金融危机的起因及传导机制。分析亚洲金融危机之前日本、韩国、泰国等国家的经济增长情况、贸易依存度、金融市场开放情况及汇率制度,明确各国金融市场中存在的问题及风险。强调固定汇率制度下各国金融市场之间的直接和间接联系,特别强调开放的发展中国家所面临的国际收支问题及金融市场风险。通过介绍国际游资对固定汇率制度下发展中国家金融市场的冲击机制,帮助学生厘清亚洲金融危机发生的原因,以及亚洲金融危机是如何传播到其他发达国家和发展中国家的。通过讲解全球金融一体化下的危机传导机制，强调全球经济金融一体化下"人类是命运共同体"这一观点。

（2）介绍亚洲金融危机发生后各国的应对方式。分别介绍亚洲金融危机发生后，东亚和东南亚各国所采取的财政和货币政策，分析这些政策是如何使这些国家从危机的阴影中走出去的，这些政策的优缺点是什么。重点介绍为什么亚洲金融危机发生以后，汇率波动会对各国的内部均衡（产出、汇率）造成巨大影响。在此部分，引入习近平总书记在中共中央政治局第十三次集体学习时强调的"金融是国家重要的核心竞争力，金融安全是国家安全的重要组成部分，金融制度是经济社会发展中重要的基础性制度"这一重要论述，帮助学生理解为什么金融安全关系到经济安全、国家安全和社会主义发展。

（3）介绍中国在亚洲金融危机中的应对。通过介绍中国如何成功应对亚洲金融危机，使学生认识到强大的外汇储备对于维持汇率稳定及应对金融系统风险所发挥的重要作用，从而引出汇率波动对外部均衡（如经常账户余额）的影响，帮助学生正确认识汇率制度与外部均衡。在强调外部均衡重要性的同时，引导学生理解中国为什么要坚定不移扩大对外开放，同亚太和世界各成员分享中国发展机遇，帮助学生建立世界经济和金融发展一体化的观点。

再次，在"小组讨论"环节，重点讨论"应该如何发挥中国特色社会主义制度的优势，以抵御金融危机冲击、化解金融风险"这一问题，通过分组讨论、小组发言和课堂观点问卷调查等形式，具体回答该问题。

（1）强调建立健全货币政策和宏观审慎政策双支柱调控框架的重要性。结合中国历次资本市场改革开放及汇率制度改革，强调健全货币政策和宏观审慎政策对实体经济的影响。

（2）各小组围绕"中国特色社会主义制度优势保证金融市场的平稳运行"这一主题进行发言。强调中国特色社会主义制度的优势是我们能够成功抵御一次次经济、金融危机的冲击，化解金融风险的根本保障。

（3）通过课堂问卷收集"未来维持金融市场稳定的核心关键词"，了解学生对于国际金融市场风险控制及稳定措施的掌握程度。同时结合案例分析，强调中国特色社会主义制度是维护金融安全的根本制度保障。

最后，在"课程总结"环节，通过提出三个问题总结课程内容并导出新课。

（1）未来国际金融体系改革的方向是什么？

（2）全球资本流动对国际金融市场的影响有多大？

（3）发展中国家在国际金融体系改革中将扮演什么角色？

教师结合这三个问题进行总结。本节在继承与发展马克思主义理论的基础上，立足于经济全球化的时代背景，紧扣金融制度作为经济社会发展中重要的基础性制度的定位，总结分析金融风险的表现形式、基本特征与产生根源，使学生对健全货币政策和宏观审慎政策双支柱调控框架形成科学认识。教师再次强调，全球金融体系正进入一个"改革期"，中国在这次改革中将起到不可或缺的作用。国际金融应服务实体经济、回归民生。号召学生认真学习国际金融知识，未来为防范化解金融风险、维护金融安全、实现金融领域的赶超跨越，走现代化金融发展道路贡献属于自己的力量。

五、案例反思

"国际金融学"课程每学年开设一次。在未来的课程中，教师应该继续加强以下几个方面的工作。

（1）在课程设计和教学中，坚持以马克思主义为指导，辩证地分析、吸纳国外的相关国际金融理论；结合最新的中国实际案例，提高学生正确认识问题、分析问题和解决问题的能力。

（2）在教学实施过程中，引导学生了解国际金融市场发展现状，正确理解和把握宏观调控政策的走向与发展趋势。在学生掌握一定理论基础的前提下，将一些原版英文报刊上的最新信息纳入课程内容，鼓励学生运用所学知识分析世情、国情、党情、民情，增强学生对国家金融制度、金融创新理论及经济方针政策的政治认同、思想认同、情感认同，培养学生坚定"四个自信"，培育学生经世济民、诚信服务的职业素养。

（3）在授课内容方面，深入挖掘、提炼国际金融体系发展过程中所蕴含的经验和思想。通过对国际金融制度进行跨国比较，帮助学生认识我国金融制度的优越性。坚持以马克思主义为指导，科学合理地拓展国际金融研究的广度和深度。广泛采用案例教学、实证教学、体验式教学等多种教学方法，结合国际金融理论、实践、历史及国际和国内的变化，从世界货币发展史、汇率制度历史、国际资本市场运行机制、金融危机成因及教训等角度，引导学生了解中国在国际金融市场上所处的地位和面临的挑战，在课程中融入经世济民、诚信服务、德法兼修的价值观，提升课程的引领性、时代性和开放性。

（4）在课程考核方面，更加注重学生的应用能力和思政高度。通过读书笔记、小组作业、论文模拟等方式，培养学生的实证分析和学术研究能力，提高学生利用课堂知识分析国际金融现实问题的能力，从而为国家培养具有国际视野和世界观的综合人才。

六、教学效果

1. 教学方式多样

授课采用"合作预习+小组作业+课堂讨论+学术展示+实证模拟考核+线上讨论平台"的模式。这种灵活多样、具有个性化，且以学生为中心的课堂教学模式，最大限度地激发了学生的学习热情。合作预习时，英语能力较强和较弱的学生搭配，保证了学生的学习效率。小组作业培养学生的合作、沟通能力。教师在授课过程中会根据学生的讨论情况，及时调整授课方式和教案。学术展示环节要求学生运用所学知识讨论当前国际金融的热点问题，使学生能够将相关理论和知识灵活运用到实践当中。期末考核采用实证模拟的方式，鼓励学生利用实证手段，对相关的前沿文献进行模拟和验证，提高学生的学术研究能力。教师在授课的同时，积极利用QQ群、学习通等线上平台，解答学生课后的疑问。

2. 课程内容丰富

在课程设计上，"国际金融学"课程遵循"前沿、深化、聚焦"原则，选用国际通行教材和教学方案，并结合中国特色社会主义经济学发展规律，设计课程教学大纲，广泛采用案例教学、实证教学、体验式教学等多种教学方法。每章都会结合课程内容，重点进行课程思政建设。在深度挖掘、提炼国际金融体系发展过程中所蕴含的经验和思想的同时,通过国际金融制度的跨国比较,明晰了我国金融制度的优越性。通过课程教学,培养学生树立起经世济民、诚信服务、德法兼修的价值观,提升了课程的时代性、国际性和开放性。

3. **课堂教学活动深受学生喜爱和肯定**

教师通过课后调查、课后小组辅导等方式,了解教学效果,并及时根据学生的意见对教案进行调整。从学生的反馈情况来看,读书比赛、小组展示、专题探讨等活动更受学生的喜爱和肯定,每个学生都能够积极参与到这些教学活动中。这些教学活动也得到了学院和学校教学督导组的充分肯定和大力推荐。

参考文献

艾肯格林,2009. 资本全球化:国际货币体系史:第2版[M]. 彭兴韵,译. 上海:上海人民出版社.
陈志武,2009. 金融的逻辑[M]. 北京:国际文化出版公司.
中共中央文献研究室,2017. 习近平关于社会主义社会建设论述摘编[M]. 北京:中央文献出版社.

立德树人，思教融合

——贯彻"健康中国"发展战略的家国情怀

文澜学院　马媛媛

 案例概述

  "健康经济学"是一门多学科知识交叉的课程，涉及了对社会学、哲学、文化的思考。2021年11月19日，国务院办公厅发布了《关于健全重特大疾病医疗保险和救助制度的意见》，要求聚焦减轻困难群众重特大疾病医疗费用负担，建立健全防范和化解因病致贫返贫长效机制，强化基本医保、大病保险、医疗救助综合保障。建立健全中国特色医疗保障体系，是我国医疗保障制度向高质量发展的关键。"健康经济学"课程涉及医疗服务需求和健康需求、医疗服务供给、信息经济学、卫生创新经济学、卫生政策等内容。旨在使学生掌握分析健康与卫生市场上成本、收益、选择和分配的经济学理论与工具，通过介绍世界主要国家的健康体系与健康政策，讲授如何利用经济理论来分析和评估政策建议，引导学生把国家、社会、公民的价值要求融为一体。学习"健康经济学"对于学生了解新时代背景下健康、医疗领域的国家战略和法律法规，深入社会实践、关注现实问题，提升素养至关重要。

一、基本信息

课程名称：健康经济学

授课对象：经济管理试验班三年级学生

使用教材：《健康经济学》，巴塔查里亚、海德、杜，广西师范大学出版社

学习内容：医疗服务需求

教学课时：6 课时

二、课程思政教学整体设计思路

《"健康中国 2030"规划纲要》指出："健康是促进人的全面发展的必然要求，是经济社会发展的基础条件。"作为一门新兴学科，健康经济学是经济学、医学与公共卫生相交叉的重要学科。经济学的主题是研究如何有效地分配稀缺资源，健康经济学的主要任务是将经济学思想应用于健康和医疗服务领域。

在本课程中，我们重点关注医疗服务需求和健康需求，这些需求与人们的生活息息相关，是思政元素相对集中的一个板块。人们的医疗服务需求是否会随医疗保险政策的变化而变化？医疗保险会改善人口健康状况吗？……医疗保险对医疗服务需求和人口健康的影响一直以来是健康经济学的重要议题。经过多年的不懈努力，我国的医疗保险制度改革取得了辉煌成就。医保覆盖面迅速扩大，已实现基本医疗保险的全覆盖。以"健康中国"战略的实施为标志，我国医疗保险制度改革进入了以全民健康为中心的新的发展阶段。

通过回顾经典文献，联系现实医保政策改革，引导学生在这一议题上进行深入思考，并鼓励学生深入社会实践，了解我国医疗保险制度的改革历程和成就。在健康需求这一部分，重点阐释教育、收入与健康的关系。这里涉及的思政元素较多，包括精准扶贫、脱贫攻坚战、共同富裕等。通过引导学生围绕"因病致贫，还是因贫致病？"这一问题进行辩论，让学生在搜集资料、准备论据的过程中，了解我国精准扶贫的政策。通过课堂辩论，帮助学生深入理解我国强调扎实推动共同富裕的重大意义。在课程的最后设置总结、交流环节。

三、教学目标

1. 课程教学目标

本课程是关于健康经济学的高级本科课程，是文澜学院经济管理试验班培养方案中的专业课程。健康是人力资本最重要的形式之一，与经济发展和人民福祉息息相关。学习和掌握健康经济学这一新兴研究领域知识，不仅有助于学生对所学的基础经济管理理论进行拓展，还有助于学生运用经济管理理论对健康与卫生领域的实际问题进行科学严谨的分析。

本课程旨在教授学生分析与掌握健康与卫生市场上成本、收益、选择和分配的经济学理论与工具，使学生了解世界主要国家的健康体系与健康政策，学会用经济理论来分析和评估政策建议。

2. 思政育人目标

坚持不懈用习近平新时代中国特色社会主义思想铸魂育人，引导学生了解世情、国情、党情、民情，增强学生对党的创新理论的政治认同、思想认同、情感认同，使学生坚定"四个自信"。思想政治教育与健康经济学知识相辅相成，通过介绍我国的老龄化情况，以及医疗卫生体制的改革情况，帮助学生更加深刻地理解"健康中国"的含义。

四、教学实施过程

1. 引入思考

教师提出问题，引导学生结合自身情况或经历进行初步思考，问题如下。人们的医疗服务需求是否会随医疗保险政策的变化而变化？如果会，那么将如何变化？医疗保险会改善人口健康状况吗？如果会，那么是如何改善的？针对以上问题，学生的观点大致有以下两种：一种观点认为人生病的时候会不顾经济代价而想要治好病，因此医疗服务需求不会随医疗保险政策的变化而变化；另一种观点认为，医疗服务虽然有其特殊性，但医疗资源是稀缺的，人们在寻求医疗服务时还是会考虑价格，因此医疗服务需求会随医疗保险政策的变化而变化。针对医疗保险能否改善人口健康状况，学生的观点大体一致，即能够改善人口健康状况。

2. 结合实际，深入分析

结合现实医保政策改革措施，带领学生回顾经典文献，引导学生对上述问题做规范的经济学分析。目前医疗服务有不同的种类，包括门诊、住院、急诊等，已有文献基本支持人们即使在寻求医疗服务时也会考虑价格这样的观点，但具体反应程度则会因医疗服务种类的不同而不同。至于健康效应，相对于社会经济状况较好的人群，脆弱人群（包括低收入人群和健康状况比较差的人群）的健康效应更大。

3. 回顾过去，展开讨论

介绍我国医疗保险制度改革的历程和成就。在这一环节同样以开放式问题入手，向学生提问："有没有关注过医保改革的新闻？印象比较深刻的改革有哪些？"学生的回答显示出他们平时还是很关心和生活息息相关的医保政策改革的。回顾完我国医疗保险制度改革的历程后，教师通过抛出"你是不知道家人的医保状态？"这一问题，鼓励学生多关心家人，多了解家人的健康状况。

五、案例反思

1. 提高自身思政素养，讲好中国故事

教师的思政素养是提升课程育人质量和效果的关键。健康经济学涉及很多思政元素，教师要提高自己的思政素养，把思政内容贯穿到教学全过程，讲好每一个中国故事，引导学生了解世情、国情、党情、民情，从而使学生增强对党的创新理论的政治认同、思想认同、情感认同，坚定"四个自信"。

2. 丰富教学模式，增强教学的趣味性和有效性

当代大学生思想活跃、对互联网信息接受快，主见性强。如果沿用之前一味灌输知识的教学模式，就会导致学生对知识的吸收程度和理解程度不够高。教师应该根据学生特点把多元的教学模式带入课堂，如小组讨论、角色扮演、案例模拟等模式，把较为枯燥的知识和有趣生动的例子结合起来，增强教学的趣味性和有效性。

3. 提高学生的学术能力，增强课程的国际性和开放性

由于学生对文献的阅读量较少，缺乏对文献的阅读分析能力，因此教师应该选取一

些经典文献，先让学生分组讨论学习，再和学生一起阅读分析，从而提高学生的文献阅读水平；同时指导学生吸收文献中的知识与结论，了解发达国家健康领域的发展情况，从国际比较的视角更深入地理解我国的健康体系和健康政策，增强课程的国际性和开放性。

六、教学效果

通过开展课程思政教学，帮助学生在掌握专业知识的同时，了解了世情、国情、党情、民情，增强了对党的创新理论的政治认同、思想认同和情感认同，坚定了"四个自信"。

"健康中国"是我国目前的重大发展战略，本课程增强了学生坚定"健康中国"发展战略的信念，激发了学生对学习"健康经济学"课程和理解"健康中国"思政主体的积极性和主动性，提高了新时代健康经济学方向的学生培养质量，使学生深刻理解了与健康医疗相关的各行业的职业精神和职业规范，培养学生养成了良好的职业品格和行为习惯。

户外运动：实践以筑基，健体以兴国

体育部　赵光德

案例概述

"户外运动"课程以户外运动项目群所共有的基本知识、技术、技能为主要教学内容，以培养学生参与户外运动及相关活动所需的身体素质、心理素质和适应能力为目的。教学采用理论与实践相结合的方式，前期主讲理论内容，中期以校内技能练习为主，后期以课外实践为主。课外实践一般为期两天，在周末进行，实践项目涵盖岩降、搭绳过涧、野外取火、埋锅造饭、露营及负重行军等。

一、基本信息

课程名称：户外运动

授课对象：全校本科生、硕士研究生

使用教材：《户外运动》，国家体育总局职业技能鉴定指导中心，高等教育出版社

学习内容：户外运动野外综合实践

教学课时：12 课时

二、课程思政教学整体设计思路

本节教学内容主要为户外运动野外综合实践。经过前期的户外基础理论、基本绳索技术及户外生存技能三部分的教学后，教师采用情境体验教学手段，组织学生前往原生态的户外环境开展户外实践，包括负重行军、丛林穿越、搭绳过涧、岩降、修建营地、埋锅造饭等项目。在特定的实践体验中培养学生吃苦耐劳的精神，锻炼学生勇敢顽强的

意志品质；鼓励学生挑战自我，发掘自身潜能，培养互相帮助、团结协作的精神；使学生在户外锻炼中享受乐趣、增强体质、健全人格。

"户外运动"课程在理念、内容、方法、空间上都突破了传统的体育教育模式。除了在教学内容中融入思政元素，还把传统课堂教学转变为以学生为主体的"研究性、开放式"教学，注重实践育人、回归生活教育，使体育精神内化，为建构有效的思想政治教育实践模式找到一个有价值的突破口，为进一步推进高校体育改革和思想政治教育创新奠定理论和实践基础。

三、教学目标

1. 课程教学目标

"户外运动"是我校体育部于2018年开设的一门面向全校学生的户外生存类通识体验课。"户外运动"课程不仅重视学生对户外运动理论、户外运动基础技能、户外生活技能的学习，更重视野外生存、高空岩降、水上溜索等户外综合实践活动，通过理论学习与实践活动相结合的方式，突显课程设计的多样性和实用性，同时增强了体育课堂的趣味性。与传统体育课程不同，"户外运动"能够充分利用自然资源和社会资源，发挥学科优势，推动大学体育课程在教学内容、教学方法方面的创新，使得体育课程不再拘泥于教学形式和教学空间。另外，户外运动野外综合实践能够锻炼学生的意志品质，教师也能够从实践过程中全面细致地了解学生，并将思政教育自然地融入实践活动，更好地促进学生身心全面发展。

（1）通过户外运动理论的教学，帮助学生了解户外运动发展史，了解户外运动需要注意的安全事项和环保知识，增强户外自我保护能力，提高环保意识。引导学生体验亲近自然、挑战自我的乐趣，培养和激发学生参与体育活动的兴趣和爱好，进而形成终身体育的意识。

（2）通过户外身体素质练习，提高学生在艰苦、恶劣环境中的适应能力，有效提高学生的体能，进而达到提高学生健康水平的目标，使学生掌握有关户外运动的基本知识、专项技术和生活技能，培养并提高学生适应自然和挑战自然的能力。

（3）通过户外运动野外综合实践中的负重行军、丛林穿越、搭绳过涧、岩降、修建营地、埋锅造饭等项目，激发学生参加具有挑战性的户外活动和运动竞赛的兴趣，激发起学生的自主性和超越性，培养学生正确处理合作与竞争关系的能力，提高学生的社会适应能力。

2. 思政育人目标

根据《高等学校课程思政建设指导纲要》的精神，体育课程思政教育应坚持深入解读和探索"立德树人"在课程教育中的根本任务，以高校人才培养目标和学生对户外运动技能的需求为导向，确保学生在户外体育锻炼和户外生存技能学习的基础上成长为德智体美劳全面发展的优秀人才，努力开创"立德树人""户外运动"体育课程教育全员育人、全程育人、全方位育人的格局。

（1）树立终身锻炼的运动观念。户外运动训练内容丰富、形式多样。在定向越野项目中，将个体体能、地理知识、团队协作精神等与大自然融为一体，将其渗透到课堂中，提高学生参与的积极性，为学生树立终身锻炼的观念打下良好基础。

（2）锻造不畏艰险，吃苦耐劳的品质。通过"户外运动"课程教学，让学生参与到户外技术操作中来，如在高空项目中，鼓励学生克服心理障碍，在确保安全的前提下勇敢尝试；在户外徒步练习中，培养学生吃苦耐劳的品质。

（3）培养互相帮助、团结协作的精神。通过户外运动野外综合实践中的负重行军、丛林穿越、搭绳过涧、岩降、修建营地、埋锅造饭等项目，锻炼学生的意志品质；鼓励学生勇于挑战自我，发掘自身潜能；培养学生互相帮助、团结协作的精神；提高学生与大自然相处的能力。

四、教学实施过程

由于野外综合实践具有冒险的特性，因此本节从破冰合群、沟通亲近、协作创新、冒险挑战进阶等入手进行思政建设，其中红色体育冒险活动是体育课程思政建设的重要突破点。

将红色体育冒险活动与户外运动进行结合，可以让冒险活动的情景更接近当时的情境，为冒险者带来更真实的体验。户外冒险教育能够为参与者带来包括心理效益、生理效益、教育效益、社会效益和生活效能等正向效益。

（1）户外运动野外综合实践是在经过理论、基本技术和生活技能的教学后，在确保安全的前提下安排学生前往真实的原生态的户外环境，开展负重行军、丛林穿越、搭绳过涧、岩降、修建营地、埋锅造饭等多元化的实践活动。通过这些户外项目，让学生切实地感受到生存的艰难，掌握与不同人群进行有效沟通的技巧，培养学生的风险意识，使学生树立起正确的人生观。

（2）在两天一夜的户外运动野外综合实践结束后，让每位参与实践的学生剖析团队及个人在综合实践中的表现，如能否按照行前计划执行？在实践过程中有哪些心理变化？在实践结束后获得了哪些收获？本节着重以学生为主体，注重教育和引导学生弘扬劳动精神，将"读万卷书"与"行万里路"相结合，使学生在实践中增长智慧才干，在艰苦奋斗中锤炼意志品质。引导学生利用所学户外理论和技能积极参与到户外运动中，体验自然与体育的结合，树立健康第一的教育理念，培养学生顽强拼搏的精神，激发学生提升全民族身体素质的责任感。

五、案例反思

（1）"户外运动"课程自开课以来较受学生欢迎，教师可在保证安全的前提下，根据实际需求增加此门课容量。

（2）继续挖掘体育课程中的思政元素，不断丰富教学内容。通过采用户外运动理论知识教学和"体验式"融通化师生互动相结合的方式，将"户外运动"课程实践教学与新时代思政教育有机融合，设置红色体验、情境体验、冒险体验和团队体验等环节，使学生在身体、心理和社会交际等方面得到全面的锻炼。积极引导学生践行社会主义核心价值观、坚定民族自信，培养学生团结协作、勇往直前、拼搏向上的精神。

六、教学效果

"户外运动"课程思政教学使学生掌握了参加户外运动的基本知识、技能、技术，形成了良好的行为习惯及成熟健康的心理品质；培养学生践行社会主义核心价值观，树立起团结协作、拼搏向上的精神；培养学生坚定理想信念，站稳人民立场，练就户外野外生存过硬本领和身体素质；强化了体育课程的思政效果，提高了学生的思想境界。

"户外运动"课程自开设以来，受到学校媒体的多次报道，如学校文澜新闻网、学校官方公众号、学校体育部官网等都对课程进行了专题报道。

参考文献

钱俊伟，钱永健，2021. 立德树人视域下红色体育课程思政建设的实践路径[J]. 北京体育大学学报，44（6）：159-166.

欧阳吉华，2020. 思政教育融入高校体育教学路径探析[J]. 内江科技，41（3）：119-120.

夏贵霞，舒宗礼，2020. 课程思政视角下高校体育课程育人质量提升体系的构建：以华中师范大学为例[J]. 体育学刊，27（4）：7-13.

"生生不息"精神的文化初心：中华神话

新闻与文化传播学院　韦乐

案例概述

"古典文学中的中国精神"课程立足于文学是人类历史图景的生动呈现的认知，通过解析中国古代经典文学作品，钩沉中华民族寄寓其中的绵延不息的中国精神，揭示中华优秀传统文化向新时代中国特色社会主义文化转化的历程。本课程可以使学生充分理解中国文化的意义，深刻体会中华民族从古至今的不懈奋斗，在优美的文字、精彩的故事中熏陶情志，自然而然地增强家国情怀及对社会主义核心价值观的认同，从而清晰地认识到自己的时代使命，更积极主动地投身新时代中国特色社会主义伟大实践。本课程具有以下特色。第一，以马克思主义中国化为导向，从中华优秀传统文化视角来理解文学，基于多学科知识洞察文学中寄寓的文化规律，建构坚实的课程知识体系。第二，以古今勾连的思维，立足于新时代中国的发展需求，深入挖掘寄寓在古典文学中的思想财富，引导学生树立文化的贯通意识与传承意识。第三，有力彰显古典文学的情感性与审美性，使学生在沉浸式体验中感悟、理解、认同历久弥新的中国精神。第四，打破陈旧教学思维，创建以教师为导向、学生为主体的教学模式，广泛运用多种教学手段，使思政教育落到实处。

一、基本信息

课程名称：古典文学中的中国精神

授课对象：全校本科生

使用教材：自编讲义

学习内容：中华神话——"生生不息"的文化原型

教学课时：1课时

二、课程思政教学整体设计思路

本课程的主要教学内容是"生生不息"精神在神话中的原型展现。"生生不息"精神，在中国精神体系中具有本原意义。这就意味着，教学不仅要完成知识传授，还要给学生思想上的启迪。就知识传授而言，主要是让学生明白，"生生不息"在中华神话中，不仅是一种文化原型的呈现，还具有根本性地位。就思想启迪而言，要将"生生不息"精神与现实相联系。当下中国的现实，是中国共产党带领全国人民全面建成小康社会，进而将中国建设成富强民主文明和谐美丽的社会主义现代化强国。这比神话中的抗洪救旱复杂许多，但在精神本质上却是一脉相承的。尤其是在新冠肺炎疫情席卷全球的巨大危机下，中国的疫情防控和脱贫攻坚"两手抓"可谓是"生生不息"精神的一次典型体现。与现实相联系，能让神话中寄寓的精神从文字中活起来；能让学生认识到，虽然时代变了、具体的处境变了，可中华儿女对"生生不息"的坚守与执着没变，从而增强学生的民族自豪感。通过案例教学，让学生切实感受到以社会主义核心价值观为代表的新时代中国特色社会主义文化是对中华优秀传统文化的传承与发展，从而培养学生坚定文化自信。

三、教学目标

1. 课程教学目标

掌握"生生不息"精神在中华神话中呈现的内涵，理解"生生不息"精神在中华神话中的根本性地位。

2. 思政育人目标

引导学生联系现实，从文化传承的角度感悟中华民族对生命的尊重，进一步体会中国人民在中国共产党的领导下，万众一心，为抗击新冠肺炎疫情所做出的努力，从而增强学生的文化自信，培养学生热爱祖国、拥护中国共产党领导的思想感情。

四、教学实施过程

1. 课堂导入

教师提出问题："新冠肺炎疫情的发生是否让你对生命有了更深刻的感悟？"引导学生进行讨论，由此切入课程内容。在此过程中，教师引导学生关注我国坚定捍卫人民生命安全和身体健康的抗疫态度和相应举措，使学生产生探寻其文化根源的好奇心。

2. 教学内容展开

1. 从"生"的甲骨字形感悟其文化意蕴

采用字形猜谜、关键词即时网搜、画图对比、群发言等教学手段。

展示"生"的甲骨字形，引导学生探寻该字的本初意蕴及造字动机。作为一个在殷商甲骨卜辞中就已出现的古老文字，"生"的甲骨字形反映着中华民族的祖先寄寓在其中的文化信息：草木从大地上长出，是对生命概念的天然呈现。"生"不仅是从无到有，更体现了柔弱小苗要破土而出的那种力量。

2. 通过典型神话案例逐步揭示"生生不息"精神的原初内涵

采用文本细读、关键词即时网搜、不同民族神话对比讨论、古今对照等教学方法。

（1）女娲补天：肯定人的生命，积极捍卫人的生命。

引导学生细读神话文本，着重关注人和神的形象特征：人不是作恶受罚的形象，而是"颛民"；而神（女娲）是不辞劳苦地助人的温暖形象。灾难不是由女娲降下的，但她却在灾难发生后亲力亲为，积极化解灾难。她虽有神的身份，却洋溢着勤劳朴实的人性。

介绍神话的相关知识，让学生了解神话与人类早年所处自然环境及生存方式之间的关系，使学生意识到神的形象实则反映着当时人类对自身的认识与期冀。人类早年遭遇的一些相似的自然挑战，会让不同民族的神话拥有一些相同的题材，但这些题材的具体内容呈现，却往往能展现出不同的民族心理。教师提供一些其他国家具有代表性的洪水神话，引导学生将其与女娲补天进行对比，探讨洪水来源、人神形象、故事环节等方面的差异。

引导学生通过对比，认识到女娲是中华民族的祖先不畏艰险、勤劳勇敢的形象化身，而人普遍以"颛民"形象存在，表明祖先对自身的肯定。女娲努力解除灾难使"颛民生"的神话构造，展现出祖先热爱生命、为生存积极进取的精神。在此基础上，进一步引导学生联系当今中国的抗疫实际，使其认识到中国的抗疫精神正体现出这种精神的绵延不息。

（2）后羿射日：民生为本的价值取向。

让学生在细读文本的基础上，从文本层面比较它与女娲补天的异同。引导学生观察尧、羿的形象，并评议尧被推为天子一事。尧、羿和女娲一样，都是积极救助民众的形象。尧被推为天子，是因为他让神射手羿来为民众解除了灾难的威胁，使民众能正常生存。尧在后来古代历史的发展中，被视为贤明之君的典型代表，这意味着神话传达的原初意蕴逐渐凝结成中华传统文化的基本价值观，即只有重视民众的生存利益，才能得到民众的认可和拥护。在学生理解上述知识的基础上，引导学生联系当今中国的疫情防控和脱贫攻坚等现实，从优秀文化传承的角度，深刻体会中国人民对中国共产党的衷心拥护。

（3）鲧禹治水、精卫填海及太阳神话：生命变化不息。

引导学生分析鲧禹治水、精卫填海与前两个神话的区别，并探讨这种区别所彰显的生命意蕴。这两个神话的主人公虽然死亡了，但是鲧有禹这个遗志继承者，禹最终制服了洪水；女娃死后化作精卫，用小小的身体不停衔石，誓要填平大海。这些死亡并不是毁灭与结束，尊生重生的精神依然存在。向学生讲解太阳神话所体现的时空意义，指出祖先的时空探寻与其化生观念之间的联系。

3. 课堂总结

中华神话作为中华民族早年留下的文化瑰宝，承载着中华民族的祖先在这块独特的大地上摸索路径的记忆，"生"是其中的根本。神话以夸张的幻想形态展现出祖先在如何认识人的生命、如何捍卫人的生命、如何摸索生命规律等方面所进行的探求。这些寄寓在神话中的生命思考，奠定了中华文化发展的主脉。"生生不息"精神不仅是后世中国古典文学着力彰显的根本意旨，也是贯穿于其他形态的中华优秀文化中的根本精神。

在中国历史所面临的许多抉择中，它都发挥了强大的作用力。例如，在新冠肺炎疫情期间，中国作出的抉择是秉持"生命至上"原则，在中国共产党的带领下，全国人民不畏艰难，在抗疫的同时，还取得了脱贫攻坚战的全面胜利。

4. 课后延展

（1）在 QQ 课程群中发布更多反映中华民族的祖先追求和思考"生生不息"精神的神话文献，并布置课后讨论题：为什么中华神话会和生命结下这么深的渊源？

（2）根据课堂所学内容，观察"化"的甲骨字形，结合自己的体验和见闻，撰写并分享一段不少于 600 字的感悟，谈谈这个字形能给你带来哪些关于"生生不息"精神的启示。

（3）发布实践活动预告：尝试将从"化"字中获得的感悟运用到学习生活中，两周后在课堂上举行实践分享活动。

五、案例反思

中国古典文学"文以明道"的传统，使其具有深刻的思想教化意义。关键是从事研究和教育的人，要主动去探索"如何才能将这种意义更好地与当下中国的发展需求结合起来？"中华民族走到今天，经历了无数磨难，中国人民始终坚韧不屈，所以今天我们会有信心、有底气去实现中华民族的伟大复兴。从文化的角度来看，"生生不息"精神是这种坚韧不屈精神的根源。对生的执着、尊重和热爱，激发中华民族从各方面想办法来构建好的生命状态。而这种好的生命状态，必须是集体的、普遍的。所以，民生与发展，作为"生生不息"精神最直观的体现，一直是中国精神中最根本的内核。

本课程就是要通过作为文学源头的神话，来揭示这种内核。神话是一个民族早年的记忆载体，它往往能反映文化的初心。对中华神话中的情节和形象的分析，对文本所承载情感和志向的揭示，特别是与其他文化背景中的神话的对比，都让学生意识到，"生生不息"精神指引下的民生与发展，正传承在社会主义核心价值观中，延续在新时代中国特色社会主义文化中，体现在当下中国面临各种考验时的反应中。

教师要紧紧把握文学是人生命情志的书写这一本质特征，让书本上的知识活起来。

教师还需开发多元化的教学手段,增加多学科的知识储备,如本课程中学生感兴趣的猜甲骨文游戏,就是借助了文字学知识。教师更要关注学生的学习和生活习惯,在课堂教学中积极使用新技术,如本课程根据教学需要,让学生通过网络来搜索知识点,通过QQ课程群来互动,有效地提高了学生的参与度。

六、教学效果

开展课程思政教学探索,让"古典文学中的中国精神"课程在很大程度上实现了思政性与学理性相统一、传统性与当代性相统一、价值性与知识性相统一、趣味性和深刻性相统一。课程立足于新时代中国特色社会主义建设的需求,以社会主义核心价值观为标准审慎选取出古典文学作品中的精华案例,充分挖掘文学独有的趣味性与情感性,通过历史与现实的融会、传统与当代的贯通、个人与时代的结合,有效加深了学生对新时代中国特色社会主义文化的理解和认同,增强了他们的民族自豪感和文化自信心。本课程选课率高,深受学生的喜爱和好评。很多学生反馈,学习古典文学中的中国精神,有力激发了他们的爱国情怀,他们会更投入、更深刻地思考自己应该怎样做才能在中华民族伟大复兴的历史进程中贡献一份力量。

仰望艺术星空　培育时代新人

中韩新媒体学院　黄山

 案例概述

通过带领学生赏析思政主题的艺术作品，帮助学生理解艺术与政治的有机结合，了解生活对艺术的影响，政治对艺术的影响。在传授素描、色彩专业知识的同时，引导学生深刻体会案例背后蕴含的爱国主义精神与历史使命感，从而培养学生坚定文化自信，增强民族自豪感，树立正确的人生观与价值观。

一、基本信息

课程名称：动画色彩

授课对象：视觉传达设计专业一年级学生

使用教材：《动画色彩》，韩笑，北京联合出版公司

学习内容：动画色彩应用

教学课时：8课时

二、课程思政教学整体设计思路

首先，要对思政资源进行挖掘与整合，围绕"动画色彩"教学内容与知识点，搜集其历史、社会、文化等背景信息，并结合思政育人目标进行提炼、整合，使教学内容与知识点既有专业性又饱含丰富的文化精神，从而使课程内容生动化、立体化。其次，在课堂教学中针对不同的知识点进行立体化阐述与讲授，并自然融入思政教学内容。再次，改变以往枯燥的教学方式，注重培养学生的自主思考能力，激发学生的创作激情。最后，

在教学评价环节，除了重视课程素质目标的评价，还要增加对知识点的历史文化维度的外延考核，使思政教育贯穿于课程教学全过程。

1. 设计思路

（1）对课程内容所涉知识点的历史背景、文化背景、政治背景进行挖掘与整理。

（2）从与专业知识的契合度出发，遴选富含传统文化内涵或属于典型历史时期或具有政治思想主题的教学素材与案例。

（3）从造型与色彩的经典革命主题创作个案入手，重新设计教学素材与典型案例。

（4）按照课程标准，结合授课计划，梳理专业知识点与思政资源尤其是优秀传统文化实例之间的对应关系。

（5）系统地梳理专业课程的教学目标。特别是整合、凝练思政育人目标，使其融于课程教学的情感目标。

2. 课程考核

课程考核的重点仍是专业知识与技能，只是在知识点考核中渗透了思政考核内容。具体来说，在课堂表现考核中会对学生的出勤情况与学习态度进行主客观评价；在课后作业考核中会通过最终的艺术创作成品来考查学生对思政内容的理解。

三、教学目标

1. 课程教学目标

在专业知识的教学过程中，将思政内容以自然、轻松、潜移默化的方式融入教学活动。例如，在讲述色彩的情感特征时，可以关联我国传统文化中的"五色观"（青、赤、黄、白、黑）观念及其审美文化理论，结合上海美术电影制片厂的经典动画《大闹天宫》《哪吒闹海》《天书奇谭》进行较为生动的案例讲解；在讲授艺术作品造型的基础认知时，可以将近代经典美术作品作为专题嵌入教学案例进行讲解，使学生既了解了丰富的造型与色彩专业知识，提高了审美能力，又增强了民族责任感和家国情怀。

2. 思政育人目标

《高等学校课程思政建设指导纲要》对艺术专业思政建设提出了明确要求，即要在课程教学中教育引导学生立足时代、扎根人民、深入生活，树立正确的艺术观和创作观；要坚持以美育人、以美化人，积极弘扬中华美育精神，引导学生自觉传承和弘扬中华优秀传统文化，全面提高学生的审美和人文素养，增强文化自信。

本课程通过引导学生对具有思政元素的艺术作品进行赏析，使学生理解艺术与政治的关系，了解生活对艺术的影响、政治对艺术的影响，深刻体会到作品背后所蕴含的爱国主义精神与历史使命感，从而坚定文化自信，树立正确的人生观和价值观。

四、教学实施过程

1. 讲授优秀的艺术作品

艺术的灵感来源于生活，同时艺术也是信息的载体，艺术的接受者可以通过欣赏艺术作品接收到艺术家所传达的信息，因此优秀的艺术作品应当兼具内容性和形式性。一幅优秀的艺术作品所蕴含的人文内涵是非常丰富的，而在历史的洪流之中，不同时期的艺术作品反映的社会生活和政治环境都是不一样的，因此我们可以通过艺术作品来了解历史和文化的理性和感性。

教师介绍的艺术作品大致可以分为两类：一类是触及传统历史文化尤其是传统社会历史人文、道德伦理、文化典故等文化题材的资源；另一类是反映现实社会政治变革、意识形态、价值取向的政治题材的资源。

2. 引入爱国主题创作

在教学中引入爱国主题创作，如弘扬中国传统、讲好中国故事、歌颂新时代等，以内容为先导，引导学生完成从内容到形式的创作过程转换，鼓励学生深入生活采风创作，了解时代的发展变化，把握民生、国情及时代热点，从而增强学生的社会责任感，使学生建立起以人民为中心的文艺观。

3. 引领学生掌握专业创作的关键

在课程中引入多种教学模式，让课程讲授更为生动有效。采用数字化教学手段，开展小组讨论、头脑风暴等活动引导学生自主思考，充分利用网络资源开阔学生视野，促进资源共享，多措并举提升思政的丰富性。课程教学的基本模式为"讲授—讨论—交流—

再教学"。在课程伊始,教师要求学生自由组成若干个小组。在讲授完课堂基础知识后,教师提出问题并要求学生进行小组讨论,教师作为教学"促进者",以"自由人"的身份参与到各小组中,在观察学生讨论过程的同时答疑解惑。讨论结束后各小组进行小组发言,最终由教师点评,学生互评。这种教学模式改变了传统教学不注重设计过程,只在乎结果的弊端,注重对学生设计思维的培养与学习能力的提升。传统教学中"以教师为主体、以教学内容为中心、以实践活动为载体"的模式,转变为"以学生为主体,注重个体思考创作过程"的模式。

4. 优秀作品汇报

课程结束后教师布置爱国主义主题创作作业,并组织学生进行创作汇报,对优秀作品进行展览,让学生的创作过程和对作品倾注的努力被更多人了解,从而帮助学生树立专业自信。另外,作品展示还能促进不同年级、不同专业学生之间的交流,使思政课堂的成果得以传播。

五、案例反思

"动画色彩"课程的授课对象是视觉传达设计专业的学生,他们在思想政治方面的知识储备相对薄弱,如何在结合专业特点的基础上潜移默化地融入思政教育并且让学生有足够的学习积极性是有一定难度的。思政教育的融入不能牵强附会,教师要学会引导学生主动进行思考和探索。

例如,在课堂互动环节的设计上教师可以结合学生的特点适当地增加一些趣味性,以调动学生的积极性,引导学生从被动接受知识到主动提出问题、思考问题。在教学过程中注重对学生思维能力的培养,给学生提供更加广阔的空间去探讨和学习,培养他们的自主学习能力。

六、教学效果

教师在课程作业和考核中融入了思政元素,以考查学生对思政内容的理解与运用。从最终学生的作业呈现情况来看,效果良好,学生开始关注时事热点,并选用了相关元素进行艺术创作,作品具有时代精神和文化内涵,可读性很强。"动画色彩"课程有效地提升了学生的艺术素养、审美素养和人文素养。

参考文献

陆道坤,2020. 论课程思政的教学设计与实施[J]. 思想理论教育(10):16-22.
吕品田,2016. 以思想精魂挺立诗化的历史:中华文明历史题材美术创作工程及历史题材美术创作问题刍议[J]. 美术(11):106-108.
闻立鹏,2003. 王式廓的艺术人生:血汗篇[J]. 美术研究(2):10-14.

人工智能与大数据视角下的管理信息系统课程培养大国工匠精神

信息与安全工程学院 李毅鹏 张新香

案例概述

管理信息系统是管理科学、系统科学、计算机科学和通信技术等多学科综合发展起来的综合性、系统性的边缘学科，它是运用经济管理理论、信息理论、系统理论，以及计算机科学等学科的概念和方法，融合提炼而成的一套新的体系，它具有较深的理论基础，是一门实践性很强的学科。作为一门课程，"管理信息系统"是管理科学与工程类专业的必修课。该课程的思政教学充分体现了时代特征，它将思政元素逐步渗透到人工智能、大数据等专业知识结构中，贯穿了信息系统设计与开发的全过程，在知识传授与能力培养过程中完成了价值塑造，实现了培养学生大国工匠精神的思政育人目标。

一、基本信息

课程名称：管理信息系统（人工智能大数据方向）

授课对象：信息管理与信息系统二、三年级学生、大数据管理与应用专业二、三年级学生、人工智能专业一年级学生、大数据管理与应用+金融工程双学位二、三年级学生

使用教材：《管理信息系统》（原书第15版），劳顿 KC、劳顿 JP，机械工业出版社

学习内容：第一章～第十章

教学课时：48课时

二、课程思政教学整体设计思路

"管理信息系统"课程思政教学的最终目标是实现学生政治素养和专业素养的双提升。为此,教师从"管理信息系统"课程教学的四个维度出发,设计了价值塑造和能力提升两条相辅相成的教学路径,一方面围绕理想信念、爱国情怀和社会主义核心价值观选取思政素材,挖掘思政元素;另一方面,注重增长学生的知识和见识、培养工匠精神,提升综合能力。

在教学过程中,按照上述两条路径确立了两个主题。一是坚持新时代中国特色社会主义和"中国梦"的教育主线,紧密围绕新一代信息技术引领智慧中国这个核心主题,把握全民关注的时事热点,结合医疗、交通、教育等不同行业的信息系统的应用前沿,通过开展智慧中国专题讨论增强学生对创新发展理念的认同,厚植爱国主义情怀。二是通过规划与开发支撑智慧中国建设的应用信息系统,进一步增强学生对国家信息化发展战略的认识,培养学生分析、设计和实施信息系统的能力,在信息系统建设中弘扬工匠精神,全面提升学生的信息素养和综合能力。

三、教学目标

1. 课程教学目标

本课程的任务和教学目标是使学生掌握管理信息系统的概念、结构和建立管理信息系统的基础,管理信息系统开发方法学,管理信息系统开发过程中各阶段的任务与技术,管理信息系统的开发环境与工具,以及其他类型的信息系统,等等;使学生通过本课程的学习,了解管理信息系统在企业管理中的作用;通过实践培养学生综合运用所学知识分析、开发、应用系统的初步能力。

2. 思政育人目标

使学生认识信息系统在信息时代的新角色,深刻体会网络强国战略对中国信息化建设的重要意义。具体来说,在技术维度,以使学生了解信息技术的全球研究进展以及中国信息技术基础设施建设的最新成果为目标;在应用维度,通过讲述信息技术的应用前景,分析新一代信息技术在智慧中国建设中的应用成果,激发学生科技报国的使命担当;

在管理维度，侧重学生开发能力的提升，要求学生掌握信息系统建设路径，能够熟练运用科学方法解决现实中的智慧城市信息系统的规划与开发问题，从而提升学生的职业素养和能力。

四、教学实施过程

为了提高思政教学效果，提升学生学习的积极性和主动性，本课程针对不同的教学内容采取差异化的教学手段，形成了融合多种教学方式的混合式课程思政教学模式。课堂讲授是基础，对信息战略、新一代信息技术等基本概念和基础知识的讲授奠定了思政教学的基础；案例分析是辅助手段，通过应用情境的展示可以加深学生对课程内容和思政元素的理解，寓德于教；小组讨论可以拓展学生的思维空间，促进思政元素的消化和吸收；翻转课堂则通过角色转化，激励学生关注思政素材，实现学生的主动知识汲取。各种教学方式的融合，既增加了课堂的生动性和趣味性，又促进了知识向能力的转化。本课程部分教学内容所对应的思政元素如表1所示。

表1 本课程部分教学内容所对应的思政元素

教学内容		课程思政元素
主要内容	重点、难点	
社会发展与管理信息系统；管理信息系统的概念；管理信息系统的发展规律；现代企业管理者的职责和应具备的素质	现代企业管理者的职责和应具备的素质	培养学生的科学精神
管理信息系统建设商务途径	统一建模语言概述	提高学生正确认识问题、分析问题和解决问题的能力
管理信息系统规划经典方法	面向对象需求分析方法	加强对学生科学思维方法的训练和科学伦理的教育
数据库设计	软件测试	培养学生探索未知、追求真理、勇攀科学高峰的责任感和使命感
管理信息系统的安全管理	项目风险管理	强化工程伦理教育，培养学生精益求精的大国工匠精神
供应链管理	企业资源计划、顾客关系管理	激发学生科技报国的家国情怀和使命担当

五、案例反思

教师可以通过让学生分小组设计教学管理信息系统,包含需求设计、系统分析、数据库设计、Web 逻辑设计、界面设计、安全设计等,锻炼学生灵活运用知识的能力。此外,教师要在课程教学中把马克思主义的立场观点方法与对学生科学精神的培养结合起来,从而提高学生正确认识问题、分析问题和解决问题的能力。

六、教学效果

本课程培养了学生的科学精神;提高了学生正确认识问题、分析问题和解决问题的能力;锻炼了学生的科学思维方法;引导学生树立了探索未知、追求真理、勇攀科学高峰的责任感和使命感;着重强化了工程伦理教育,培养了学生精益求精的大国工匠精神;激发了学生科技报国的家国情怀和使命担当。

参考文献

罗鸿,2016. ERP 原理·设计·实施[M]. 4 版. 北京:电子工业出版社.
施瓦尔贝,2021. IT 项目管理:原书第 9 版[M]. 姜卉,译. 北京:机械工业出版社.
周玉清,刘伯莹,周强,2014. ERP 原理与应用教程[M]. 2 版. 北京:清华大学出版社.